氣味

LES POUVOIRS DE L'ODEUR

阿尼克・勒蓋萊 Annick Le Guérer 著

黃忠榮 譯

目 錄

前　言

「因此萬物都有氣息和氣味。」
恩培多克勒（Empédocle）《論自然》（*De la nature*）

長久以來為人們所忽視的嗅覺，近來卻成為談論話題。大量的科學、專業和新聞出版品，傳播著人們對這種頗具迷惑力、甚至神秘的感官抱持的濃烈興趣。在所有關於嗅覺的問題中，有一個不斷地被提出來，這個問題消弭了人類與動物之間的距離；那就是，我們也像其他哺乳動物一樣毫無知覺地被氣味操縱嗎？十年前，科學研究就如火如荼地展開，投入恢復嗅覺的名譽和地位的運動，為的就是此種無人了解的感官能力。此種能力將使我們與自然界和現實事物之間的接觸密切而深刻。

由於缺乏適當的研究，解剖學家和胚胎學家曾不當地把人類劃分為「嗅覺減退」的動物；相較於那些號稱為「嗅覺敏銳」'動物，人的嗅覺有欠發達。人在遠離動物界的過程中，也許還將放棄使用嗅覺。其他的學術觀點，如博物學家達爾文對於傳播器官用進廢退的思想貢獻很大。這種關於嗅覺器官的思想是我們早期人類祖先的遺產，歷史源遠流長，他們從中受益匪淺。

為了說明現代人嗅覺的完全退化，科學家提出了好幾個因素，包括：衛生的進步和除臭劑的發展，昔日街道和技藝的氣味消失，食品包裝對自然香味的掩蓋。這麼多的因素皆有可能導致我們的嗅覺空間縮小和感覺能力貧乏。葡萄酒工藝家和化妝品製造商對周圍環境的「嗅覺喪失」充分表達無疑，我們的嗅覺麻木更令人驚愕：十種典型的氣味中，小孩一般能辨別出五六種，而成人僅能辨別出兩種。

廣為流傳的觀點認為，我們的祖先正好相反，他們所處的演化環境，與我們相比，有著更豐富多樣的氣味，他們或許被一種更敏銳的、更訓練有素的嗅覺所駕馭。因此嗅覺也成為他們認識生命和事物

的工具，而這種工具的秘密我們卻已喪失殆盡。歷史學家皮埃羅·坎波雷西（Piero Camporesi）描述了一個在物質上和精神上都溶入氣味的古老社會。在這個社會中，嗅覺被特別看重，這與我們目前的文化所聲稱，僅僅依靠智力和抽象方法來瞭解世界的觀念截然不同：「從來沒有哪一個社會像上古社會，每一個行會，每一個行業，每一種職業都被安置在其特定的芬芳氛圍中，鼻子和嗅覺成為人們辨別社會地位和確認職業的可靠工具。」[2]

因此，各式各樣關於嗅覺的起源分析使人相信，人類的嗅覺正逐漸喪失，我們這個被視為「嗅覺減退」、並經過除臭處理的現代社會已和過去完全決裂。但我個人認為，嗅覺的黃金時代輝煌不再、只剩粗略痕跡的這種看法過於簡單和理想化。

無可爭議的是，在過去的嗅覺環境下，氣味的濃烈遠勝於今日。一些仍有古風的社會進行除臭之後，即達到最現代社會的技術水準，就是一個證明。人們還可以想像，依靠自己的嗅覺賴以生存的原始人類比我們更厲害。但是，上古時代、文藝復興時期或者十八世紀，我們的祖先也比我們厲害嗎？有一件事可以肯定，即他們的嗅覺器官與我們的嗅覺器官不同。

與其就古人的嗅覺功能進行一種必然是隨機的評斷，我看不如比較古代和現代社會中人們賦予嗅覺器官的地位，以及氣味的功能被人們認定的狀況。

當前圍繞香水展開的主題引起迴響，人們認為它們的力量若隱若現，效力強大無比。它們使人想到神秘（羅沙〔Rochas〕的香水「神秘」），魔法（蘭蔻的香水「黑魔法」，勒加利翁〔Le Galion〕的香水「巫術」），純潔（香奈爾的香水「水晶」），神聖（聖羅蘭的香水「少年雕像」，意味「充滿活力的神的香氣」），生命（莫利納〔Molyneux〕的香水「活著」，克利斯蒂·拉克華〔Christian Lacoix〕的香水「生命」），死亡（克麗斯汀·迪奧的香水「毒藥」）。這些名字與香水本身的誘惑功能之間的差異令人困惑。難道只要誇張的廣告用語或者反映出無意識就足夠了嗎？香水的歷史和關於香水的神話似乎暗示了這一點。

香料，起源神秘，是早期香水的基礎。因為它多半是被征服而不是被採集，所以顯得更加珍貴。它的特性與超自然、神聖、甚至生命要素相連。因此，這些關聯所顯示出的一些線索，能夠讓人追溯氣味所享有奇異功能的源泉。

第一部

氣味的吸引和排斥：

從香味豹到德國人的臭汗症

第一章　氣味與捕獲

氣味，巫術，著魔

　　自上古時代，香料和香脂在巫婆的全套用具中佔有重要地位。希臘和古羅馬的一些作家，如薩摩斯特島的呂西安（Lucien de Samosate）和阿皮萊（Apulée），傳播著當時人們關於操縱氣味的迷信。為了變成鳥，巫婆一絲不掛地站在一盞燈前，燈上放少許乳香，嘴裏念念有詞。然後她用香脂塗滿全身以便她變形飛行。但是，這種能讓人飄浮的香膏會讓那些想揭穿其中秘密的好奇者吃大虧。

　　突然發生在盧修斯（Lucius，呂西安作品 *Lucius ou l'âne* 中的主角）身上的奇遇既說明了魔法氣味的好處，也說明了它的壞處。因渴望瞭解巫婆龐菲勒的秘密，盧修斯就去引誘女傭福蒂斯，以便目擊她的主人奇蹟般變成貓頭鷹的過程。受到迷惑的年輕人說服福蒂斯去偷取巫婆的神奇調配。可惜女傭犯了一個致命的錯誤，拿錯了小瓶，於是大膽的盧修斯變成了一頭驢。只有吃玫瑰花的時候，他才能恢復人形。這一切確實不容易：每次當他企圖接近有香味的解毒劑時，冰雹般的棍棒就朝他打來。他首先落入一幫小偷手中，然後變成訓練有素的驢子，被迫向馬路上看熱鬧的人表演才藝。他就這樣歷經波折和苦

赤身赤裸的女巫，一面念著咒語，一面調製著春膏。格里安（Hans Baldung Grien，1484－1545）所繪的《女巫》

（左）利用巫術變成鳥等動物的女巫；（右）女巫製作魔藥時在爐中加入各式奇怪材料。

難才熬到盡頭。在一次宗教儀式的隊伍中，他吃光了艾西斯的祭司戴的玫瑰花冠。「於是，令圍觀者大為驚奇的是，驢子倒下，失去了知覺，最後消失了，只剩下盧修斯一絲不掛地站在那裡。」[1]

氣味的迷惑功能也出現在著魔事件中。就這一點來看，發生在十七世紀法國中部路頓城（Loudun）的著名訴訟案，于爾班·格朗迪耶神父（Urbain Grandier）被判處死刑就是一個典型案例。這一次，玫瑰花香助長了迷惑者和驅邪者歇斯底里的瘋狂。他們相互駁斥，使起來圍觀者看得開心。修女們不像阿皮萊筆下的驢子那麼幸運，可以聲稱因為聞了一束不吉利的玫瑰花而著魔：「聖於爾絮勒會（Sainte-Usurline，十六世紀創建於義大利的天主教修會）的初學修女阿涅絲立誓的當天（一六三二年十月十一日），就被魔鬼纏身了，修道院的女院長這樣告訴我。魔力來自修道院宿舍臺階上的一束豆冠玫瑰花。

女院長把它撿起來，它散發著玫瑰花香的氣味。在她之後的幾個人也全被魔鬼纏身，大小便失禁。」[2] 巫術可以控制身體和靈魂，而香氣在這裏則是一種惡魔的工具。

如果巫術時而借助香味，時而借助臭味，那麼巫婆傳播的則是一些令人噁心的揮發物，突顯出她們邪惡的特性。十六、十七世紀，巫婆就是魔鬼，她們使用香水製造商的天份迷醉人的身體和靈魂，遵循的是一種被臭味控制的想像邏輯。她們憂鬱的血液以及因憤怒和貪婪而混濁的體液中，生出具有毒液的蒸氣，能毒害牲畜與人。她們的飲食以蔬菜、洋蔥和蘿蔔為主，又與「邪惡的公山羊」[3] 交媾，因此具有一種真正致命的氣味。她們把這種氣味當作一種武器。「稚嫩的」[4] 小孩和虛弱的有機體是這些惡毒氣味的首要受害者；而巫婆的氣息也能擊倒最強壯的生命。在陰暗貧寒、簡陋污穢的住所裏，她

記錄描繪修女著魔案件與于爾班·格朗迪耶神父被處決的傳單。1634 年的木刻版畫。

們傳播瘟疫，變成狼，或者騎著掃帚在空中飛翔，以便更快地趕赴巫魔的夜會。

除了藥草之外，有毒的植物（毒芹），具有麻醉效果和引發幻覺的植物（顛茄、天仙子），小孩的脂肪，人類和蝙蝠的血液，貓和爬行動物的腦髓、樹脂、蟾蜍和烏鴉的糞便，以上所有混合後，又常常加上曼德拉草。它生於惡臭且肥沃的土壤，這種土壤因自縊者的脂肪和精液而肥沃。曼德拉草的根能模模糊糊地再現人形，並具有一些鮮為人知的功效，譬如使虛弱者的精液強壯並治療陽萎。藥劑師洛朗·卡特朗（Laurent Catelan）認為，「這種根其實就像男性精液，只需藉由自然的作用，土地便能將其消化吸收，使其成熟、茁壯。服食它的人的自然精液必然會與它結合、混合、匯合在一起，到達子宮，與女性一起進行繁殖生育。」[5]

為了收集上述成分，巫婆被迫去挖掘墳墓，並經常徘徊在絞刑架附近，身上從而具有一種討厭的氣味。關於這種氣味，醫生皮埃爾·德朗克爾（Pierre de Lancre）斷言，不能不為之「驚歎」[6]，也不能不提及魔鬼和瘟疫的氣味，即其他「變質、腐敗和惡臭的形式」[7]。所以，當「加工老皮革的工人」阿貝爾·德拉呂埃（Abel de la Rue）對某一種此類的惡魔創造物提出告訴時，著名法官讓·博丹（Jean Bodin）為子孫後代記錄下來的，僅僅是一種「由硫、炮灰和臭肉混合而成的」[8]氣味。

隨時間而變化的星辰和黃道宮，與捕捉精靈和惡魔的各種咒語，在嗅覺上也表現出雙重性。要給他人帶來仇恨和不幸的「惡事」，按照煉金術士阿格里帕的說法，需要「不潔、惡臭、低賤」的[9]材料。相

根部隱約呈現人形，
傳說有著神奇功效的
曼德拉草。

反地，旨在獲得仁慈和愛心、尋求幸運、擺脫「毒眼」的「善行」，需要借助珍貴、氣味好的香料。

現今有關星辰魔法的著作中，有很多篇幅都與香氣有關。由於氣味物質粒子揮發，氣味發出振動，這些振動對所有生物的行為和其本身相對應的星座產生深刻影響。根據這個理論，與各星宿相匹配的香味，將通過香味對有機體引發無意識作用，以保持天生的體液平衡和自衛反應。相對應每一種星宿與每個月的每一天，都有一種利於成功的香味。這些香味就像一種名副其實的吉祥物，可使人發揮所長。

在某些社會，許多與生命重要階段有關的宗教儀式，已從這種理論獲得並繼續汲取啟示。出生是人類生命的脆弱時刻。嬰兒出生時就受到氣味保護：中國人用帶香味的小袋；墨西哥人在新生兒脖子上掛

蒜瓣；[10] 在北非，人們用香煙薰嬰兒，用藏紅花和散沫花製成的敷聖油來保護嬰兒，使他遠離「精怪」（djinns）。同樣地，結婚對女人來說，是人生轉折中的一個重要儀式，有各種芳香的預防措施伴隨。在結婚儀式舉行之前，已成為精怪嫉妒目標的年輕姑娘需要一系列的淨身和灑香。光是在頭髮上薰香就要持續好幾天。另外，人們使用香煙和芳香項鍊，特別是一種由藏紅花、鳶尾、麝香和安息香組成的小黑球項鍊來保護姑娘。這種使用香味飾物來制伏精怪的做法在非洲和亞洲相當普遍。

氣味與誘惑

十九世紀末，著名的昆蟲學家法布爾（Jean-Henri Fabre）做了一個決定性的實驗，證明氣味在蝴蝶性吸引力發揮的作

繪於十六世紀的占星圖，標示著不同的時間與其對應的星座。
占星學裏也應用不同的味道為不同的星座增強運勢。

用：一隻被捉住的雌蝶吸引了幾公里遠外大量的雄蝶。可是如果把雌蝶關閉在玻璃罩下，那些雄蝶就對牠毫無興趣了。法布爾做的多次實驗證實了蝴蝶性吸引的嗅覺特徵，其後他對各物種所做的多次實驗也得出相似的結果。蝴蝶的芬香分泌物由雄蝶的翼邊器官和雌蝶腹部器官產生，螞蟻的芬香分泌物由頭腺產生。其他生物則於皮脂腺、肛門腺和生殖腺產生。研究發現，其中如麝貓、麝、麝鼠、海狸等，分泌物十分豐富，可收集開發成香料。

費洛蒙（pheromone）一詞源於希臘文 pherein（「運載、攜帶」之意）和 horman（「激發、刺激」之意）。一九六〇年代費洛蒙的發現，使人更瞭解氣味在動物溝通及其行為中的重要性。費洛蒙是動物身上分泌出的一些物質，它對產生分泌物的動物本身沒有任何作用，但會對其同屬產生作用，並因而決定這些動物的性行為、親屬關係和社會行為。眾所周知，昆蟲、甲殼動物、魚類、蠑螈和蛇的費洛蒙能引發性吸引；哺乳動物的費洛蒙因其複雜性而未能完全鑑別，但同樣對其生殖和社會行為產生影響。例如，發情期的母狗氣味能激起三公里外公狗的欲望，而種豬的呼吸對發情的母豬也會產生一種吸引作用。如今，獸醫們常用公豬的氣味來檢測能人工授精的母豬。為此，他們使用含雄性激素的噴霧劑。這種雄性激素使未閹割的豬發出一種發情期母豬交配所需的典型麝香氣味和尿味。（在松露中存在一種類似種豬性費洛蒙的分子，這也解釋何以

這種地下蘑菇會對母豬產生吸引力，甚至能發現地下一公尺深的松露。此外，人們長期以來也把松露視為一種能刺激性欲的美食。[11]）

在哺乳動物世界裏，氣味最濃烈的雄性動物經常透過費洛蒙使其競爭對手失去雄性威風。動物群體的領導者通常不是最強大的，而是氣味信號最強烈的動物。馬達加斯達的小狐猴相互交鋒時，它們身上留下的不是廝咬的斑斑傷痕而是「陣陣氣味」。雄狐猴用尾巴有節奏地敲打自己的頭部，「釋放出一團有氣味的物質，就像每拍打一次地毯抖落一團灰塵一樣。這團氣味的大小有著一決勝負的嚴重性，因為對手的氣味必然產生影響，也就是說，使其生理上形成一種閹割效應。」[12]氣味同樣也可辨別個體的社會地位：雌性旅鼠是北極的一種齧齒動物，它能憑氣味「大致」選擇佔據統治地位的雄性動物。氣味還可幫助雄性老鼠辨認遺傳上有差異但更有益的雌性夥伴，避免發生近親繁殖問題。[13]

人的唾液、汗液、尿液、精液以及陰道分泌物中可發現一些芳香化合物，經鑑定為動物的費洛蒙。一九七〇年至一九八〇年間，這個發現促使人們進行許多研究，以確定人與人之間存在著費洛蒙交流。最令人信服的研究闡明，共同生活或是關係親近的女人，其月經周期同步[14]。該現象可歸結於一種化學感覺媒介，並使人相信這是通過氣味才可能出現的無意識操作。為了驗證這種可能性，有人選擇一些正常排卵周期為二十六至三十二天的婦

麝貓、麝鼠、麝和海狸（左上、右上、左下、右下）等動物因為分泌物的香味強烈，常作為人們製作香水或香氛品的原料。

女進行試驗，她們在兩個月內每天都接受其他婦女腋窩的汗液。當然參加試驗者對試驗目的毫無所知。「試驗結束後，那些受試婦女與汗液提供者的月經開始期的差別從八‧三天平均下降到三‧九天……因此，人們發現腋窩汗液的提供者與接受者之間月經初期的不同步變小了。」[15] 相反地，未接受試驗的婦女，仍然保持其月經初始期的不同步。美國生物學家溫尼弗雷德‧卡勒（Winifred Cutler）與其同事所進行的另一項試驗證明，男性的腋下分泌物可調節月經周期過長或過短之婦女的排卵周期[16]。然而，法國生物學家伯努瓦‧

沙爾（Benoist Schaal）認為，根據目前的研究情況，沒有任何一種男性氣味分泌物真正符合費洛蒙的標準。[17] 但是，這並不能對身體氣味具徵狀價值提出質疑，也不能排除「將來有可能揭示男性具有費洛蒙價值的化合物」[18]。

總而言之，目前氣味與費洛蒙的差別已引起很大的混淆，這就留給研究人員去確定吧。特別是，當人們懷疑某些關於費洛蒙的定義所做的努力，是運用在銷售各種香水以獲取商業利益時，這種混淆就更大了。[19]

若考慮到大多數哺乳動物的鼻腔，實

十五世紀時採集松露
的景象。

際上包括兩種分析周圍化學世界的器官，這個問題就變得更為複雜。

第一種器官是嗅覺器官，它覆蓋於鼻腔底部，由專門於鼻腔呼吸時檢測通過空氣中揮發性分子的神經細胞組成。通過嗅球和不同的大腦中樞，資訊傳遞到大腦，感知到有氣味的化合物。嗅覺資訊是動物和物種生存必需的（例如遭遇獵食性動物而逃跑、覓食、選擇繁殖能力強的夥伴）。這種感覺分析系統能區分數以千計的不同分子，可以使動物很快適應自己的行為，具有驚人的靈敏性。在神經生理學家迪迪埃·特羅捷（Didier Trotier）看來，它的靈敏度甚至比「迄今製造出最精巧的機器」[20] 的靈敏度還要高。

嗅覺受到各種因素影響，如年齡、性慾和性激素比例。過敏性鼻炎和上呼吸道感染對嗅覺也有影響。人的嗅覺還因神經病變疾病而改變，如阿茲海默症，帕金森症，杭廷頓症和多發性硬化症。

嗅覺研究正蓬勃發展。由於分子生物學在氣味感官方面的進展，以及嗅覺神經生理學近期的進步，人們開始理解嗅覺的特性以及感覺資訊的加工過程。[21]

犁鼻器官（vomeronasal organ）是位於鼻腔中的第二個探測器。它位於鼻孔附近，由一對長而窄的囊構成。從胚胎起源和一般結構看來，它與嗅覺器官非常相像，但感受細胞的生理特性卻不一樣。它比嗅覺器官小，而且長期以來被人錯誤地視為一種退化的輔助嗅覺器官。

如今，人們知道它在性慾中發揮作

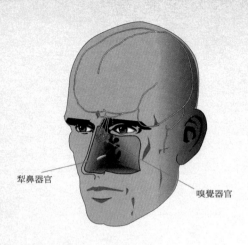

犁鼻器官

嗅覺器官

用。業已證明，在哺乳動物中，通過費洛蒙刺激犁鼻器官可控制其性行為，使雄性與雌性動物的激素狀態產生變化。[22] 它在鼻腔的前置位置，可使動物通過直接的接觸，挑選同種動物所排放的生物基質。這些基質，像尿或專門的腺體分泌物，隱含著排放者非常豐富的生理狀況訊息。這種資訊不僅存在於嗅覺器官可探測到的揮發性分子中，也存在於非揮發性分子中。看來，犁鼻器官對於動物接觸所有揮發性和非揮發性刺激發揮著主要作用。

有一個非常重要的事實是，動物透過它才可以接觸到非揮發性分子。譬如，一隻雄老鼠的出現，通過加速合成性激素，將使年輕雌老鼠的青春期加快。這種效應經過觀察只與犁鼻器官有關，因為一旦這個器官受損，這種效應也就消失。這是由一種經鑑定為雄老鼠尿液中大量分泌的蛋白質碎片分子所引起。

但是特羅捷觀察到，犁鼻器官和嗅覺器官雖然同時使用，但顯然不是用同一方式來對應化學界。齧齒動物的神經通道測試顯示，兩套系統走的不是同一條大腦迴路。嗅覺資訊能很快到達大腦皮層區，保證了感覺的實現，而犁鼻資訊停留在皮層下區，似乎把感覺排除在外，動物好像沒有意識到刺激。更為準確的案例是侖鼠，其犁鼻資訊直接到達大腦區，導致垂體激素分泌並合成性激素。然而我們應該坦率承認的是，在哺乳動物之中，除了齧齒動物，犁鼻器官的功能仍有許多謎團待釐清。[23]

犁鼻器官是荷蘭醫生魯伊斯奇（Ruysch）在一七○三年從一名小孩身上發現的。一八○九年，丹麥人呂德維希・勒萬・雅各布松（Ludwig Levin Jacobson）對哺乳動物的犁鼻器官做了詳細描述；人們最初認為犁鼻器官在成人身上不存在，或者只是殘存器宮。儘管某些解剖學家的工作證明它存在於成人之中，但犁鼻器官僅存在於胎兒出生最初幾個月的觀念，長久以來一直佔上風。

真正研究人類犁鼻器官的工作才剛起步。美國解剖學家大衛・伯利納（David

Berliner）及其合作者證明，有特殊氣味的身體部位（腋窩、生殖器）的皮膚，分泌出的某些化學物質可以在成人的犁鼻器官中產生電信號，這意味著可把資訊傳輸到大腦（但這尚未被正式證實）。這些特殊的物質能刺激犁鼻器官，對主嗅覺器官無任何作用，它們被命名為類固醇分子或「犁骨傳輸」分子。某些物質好像對男性較具刺激性，另外一些物質則對女性較能產生作用。以小量的這些物質作用於犁鼻器官，可以產生能夠測量到的生理反應，如心臟和呼吸節奏減慢。它們還對垂體所產生的黃體激素（l'hormone gonadotrope LH，在月經週期中有誘導排卵的作用）起作用。[24]

這些證明我們擁有功能齊全的犁鼻器官的工作，明顯地引起人們很大的興趣和眾多的疑惑。所以，以往做鼻整型手術會毫不遲疑地切除這種器官的外科醫生們，今天開始捫心自問這種手術會產生怎樣的潛在後果。尤其是，這會不會使接受手術者感到抑鬱？研究者還遇到一個更普遍的問題，即這種化學感覺器官在我們的性生活中發揮什麼作用，以及它是如何選擇伴侶的。

在發現費洛蒙和犁鼻器官之前，人類的性行為確實已與身體氣味建立了連結。古老的編年史到處記載著與此一主題相關的軼事（亨利三世對瑪麗·德克勒夫〔Marie de Clèves〕名聞遐邇的一見鍾情就源於後者被汗水濕透的襯衫）。一八八六年，醫生奧古斯汀·加洛潘（Auguste Galopin）重新採納了生物學家古斯塔夫·耶格（Gustav Jaeger）關於氣味參與性行為的觀點，他寫道：「男女之間最單純的一種結合是由嗅覺產生的，這種聯合是兩個身體在相互接觸和協同過程中，通過分泌和蒸發作用，在大腦中產生活性分子，並經過這些活性分子的普通同化作用而得到承認。」[25]

幾年後，弗里斯（Wilhelm Fliess）（關於弗里斯與精神分析見第十五章）、科利特（Collet）、朱厄特（Jouet）和佛洛伊德發現，嗅覺和性慾之間有一種密切的連結。在佛洛伊德看來，嗅覺抑制伴隨著性欲壓抑。他還觀察到，「無可否認嗅覺在變弱，但是在歐洲，依然有人認為生殖器的強烈氣味可以刺激性欲，且不願放棄它。」[26]

這些先驅為嗅覺參與性生活的現代研究鋪了一條路，尤其是闡明嗅覺器官與性激素系統功能的關係，如生物學家雅克·勒·馬尼昂（Jaques Le Magnen）和卡爾曼（Kallmann）[27]等人的研究。卡爾曼綜合症的患者會同時出現青春發育期延遲，嗅球發育缺陷和先天性發育不全等症狀。

雖說今日從科學上確定了身體氣味對性慾發揮作用，但並不是所有氣味都能明顯構成性刺激。有些氣味有刺激效果，有的氣味有抑制效果。在普魯斯特的小說中，斯旺（Swann）曾陶醉於瑟吉斯夫人（Mme de Surgis）的氣味：「他的鼻子也因女人的香味而興奮，像一隻準備在隱約可見的花叢裏休憩的蝴蝶在抽動。」[28]但

薩洛蒙與薩
巴皇后。

埃絲特與阿
蘇埃呂斯。

是遇難後被西爾塞（Circé）收留的恩科爾帕（Encolpe，拉丁文小說 *Satyricon* 中的人物），讓苦苦等候的西爾塞很失望。她質問他：「我的氣息因禁食而腐臭嗎？我的腋下還有汗跡嗎？」[29] 利姆諾斯人（Lemnos）的希臘神話說明了這種雙重性：利姆諾斯島的女人們被一種令人厭惡的氣味折磨，以致忽略了阿芙洛蒂特（Aphrodite，希臘神話中司愛與美的女神）。她們的丈夫拋棄她們，找女奴做姘婦。被拋棄的妻子氣得發瘋，於是殺死自己的丈夫與他們徹底決裂。她們成了散發惡臭的野蠻鬥士。直到她們與阿爾戈（Argonautes）英雄透過性欲建立關係之前，她們一直沒法從惡臭中解脫出來。一旦重新獲得阿芙洛蒂特的恩典，她們又變成有香味的妻子了。[30]

香料與性慾之間有著恆定的關係。西爾塞想重新征服尤利塞斯（Ulysse）時，使用了效用很強的芳香劑春藥。薩巴王后（Saba）回到耶路撒冷時，聞名的阿拉伯帝國珍貴樹膠幫她贏得了薩洛蒙（Salomon）的心[31]。在香料與性欲和誘惑的關係中，有人區分了兩種功能，它們的目的只有一個，即有利於性的結合。

各種香味先是利用某些成分變得更濃，來減緩身體可能具有的過重氣味。譬如，突尼斯的貝督因人使用薩爾吉納香料正是這種作用：「人們燃燒薩爾吉納香料產生馥鬱的香味，它是貝督因人茅屋或帳篷內的香味。當夫婦們同床共枕時，他們燒著香煙，在衣服、襯衫和長袍下點著香爐。薩爾吉納香料的特性是，中和生殖器的氣味，特別是女性生殖器的氣味，使人無法遠離或者反抗性欲。因此，溫柔的床鋪傳遞給鼻孔的，只有最輕盈的揮發物和肌體分泌出最舒適最撩人的乙醚類物質。」[32]

香味除了自身產生的誘惑力外，還有更特定的作用。它們不再用於簡單的篩檢，而逐漸成為誘惑的主要因素。《聖經》中的埃絲特（Esther）碰到阿蘇埃呂斯

（Assuérus）之前，「請人六個月用沒藥油，六個月用女性美容膏和護膚霜為自己按摩」[33]；朱迪斯（Judith）為了誘惑奧洛菲爾勒（Holopherne），用珍貴的油塗遍全身；若大家相信莎士比亞的話，克麗奧佩特拉去會見安東尼時，對香水一點也不吝嗇：「她乘坐的大帆船像一個褐色的寶座，在海上閃閃發光；船尾由黃金打造而成；船帆是紫紅色的，充滿香氣，風也因產生出愛意而變弱。」[34]

在某些傳統社會裏，誘惑的過程使用大量精緻的香料，幾乎接近一種儀式。密克羅西亞的一個小島瑙魯，那裏的女人身體裏外都使用香水。人種學家索朗熱·珀蒂－斯基萊（Solange Petit-Skinner）觀察到，瑙魯女人會洗充滿香味的蒸氣浴，用可可花油和奶油塗抹身體和頭髮，也用帶有香味的樹葉混合物和芳香的藥水「讓身體內部充滿香氣」。這些最新藥劑非常出名，效果令人震驚：「所有男人都向你湧來，所有男人都被你的香氣吸引，直到你最終筋疲力盡。」[35]瑙魯的女人說。有些

儀式如達卡雷（dakaré）蒸氣浴（用樹皮燃燒時釋放出沁人心脾的香氣沐浴）需要禁食，並在村外秘密進行，這就揭示了香料與巫術之間的關係。在瑙魯，香料也是人們獲取愛情的真正工具。

現代的香料製造商對這些情況並不陌生。他們製造強調個性、並被譽為更具個性魅力的奢侈品。除此之外，他們總是夢想製造能刺激性欲的理想香料。在費洛蒙方面所做的工作為他們開闢了一個新的研究領域，有人已經迅速湧進。一九八三年，喬萬公司（Jovan）在美國市場大力推銷含有合成費洛蒙的第一批產品。安德龍古龍水，一種是女性專用，一種為男性專用。人們介紹它可在兩性之間產生強烈的「磁場，並在我們毫不知情的情況下悄悄傳遞誘惑的信號」。其他研究成果一個接一個出現。事實上，這是一個很大的商業賭注。一九九二年，大衛·伯利納（David Berliner）聲稱已分離出許多人類的費洛蒙，並創立埃羅克斯公司（Erox）。這家公司的香水「男人王國」和

「女人王國」在網上銷售，並與溫尼弗雷德·卡爾特（Winnifred Culter）成立的雅典娜（Athena）公司產品爭奪香水市場。為了去除人們對競爭產品的猜疑，伯利納集團堅持他們的產品對犁鼻器官沒有任何刺激效應。[36] 所有的聲明是在科學研究與商業利益緊密相連的背景下產生的。對此，科學界仍持有相當保留。[37]

總而言之，這些費洛蒙產品證明了嗅覺想像物的威力和持久性。它們又與古老的春藥神話，和過去煉金術士配製的「刺激愛情」的香料連結在一起。我查閱他們的藥方時，發現了一個奇怪的吻合：人們在煉金術士的原料，如尿液、動物或者人的分泌物中，確切地發現了費洛蒙，或者認為發現了費洛蒙……

氣味、打獵和釣魚

獵物的氣味首先為獵人指引方向。然後人使用嗅覺更靈敏的狗去打獵，甚至試圖發展這位助手的天資。人類學家勒維－布呂爾（Lévy-Bruhl）引證說，在新幾內亞，訓練來獵捕野豬的狗因鼻孔注入洋蔥氣味而變得更加勇敢。這些動物被馴養的主因，與牠們特別喜歡人類糞便的臭味有關。後來人們常常觀察到這些動物有食糞的嗜好，這也許是把這些動物馴養成家畜的起源。[38]

人們除了發展便於接近獵物的技術外，還發展透過氣味吸引獵物的其他技術，許多利用陷阱誘捕獵物的方法就是借助這個原理。通常，人們用動物最喜歡的食物做誘餌，來捕殺它。有時，人們也用某種香氣安設陷阱。在新幾內亞，人們在陷坑上方焚燒芳香木料，用香煙引來獵物。按照土著的講法，獵物是絕不會不來的。在瑙魯，人們非常重視嗅覺的作用，釣者隨魚的嗅覺靈敏度而改變方法。瑙魯人對不同水生動物的瞭解非常精確，為每一種水生動物選擇了相應的誘餌。但是，當他們用捕魚簍捕魚時，知道最後在捕魚簍上灑上香味，即使沒有誘餌也可以誘魚進簍。

在工業社會裏，這些傳統的做法有其對應的方式。漁具製造商按照各種魚類的偏好推出各種各樣的香味誘餌。喜歡自己製作誘餌的釣者，可以在市場上找到各式各樣的粉狀、瓶狀和氣狀香料，如香子蘭、焦糖、芫荽、茴香、草莓、香蕉、桂皮、西納莫南香、黑胡椒、野櫻桃、霜淇淋、巧克力，以及另一類香料如貝、槍烏賊、螯蟲甚至還有「瓶裝蚯蚓」。有糖味的香料據說在熱水中更有效，而辛辣的香料，如薑黃屬植物和印度藏紅花，在冬天最能發揮作用。它們在水裏擴散，可在誘捕區中形成香暈，從而引導魚兒遊向誘餌。這些香料還有一個好處是，可以掩蓋操作過程留下不受歡迎的氣味，特別是尼古丁的氣味。

實際上，氣味既可成為釣者或者捕獵者的盟友，也會背叛他們。所以這些獵人企圖用其他香味來偽裝自己的味道。在美拉尼西亞，土著提取、晾乾和保存有袋類動物的臭腺。這種動物能發出一種濃郁而

人利用狗敏銳的嗅覺進行狩獵。一幅十五世紀狩獵圖，呈現了訓練有素的狗在狩獵時的重要性。

持久不散的香味。獵人出發去捕獵的時候，他們把臭腺弄濕，抹在身上，這樣，人體的氣味就與另一種更濃的、具動物性的氣味混合在一起。獵物被這種詭計欺騙，就不會逃離捕獵者。另外，美拉尼西亞人給年輕的狩獵人塗上一種香膏，以便讓他們具有「獵物守護神」[39] 的「勇敢」。尼羅河源頭的皮格梅人（Pygmées Ngbaka）想在森林裏設置陷阱時，會事先做些準備，使陷阱帶有某種特殊的氣味。要獲取這種氣味，首先要遵守一些禁忌（如不洗澡和不穿乾淨的衣服），以及用替人治病的占卜者賜予的樹皮抹擦身體。他們也把一種香粉塗在身體上，並且束一根芳香的樹皮腰帶。這種難以得到的複雜香味，具有迷住森林守護神「米姆博」（mimbo）[40] 的功能，這些守護神又轉而把獵物引入陷阱。回到村落之前，捕獵者要清除這種雙重捕獵的氣味，因為這種氣味對捕獵者的宿營地有不利影響。他們用樹枝從頭到腳抽打自己，以使森林守護神待在守護區域。所以，氣味界定了兩個空間，對人來說，這是不可能毫無危險地進行交流的兩個空間。毫無疑問，在這些做法中，很難區分哪些因素屬於一般人所稱的捕獵技術，而哪些因素屬於原始社會的信仰。但是氣味的使用在此體現為一種儀式，證明了氣味與神聖及巫術之間的密切關係。

香味豹的神話

我認為，氣味與捕獵的關係凝結在古希臘和基督教關於香味豹的傳統。按照這些說法，在所有的動物之中，豹是唯一因為神秘理由而散發自然芳香的動物。亞里斯多德自忖：「除了豹，沒有任何動物有這種好聞的氣味。這種氣味討獸類喜歡，據說野獸高興用鼻子嗅這種氣味。這究竟是怎麼回事？」[41] 然而，這種好聞的氣味同時意味著捕獵、魔力和愛的誘惑，並通過一種奇怪的蛻變，甚至成為基督教象徵主義神秘地吸引靈魂的象徵，即基督的話語可引導靈魂的象徵。

希臘人認為，豹利用自身的香味吸引並捕獲獵物。「豹發出一種所有其他動物喜歡的氣味，所以，它捕獵時躲起來並靠它的香味吸引動物走向它。」[42] 希臘歷史學家泰奧夫拉斯特（Théophraste）說。古希臘傳記學者普魯塔克（Plutarque）和埃利安（Elien）明確指出，猴子對豹的氣息尤其敏感。豹是一種與眾不同的動物，除了被人類捕獲之外，它是捕獵者而不是被獵者，具有謹慎和聰明的優點。人捕獲它的辦法跟它一樣，用它喜歡的酒的香味作為陷阱。豹知道怎樣耍詭計，它的陷阱，就是它芬芳的氣味，這是致命的誘惑工具：「正如人們所說，豹能發出一種令人神往，而我們對之卻不怎麼敏感的香味，這是豹的一種特權，而且它知道怎樣使用這種特權……當豹想吃食的時候，它躲在一個很深的矮樹叢中或厚厚的樹葉底下，沒人能發現它，它僅僅在呼吸。當幼鹿、羚羊、野山羊以及這類動物被這種好聞的氣味吸引時，就如被尤恩克斯輪（iunx）吸引一樣，它們靠近豹。然後豹突然從躲藏處跳出，撲向獵物。」[43] 這種把氣味與尤恩克斯輪對照的說法引人注意，因為它為神話引入了一個新面向：巫術。

尤恩克斯輪是一種繫在一根細短繩上的小輪，能發出奇怪的嗡嗡聲並產生迷惑。特別是，當這種東西在色情巫術中使用，將之與豹的氣味相比較就更有意義了。希臘宗教神話學者馬塞爾·德蒂耶勒（Marcel Detienne）出色地說明了尤恩克斯輪、色情、巫術和香味誘惑這四者之間的關聯。[44] 對希臘人來說，豹代表著漂亮的妓女，與其相同的另一個詞為 pardalis，它用來指稱貓科動物和娼妓。豹的香味相對於妓女的芳香誘惑，加上與有魔力的小輪相比，因此也成為捕獵和誘惑的象徵。

基督教控制了這種信仰，並通過大膽的轉化，把這種信仰變成它的象徵體系一部分。香味豹甚至成為基督的化身。在我看來，這種轉換分成幾個階段實現。特別是通過《博物學家》（Physiologus）的不同版本，人們才能追蹤這種變化。《博物學家》論述了《聖經》中所提到動物的寓意、宗教意義和倫理意義。《博物學家》的第一個版本比較了兩種叫聲，一種是從三天睡眠中醒來的豹的吼叫，這是使其他動物陶醉的叫聲；另一種是給人灑上美妙芳香的基督，他死後三天的呼叫。「豹吃飽以後，就睡在洞穴中，第三天它從睡眠中醒來，高聲吼叫，動物們被它的吼叫傳

豹在神話、象徵意義及動物行為上都與氣味關係密切。

出的香味吸引，來到豹的身邊。同樣，我們的耶穌基督死後第三天復活過來，叫道：『今天跟全世界問候，看得見的和看不見的人，大家好！』於是我們無論遠近，如信徒所說，都聞到一種十分好聞的氣味，都得到和平。」[45]

在《博物學家》的第三個版本裏，豹和基督的對比更為明確，豹帶著香味的氣息象徵了基督的話，能引誘鼓勵人：「豹戴著我們主基督耶穌的面具，就是耶穌的化身。因為一旦我們的天父主基督耶穌來了，並以人的身份來到世上，他的嘴就發出一種香味，根據這種香味，預言者、傳教者、殉教者和聖人們都奔向他。然後所有的人興高彩烈地回到自己家園。」這種與基督等同，引起了貓科動物的變形，從

令人生畏的、孤獨和兇猛的形象，變成了易於交往的和良善的形象。《博物學家》寫道：「有一種動物叫做豹，遠看是最美麗的動物，值得所有動物愛戴。它睡著時，口中發出一種香味，因為這種香味，所有其他動物在豹身邊圍成圈，享受快樂。當豹玩耍時，欣喜歡騰地走向矮樹叢和宿營地。」這是完全相反的描寫：它的香味不再是致命的陷阱，而是慷慨送給其他動物的禮物。猛獸不再帶來死亡而是帶來安逸。

一些中世紀的動物寓言集裡摻了許多《博物學家》的內容，因為《博物學家》為這種象徵手法提供了最完整的形式。譬如，《阿希莫勒動物寓言集》（ Le Bestiaire Ashmole ）從三個基本點上發展了這種象

徵手法。

　　豹的美體現了神的光輝。它皮毛上像「金眼」般的花斑，代表著此種完美的不同面向：「豹的皮毛五顏六色，象徵著所羅門說我們主基督耶穌的那些品質，即聖父的明智、智慧的精神，唯一、多樣、真實、溫柔、完美、寬恕、堅定、穩定、自信，能做任何事情和能看到任何東西的靈性。」[46]豹是美麗的，大衛是這樣描述基督耶穌的：「他是人類所有兒子中最漂亮的一個。」他的溫柔就是神善良的化身。豹是溫柔的，以撒說：「高興起來吧，讓你的心充滿快樂。喔！西翁的女兒；喔，耶路撒冷的女兒，請你宣佈，你的國王回到你身邊時滿懷溫柔。」

　　這裏肯定了它芬芳的氣息等同於基督的話語，但突出了它不可抗拒的和本能的誘惑：「聞到豹口中發出的淡淡香味，不管遠近，所有動物都跑來跟隨豹子行動；同樣，不論是猶太人（他們有時具有動物的本能，因為所信奉的宗教，彼此接近），還是異教徒（他們因為不信宗教，而彼此疏遠），聽到基督的話後，都跑來追隨基督，並說：「你的話使我的嘴唇甘甜，比蜜糖還要甘甜；你的嘴唇傳播恩惠，所以上帝永遠為你祝福。」

　　最後，豹和基督一樣，戰勝了惡的力量。它的氣味使龍逃跑，就如基督的話使撒旦後退一樣；「……龍因害怕而顫抖，飛快地鑽入它的地下洞穴；但龍不能抵禦豹的香味的誘惑，它翻鬆土地，麻木地待在自己的洞穴裏，一動也不動，就像已經死亡。所以，我們的主基督耶穌，真正的豹，從天上走下來以使我們逃避魔鬼的控制。」就像三部曲一般，中世紀動物寓言集中的香味豹，既闡明了基督的光輝，也解釋了他在人間的兩個使命：引導人類走向光明和真理，把人類從黑暗的幽靈中解放出來。

第二章　氣味與辨識

「人是一種清淡香味，這種香味充斥在人的行為當中。」

黑格爾《宗教哲學課程》（*Leçon sur la philosophie de la religion*）

「當我生活在長髮遊牧部落裏時，我吟詩歌唱。日爾曼民族語言的聲響震耳欲聾。我被迫裝出欣賞吃飽的勃艮第人唱歌的樣子，他們的頭髮上塗著有腐臭味的黃油。你的眼睛，真幸運啊；你的耳朵，真幸運啊；你的鼻子，更是幸運啊！因為每天早晨，他們不會讓你聞到滿是大蒜或洋蔥的臭味。」

西杜瓦納・阿波利內爾（Sidoine Apollinaire）《書信集》（*Lettres*）

　　俗語常藉著嗅覺用語來表達厭惡和反感。我們不是一向都說「嫌惡某人」（法文直譯即為「鼻子裡滿是這個人的味道」）、「厭惡某人」、「對某人無好感」或是「真受不了某人」；還有一個人會因他的虛榮心而「令人厭惡」（法文意思為發臭）嗎？人以特有的方式使其周圍充滿氣味，氣味隨著個人的飲食、健康、年齡、性別、活動和種族而變化。聞到某人的氣味是我們對這個人最親近的一種知覺。法國哲學家沙特[1]寫道：「身體的氣味，就是我們通過嘴和鼻子呼吸到這個身體本身，也是我們忽然擁有這個身體，這就是身體本質中最神秘的物質；總而言之，它就是身體的本性。我的氣味，就是別人的身體與我的身體的融合。但這是一個脫離肉體的、蒸發的、殘留的身體，當然還是整個身體，但已變成揮發性的靈魂。」由於嗅覺系統與大腦情感區特有的聯繫，身體氣味的侵入，將產生一種自然的本能反應，或積極或消極，或接受或放棄的反應。嗅覺一下子成了辨別討人喜歡或不討人喜歡的人、已知或未知的一種工具。它可以直接地辨別交談者，它所引發的評價，可成為認同或拒絕別人的手段或藉口。

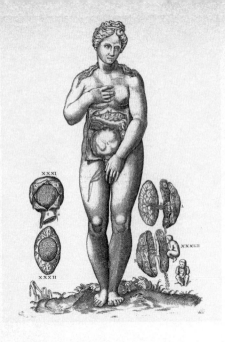

胎兒從在母親腹中就開始經由羊水的氣味與母親產生氣味的聯繫。圖繪於 1589 年。

氣味與辨識他人

　　許多著作都闡明了嗅覺對於母性行為，與在嬰兒與母親關係當中的重要性。比奇（F.A.Beach）[2] 在老鼠身上所做的實驗表明，母鼠可通過氣味辨認自己的幼鼠，還能辨別其他幼鼠的氣味。反之，母鼠的氣味吸引幼鼠靠在牠身旁，從而保護幼鼠不致遭受危險。

　　同樣地，我們已經能確定，嗅覺在人類首要關係中發揮著重要作用。母親從產後第六個小時起就能辨別自己嬰兒的氣味。而嬰兒出生兩天後就能辨別自己母親乳房和脖子的氣味。胎兒在與羊水接觸時所接受到的嗅覺和味覺資訊有助於這種早期的辨別，這種情況在大多數哺乳動物中常常發生。所以，嬰兒這種嗅覺依戀，是「與母親身體安全接觸過程中，嬰兒做音階練習的鍵盤之一」[3]，同時也解釋了嬰兒的一些行為。母親身上「好聞的」氣味對嬰兒情感和認知發展是必須的，具有安定嬰兒的功能，而來自母親脖子或乳房令人厭惡的氣味，將引起嬰兒拒絕乳房、哭泣和不斷地吐奶。

　　氣味在嬰兒／母親關係中起的這種辨認作用，也在動物界或人類社會的個體與群體關係中得到證明。如蜜蜂，分佈於全身，特別是分佈於腹部的腺體所產生的生物氣味可獲得同屬的認同，並驅逐不同的蜜蜂。法國心理學家亨利‧皮耶宏（Henri Piéron）對螞蟻的觀察，證實了氣味在和平或敵對關係中起的作用。若把一隻螞蟻放到另一群螞蟻中，使它的同種辨認不出來，它就會受到攻擊。相反，若一隻外來的螞蟻塗上這一群螞蟻的氣味，就會被認為與這一群螞蟻是同類。一隻螞蟻聞到敵人的氣味，就會逃跑，鑽入地下。

斯賓塞。

博爾斯勞・普斯。

但是，當它的觸角被截斷時，它的嗅覺減退了，就會不加區別地侵犯同種和不同種的動物。[4]

類似的行為在人類群體中也曾出現。上個世紀末，英國人種學家斯賓塞（Herbert Spencer）描述了愛斯基摩人、薩摩亞人、毛利人和菲律賓人打招呼的方式，這些人種賦予嗅覺特權。他們相互摩擦鼻子或嗅對方的臉表示互相認識。阿拉伯的習俗是在對話者的臉上吹氣——忽視他人的氣息被認為是一種侮辱——源於同一道理[5]。一個人的生活方式、飲食、職業、衛生狀況，都會對其身體和氣味產生影響。而身體氣味隨不同的文化和人類群體變化，提供每個人定位標準。

氣味除了辨識功能外，還可以決定某些社會行為。醫生奧古斯汀・加洛潘（Auguste Galopin）做了大量研究，得出以職業氣味擇偶的主要因素：「工人的婚姻通常是雙方職業相同的男女結合。其中一個重要原因是，女人的香味可與男人的香味調和。男理髮師愛戀女化妝品商，百貨商店男職員追求羅浮宮的女職員。下水道疏通工人、皮革商、乳品商、屠夫、豬肉商以及油脂工等通常都與同行的年輕女兒結婚。女僕、女傭嫁給男僕，或聞起來有馬騷味或尿糞氣味的馬房工人。馬賽城的女人痛快地呼吸著丈夫的大蒜和洋蔥味。跟磷打交道的火柴工人娶的幾乎都是相同職業的女人。人們可能這樣說：這取決於人們天天跟這些工作的人打交道；這是有可能的，但這也取決於其他，如這些女人的氣味，使工作同伴感到愉快而使外來的愛情遠離。並非每一個人都喜歡磷、洋蔥、大蒜和馬房粗布的氣味！」[6]

因此「門當戶對」，實歸因於嗅覺的意氣相投。

氣味與拒絕他人

同一種氣味，標誌著某一個體隸屬某一群體，有助於該個體融入，也表示該個體與其他群體無關，並在個體和其他群體之間形成一道隔閡。因此，氣味也就成了種族歧視、社會階級，甚至是道德批判的

十六世紀時的市街圖像，畫中描繪了各行各業平民工作的情形與所散發出的各種「氣味」。

布魯格爾（Pieter Bruegel the Elder，約 1525－1569）的〈荷蘭諺語〉（1599）。

工具和證明，簡單地說，氣味是一種標誌。

皮膚分泌出來、由氣息傳遞的氣味，常常使種族歧視行為有可乘之機。博爾斯勞‧普斯（Boleslaw Prus）的小說《拉勒卡》（Lalka），說明了大蒜在波蘭如何變成支持反猶太主義：「新來的職員很快地開始工作，半小時後，利西埃克基先生對克萊因先生竊竊私語：『這裏是誰發出大蒜的臭味？』一刻鐘後，他又補充說：『沒想到猶太敗類現在就佔領了克拉科夫（Cracovie，波蘭第三大城）！這些該死的猶太人難道就不能待在那萊維斯基（Nalewski）或者聖喬治街？』施朗波姆一言不發，只見他兩眼發紅，全身顫抖。」[7]

德國哲學家和社會學家齊美爾（Gerog Simmel）一九一二年寫道，不同種族接觸時產生衝突，是因為嗅覺上無法互容：「由於黑人的身體氣味，看起來北美上流社會要接受他們是不可能的。人們也把德國人和猶太人之間相互厭惡的情況歸結於同樣的原因。」[8] 在這個範疇中，仇恨和鄙視常藉由惡臭等詞語來表達。另一位德國哲學家布洛斯（Ernst Bloch）把納粹分子的臭味與猶太人所謂的臭味兩相對照：「這不僅僅是納粹分子發出來的血的氣味；他巨大的便壺還散發一股尿味，便壺因他的品行、恐怖、罪惡和思想意識而發臭，這是一個惡魔似的卑鄙傢伙⋯⋯有著血腥味，正是納粹分子通風不良的床所有的典型氣味，而這種尿味更加重了發臭的氣味。」[9]

藉著氣味來羞辱對手已不是件新鮮事。早在一九一五年，醫生貝里庸（Bérillon）就運用他全部的學識為德國人的臭汗症提出「合理的」解釋：「德國人的尿毒係數比法國人高出不到四分之一。這就是說，如果殺死一千克豚鼠需要四十五立方釐米法國人的尿的話，那麼只需要約三十立方釐米德國人的尿，就可得到同樣的結果。⋯⋯目前德國人器官的一個主要特點，就是其過度疲勞的腎不能消除尿酸元素，因此增加了一個足底排尿區。這就是說，德國人是通過腳來排尿的。」[10]

同時代的醫生德尚（Deschamps）聲稱，日爾曼民族士兵的腳這麼臭，以至於一八七〇年德軍在梅斯（Metz，法國鄰近德國的城市）投降時，德國兵團路過時人們都捂住鼻子。很多阿爾薩斯─洛林人（Alsaciens-Lorrains）每天要遭受與德國士兵混居一室的折磨，消除痛苦的唯一辦法是離家出走，到法國避難。德國人種的臭味甚至波及到動物，原因應歸結為該民族「長期的、地域習性地大吃大喝」[11]。在黃金海岸的普伊市（Pouilly），一個步兵死了，人們推斷他死於中毒。將屍體進行解剖後證明，德國佬的食慾過旺已屬畸形。此人吃了五公斤肥肉，被活活「脹死」，腹壁都爆開了！「他要是咀嚼之後才吞下這些肥肉的話，也許還能消化它們。」德尚為自己觀察到的情況感到震驚。

過量攝取食物，讓皮膚像第三隻腎那

十四、十五世紀火燒痲瘋病患與異教徒的火刑場面。

樣工作,並產生各種各樣令人厭惡的揮發物,完全符合德國人「有著驚人糞便排泄」的這種情況。佔領默爾特省(Meurthe-et-Moselle)三星期的五百名德軍的排洩物竟有三十噸重,一隊工人花了一整個星期才清理完。醫生兼國際衛生局駐塞爾維亞代表貝得羅維奇(Pétrowitch)證實德國軍隊留下了巨大的腸道排泄物:「在某些地方,房屋過道、庭院、小巷,甚至房屋裡面,堆積的排泄物達一米之高。」[12] 英國人的酸味,「黑人」的腐臭味,以及「黃種人」淡卻令人討厭的氣味,無論在濃度,或是令人不悅的程度,都難以與德國人叫人難忍的酒肉味相提並論。一九一六年,《巴黎醫學協會公報》毫不猶豫地授予德國人世界惡臭冠軍的稱號!

氣味不僅在人種和民族之間形成障礙,也在社會階層之間造成隔閡。從事某些職業的人所發出的氣味,有時造成他們遭受摒除。特別值得一提的是,在古老的

法國,這種情況常出現在專門從事與臭味有關的工作者身上。但是,所有的平民階層均有可能因為氣味受到歧視。齊美爾重新接受了康德的評論,把嗅覺形容為一種「完全反社會且令人不愉快的」感官,認為社會團結不能抵禦勞動者的氣味:「可以肯定的是,如果為了社會的利益,很多屬於上流社會的人將為貧苦人家做出巨大犧牲,犧牲個人安逸,放棄很多特權……但這些人也許寧願這樣節衣縮食,做出千百次犧牲,也不願與流著『神聖勞動汗水的』人民直接接觸。所以,社會問題不僅僅是一個道德問題,也是一個嗅覺問題。」[13]

個人衛生的發展,在第一階段甚至強調了這種劃分。當衛生設備僅僅由中產階級所使用,它們就有助於鞏固這種階級分化。按照作家毛姆(Somerset Maugham)的說法,在一九三〇年,早晨淋浴的習慣比出生、財富或教育更能有效地區分人的

等級。衛生設備的發明比資本壟斷對階級仇恨應負上更多的責任。因此，它的普及需要的是民主，而不是議會機構。

嗅覺上的厭惡不僅在人群中形成隔閡，也帶有一種道德指責。與臭味有關的錯誤觀念是：「氣味臭的人應受懲罰和閹割。」[14]法老時代的埃及人如是說。同樣地，約伯（Job）身上的怪味使他與家庭疏遠，「我的氣味使妻子討厭我。在兒子面前，我成了一個惡臭的人。」[15]這可看作是失去神的恩寵的證明。在中世紀，猶太人被視為噁心的人，如果他們皈依宗教的話，這種毛病就會奇蹟般地消失。[16]以嗅覺標準來看，社會大眾無法容忍猶太人、妓女和同性戀者。他們的「惡臭」是道德淪喪的標誌，這點說明了他們被社會排斥在外的原因。

早在十四世紀之前，有人就指控痲瘋病患和猶太人向水井、小溪和河流投擲臭物，毒化水源。紀堯姆‧得南吉斯（Guillaume de Nangis）[17]的編年史記載了這些傳播疾病的犯罪行為，甚至詳細描述了其中一種令人厭惡的毒劑。在德國大多數城市、法國和瑞士，這些指控最終導致數以千計的猶太人和痲瘋病患被殺害。

到了十六世紀，控告的範圍越來越大。人們擔心傳染，因而不再滿足於指控這些代罪羔羊。特定氣味引發的恐懼，讓猶太人和痲瘋病患所激起的狂熱消失。人們強烈希望實施監督，願意灑掃環境衛生、鋪整道路、清理廢物來為城市除臭，更要求淨化道德。城市的「廁所」不僅需

要消毒，而且要清除異質或醜惡物質。這種變化明顯地體現於一五六五年，在加普城（Gap）採取的各種措施中。[18]禁止在街道上扔擲動物屍體、肥料、糞便、潑灑尿、髒水和屠宰血的同時，逛酒吧、玩遊戲和跳舞也被禁止。「公娼」（putains publiques，源於拉丁文 putida，意思是臭味）作為臭味的原型，應該離開城市並受鞭刑。採取這種象徵性措施以後，政府當局開始向更現實的惡臭宣戰：買賣毛皮、製作皮革和加工羊毛產生的工人因為從事令人厭惡的工作，被遣送到市郊；如果不願遭受罰款，不希望商品被沒收，他們就必須一直留在那裏工作。嗅覺上的偏執以及社會和道德厭惡總是並存。

十七世紀，有人指責社會貧苦的低下階層對於瘟疫與其傳播的過程負有明顯責任。一六〇六年，巴黎外科醫師學院聲稱：「大型集會是危險的，尤其是社會低下階層人數眾多的集會。」[19]一六一七年，醫生安傑勒斯‧薩拉（Angelus Sala）注意到「世上沒有哪樣東西比得上疾病和臭味如此吸引瘟疫。」根據這項假設，他得出結論說，瘟疫首先襲擊生活過得像動物一般的貧苦人家。「瘟疫襲擊一個地區，首先是從貧苦和骯髒的人開始。這些人生活在狹窄小屋裏，生存方式與豬一樣，他們的生活、活動和交流，與野生動物沒有任何區別。」[20]

社會的低下階層，由於其臭味被描述成卑微的、位居社會邊緣、具有威脅性的人群。這種描述證明了將他們封閉和施行

製皮業（左圖）與
羊毛加工業（右圖）
等製造惡臭的行業
必須搬遷到市郊。

控制的合理性。一六四九年，在法國南部尼姆（Nîme），窮人被集中監禁在鬥牛場，等待流行病結束！如果有人對如此「賢明的」[21] 的安排提出抗議，就會受到處罰。名流之間很少有人像菲力普·埃凱（Phillippe Hecquet）如此抨擊這些措施：「瘟疫期間實行了另一種奴役，就是在小船裏關押窮人。」[22] 一七二二年，他這樣寫道。他承認這些窮人行為隨便，飲食腐壞，不講衛生，造成一個城市的空氣變質，但是他認為，通過禁閉窮人來淨化空氣是愚蠢的。這種辦法反而會製造可怕的傳染中心，另外，這也缺乏人性。

從身體污染到道德污染僅一線之隔，並不難跨越。一八四一年發表的一本小冊子充分說明了這個過程。在巴黎各個城門，人口最稠密的巴黎城鎮邊緣出現了一些特別令人厭惡的氣味，它們構成了雙重威脅。化糞池令人作嘔的糞便氣味，以及每年屠宰近萬匹餓馬、老馬的牲畜肢解場

更難聞的氣味，使法國南部蒙佛貢（Montfaucon）成了「一個令人感到恐怖的臭水溝」，「一個極端可怕的地方」[23]。它不僅損害勞動階級的身體和美德，也使整個社會陷入危險境地。在有害健康的機構和「令人噁心的膿與血」[24] 後面，一堆堆腐蝕著空氣的骨胳和內臟，不僅引起瘟疫傳染的威脅，也使非常嚇人的「罪惡大街」陰影清晰地顯現出來。除了污穢的垃圾場所和因肉食不足變得脆弱的人發出有毒氣體外，這個極骯髒的感染源，因為大量老鼠存在吸引了所有骯髒的動物。拾荒人白天來這裏偷幾片肉，晚上則把地方讓給地頭蛇。這裡就是這些人的避難所，連警察也不敢來追捕。這些壞人早因習慣於「通俗劇的所有恐怖」而墮落，對血和兇殘場面習以為常；因此，如果有工人拒絕燒烤他們非常喜歡的馬肉，他們毫不猶豫地把那些人扔進石膏爐中。肢解工就更加可怕了，他們身上充滿了動物氣

平民的大型聚會在十七世紀被認為是瘟疫傳播的原因之一。〈農夫的婚禮舞蹈〉，小布魯格爾（Flemish Northern Renaissance Painter，1564 — 1638）繪於 1607 年。

味，這種氣味使他在污穢中保持著健康的身體，他們骯髒、厚顏無恥、猥瑣、野蠻、愛打架，「一切都來自蒙佛貢。」

當地的腐爛物不僅污染健康和正直的人，還有可能侵蝕一切。放縱的世界，「黃金般芳香的青春年代」將被污染：「在巴黎，人們能看到的令人厭惡的疾病，人們注意到的下層階級語言習慣中的野蠻症狀……都源於蒙佛貢，源於它的混亂和污染。這種污染一旦走出其發源地，就會侵蝕過去因舉止文雅而為人所稱道的

階級。」[25] 唯有清除流行病和下層階級的不良生活習慣以後，巴黎才獲得了文明城市的稱號。

氣味有助於種族和階級劃分。在這種情況下，除臭自然可以看作一種融合的手段。外族人為了使他人接受自己，必須消除或掩蓋原來的氣味，使自己符合嗅覺標準。這種步驟源於某些阿拉伯的灑聖水儀式，旨在象徵性地消除外族人帶來的不同氣息。人們常管外族人叫「有臭味的人」。「他人的」氣味含有一些未知的、

不可控制的要素。融入其中意味著獲得群體的氣味：「所有家庭，不論貧富，其財產毫無例外地包含一個或幾個噴壺嘴，用於在頭部、臉部和客人手上撒香水。廉價的陶瓷刷子和金銀器同時起著歡迎和淨化的作用：香水調和外來人的氣味，甚至是不純潔的氣味，使其與團體融合一起。」[26]

但是打破嗅覺隔閡並非易事。為了躲避歧視，低下階層的人傾向購買廉價香水，即被上流社會稱為「便宜貨」的香水。而上流社會的人使用的卻是昂貴的香水，這是他們特權地位的象徵。買一件香味產品，就像買一件衣服，都代表了某種階級。購買何種衣服表達出著裝者的社會所屬。美國心理學家約翰·多拉德（John Dollard）指出，為了擺脫種族歧視，美國黑人傾向噴灑大量香水，這樣更強化了白人的偏見：黑人之所以噴灑這麼多的香水，僅是因為他們的氣味難聞。威廉·布林克（William Brink）和路易斯·哈里斯（Louis Harris）認為，白人之間盛行的刻板印象是，美國黑人力圖提高自己的社會地位，毫不遲疑地服用藥丸以消除自身的氣味。[27]

於是，為種族烙下氣味的印記時，真實的和預設的做法兩相結合，某些人因此判定自己絕對無法融入，而這些人恰恰就是這種判定下的犧牲品。我以為，這正是一種最邪惡的異化。拒絕接受自己的氣味，難道不是禁止自己的存在嗎？透過喜歡和厭惡這種棘手的選擇，身體氣味在區別不同人種的過程中引發積極作用。其中

所包含的情感性責任，使它們成為社會和種族堡壘中最具自信的哨兵。齊美爾竟然認為，不同種族階級接觸的道德理想經常「因嗅覺印象所產生無法克制的厭惡而失敗」[28]。

在某些文明中，這些印象更是一種根本的辨別標準。在北非，討厭的氣味等同為「遊蕩的、不吉利的巫術和幽靈」[29]，將人從生者和死者的居住地驅逐出去。蘇格蘭赫布里底群島（Hébrides）的許多居民敘述指出，生者若得不到一種因腐臭液體產生的「臭味」就不能進入冥府，這種氣味能使他到處走動而不會引起懷疑。現實是感性而神秘的，「生命的氣味和死亡的氣味起著一種分類作用，它們把積極生活的人，與繼續以消極狀態生存的人區分開來。」[30]

第二部

瘟疫的氣味

瘟疫的出現總被視作蹂躪人類的典型大災難。它的出現引起的巨大破壞、恐懼和混亂，使人們曾談論到「瘟疫的世界末日」[1]。

在古代，希臘語 loïmos 和拉丁語 pestis 一般指的是災難或災害。因此，著名的雅典瘟疫其真正原因仍無法確定，很可能只是一種斑疹傷寒流行病。但是，關於各種流行性疾病或「普遍性」（意指波及每一個人）疾病的研究理論，很自然地被運用到曾毀滅西方的淋巴結炎、炭疽和咳血流行病，其中最可怕的流行病是自五四一年至五八○年猖獗一時的查士丁尼瘟疫，和一三四八年直接侵襲法國、並在幾年內消滅歐洲四分之一人口的大規模「黑色瘟疫」。瘟疫這個災害是「可怕終結者」的同義詞，在法文中留下了一個動詞 empester（患瘟疫）。該詞今天不再指死亡，而僅僅指臭味。實際上，本世紀末起，這兩種詞義幾乎同時出現，當時，該詞的詞義從疾病過渡到氣味，沒有發生任何中斷。

歐洲人一直認為臭氣會直接影響健康與生活，直到將近一八八○年左右，由於巴斯德對微生物結構研究的普及之後，此一觀念才漸漸轉變。垃圾堆、埋屍場、大便槽和沼澤發出令人作噁的氣味，被指控引起許多致命疾病，瘟疫理所當然在受指責之列。這樣一種觀念可能令人驚訝，因為它與我們現在的思想相去甚遠。不過，我們想想，醫師葉赫森（Yersin）[2]在十九世紀相當晚期才發現鼠疫桿菌以及老鼠跳蚤的傳播作用。與流行病有關的研究很多，它們提供了有關瘟疫史及其人口學、經濟學和社會學的大量資訊。但是，人們主要是從制止這種災害所用的方法來討論瘟疫與氣味的關係。然而，我注意到瘟疫與氣味間的關係其實更深遠，應該做更進一步的研究。查閱上古時代到十九世紀大量的醫學文獻，我認為瘟疫本身曾被看成一種氣味。有好幾個世紀，這種看法一直是公眾信仰和各種有關瘟疫病因與傳播之醫學理論的核心。從氣味入手來預防和治療瘟疫僅僅是一個合乎邏輯的結果。後來追加的一系列除臭措施，如發展公立和私人衛生事業，隔離病人，封鎖疫區等辦法也是如此。所以，在我看來，既然大家承認氣味有致人於死的能力，也有預防和治療功能，瘟疫正好顯示了這所有的功能。

在研究室工作的巴斯德。

第三章　氣味的致命能力：瘟疫的起源和傳播

> 「人的氣息會使同類喪命：這個論斷的本義與其衍生的意思之正確性不相上下。」
>
> 盧梭《愛彌兒》

從上古到十九世紀，人們把瘟疫歸咎於一連串的破壞斷裂引起的失常：人與神的精神斷裂、自然界元素特別是空氣平衡的分裂，甚至是身體內部的破裂。腐爛、死亡、臭味和「臭氣」的概念都與這些混亂有關。或因腐爛者靈魂的死屍氣味觸犯了上帝引來報復；或是一系列擾動，致使空氣失去了完整性，變質為傳染源；又或是人體內部失調產生腫脹，或者行為失去節制，沉溺於某種嗜好，從而變質，染上甚至引起瘟疫。

在這段漫長的時期，為人所強調的瘟疫起因隨時間亦有所改變。一七七一年的莫斯科瘟疫還歸因於道德，此道德恥辱早已記載於《聖經》之內。肉體腐爛雖然以不同形式展現，概念本身卻沒什麼改變。從十六世紀起，人們就不斷探討肉體腐爛與空氣的關係，雖說爭議越來越多，但直到十九世紀，空氣引發的問題，都佔據著重要地位。

希波克拉底與蓋倫

西元前五世紀，人們用香木燒火驅趕蹂躪雅典的「瘟疫」，當時阿格將特的艾爾空醫生（Arcon d'Agrigente）信奉流行病源來自空氣。按照希波克拉底（Hippocrate）及其弟子們的觀點，空氣這種元素既具活力又對人有害，它對個體的生理和心理結構造成影響，並決定所有的疾病。例如，斯基泰人（Scythie）如果出現肥胖、無精打采、情緒化、生育力不強的症狀，他們大多歸咎於呼吸了濃密且潮濕的空氣。若不藉由燒灼四肢來加強體液的流動性，潮濕和遲緩的身體就會讓他們無法射箭和擲槍。空氣之所以對人有利或有害，主要決定於亞里斯多德所稱的基本「品質」（溫度、黏度、乾燥度和濕度）。但是，也與污染它的病原揮發物是否出現

有關。所以，污泥和沼澤發出的氣味會引
起疾病，而流行疾病或瘟疫熱病源於一種
染上疾病味的空氣，即「疫氣」（源於希
臘詞 miasma，「污染」之意）[1]。因此，
從那時起，災害的起源就與腐爛和惡臭連
結在一塊。

　　歷史學家蒂西迪德（Thucydide）是
雅典流行病的見證者，他自己也曾感染流
行病。他首次陳述流行病的傳染性；他觀
察到流行病是在相互照顧的過程中傳播，
接近病人次數較多的醫生，死亡率比其他
人要多得多。當時缺乏恰當的概念來說明
這種傳染，他就以隱喻表達。他使用了動
詞 anapimplemi，[2]意思是充斥與裝滿腐
物和髒東西。

　　亞里斯多德的一部著作也力圖揭示傳
染的秘密：氣味起著根本作用。鼠疫患者

透過呼出的臭氣傳染他人。因此傳染性接
觸並非一定要經由觸覺。詩人奧維德
（Ovide）在愛吉內（Egine）發生瘟疫
時，觀察到同樣的結果：「萬物凋零，滿
目淒涼：在森林裏、田野中、道路上，到
處躺著可怕的屍體，它們的氣味污染了空
氣。奇怪的是，既沒有狗，也沒有猛禽，
更沒有灰狼碰這些屍體。它們在塵埃中分
解，發出致命的臭氣，把病媒送向遠
方。」[3]

　　受到希波克拉底的空氣理論和伊比鳩
魯的原子論影響，羅馬哲學家及詩人盧克
萊修（Lucrèce）在西元一世紀時把所有疾
病的起源歸結為病菌和死亡。這些病菌被
看成原子，它們偶然聚集時就會弄髒天
空。我們呼吸這種污染的空氣時，「這些
有害健康的成分便同時進入體內」[4]。在

探討流行病的成因時，污濁的環境被認為具有重要影響，盧克萊修因而把侵襲雅典的傳染病災難，歸咎於來自於埃及窪地「致命的風」。

臭味是腐爛和毒性的象徵——這兩個詞在希臘文和拉丁文中有混同的趨向——並具有致命的作用。塞內克（Sénèque）[5]聲稱，雷電具有傳染瘟疫與毒性的成分，即一種「自然有毒」的硫的氣味，所經之處，可以毀滅一切，並使油和香料都令人厭惡。地下深處隱藏的火和沼澤，也發出有毒的腐爛氣體。當這種腐爛氣體滲出地面，特別是在發生強烈地震的時候，只要它含有的毒素力量沒有被風吹散，就會傳播疾病並引起死亡。有人指出，這種有害的地下揮發物，已在義大利康巴尼草原（Campanie）引發六百隻無憂無慮生活的羊死亡。牠們吃著青草時，聞了持續傳到地表的有毒蒸氣。鳥兒接觸到這種升入天空的氣體，將在飛行中突然死亡：「牠們的身體變得蒼白，牠們的喉嚨腫脹得好像是被掐死的一樣。」[6]希臘醫生呂菲·德菲斯（Rufus d'Ephèse）認為，這些動物的死亡，證明空氣或地表上空存在著疫氣，同時也是瘟疫的預兆。

空氣作為一種均質但不穩定的成分，亞歷山大的菲隆（Philon d'Alexandre）認為，是因為「它的本性就是病態、會腐爛的和可能造成死亡」[7]，因此變質無可避免。因此，應該在空氣變質過程中尋找流行病的起源，因為「瘟疫不是別的，僅是空氣的死亡，空氣可把它本身的疾病傳給

所有腐爛的東西，哪怕是微小的生命。」

蓋倫（Galien）帶來了一個重大的變革。他的著作代表了古希臘羅馬醫學最完善的水準。西元二世紀起，他更新了傳統的觀念，同時聲稱，瘟疫侵襲必定需要連結兩種腐爛、兩種不平衡：即「過分遠離自然標準」的空氣，對應著不再受「合理尺度」（la juste mesure）[8]節制飲食的身體。混亂的概念出現在這兩種情況中。受感染的空氣只會加速有機體腐爛。那些「多血症的人」將受到有危害性的空氣感染。這些人因生活習性不良（如無節制的色情享樂和飲食，遊手好閒或工作過度，煩惱纏身），於是血液和體液過多。相反地，生活規律且有節制的人則絲毫不受影響。

蓋倫非常清楚地指出，經常與鼠疫患者，或與「所有呼吸出腐臭氣息的，甚至連生活居所都變得惡臭的人」[9]打交道，一定有受感染的危險。因此，傳染的概念出現時，在希臘文裏甚至都沒法找到特定的詞準確地為命名。疫氣理論和傳染看來處於同一層面，疫氣帶來瘴疾這個事實，稍微聰明的人都知道，「就像感染瘟疫的人類社會存在危險」。於是出現了以下的粗略結論：瘟疫的首要原因在於空氣腐壞，而病人的氣息則有助於其傳播。

上古的觀念，特別是蓋倫的觀念維繫了好幾個世紀。它們後來藉由阿拉伯的醫學作品傳到學究派的醫學中，中世紀只是讓這一切更進一步地發展。

1565 年編輯出版之
蓋倫作品集的扉頁。

中世紀與文藝復興時期

在國王菲力浦六世的敦促下，巴黎醫學院負責調查一三四八年歐洲「黑色瘟疫」造成大量死亡的起因，並起草了一個診斷方案，在全歐產生巨大影響。「腐壞空氣的致命性」[10] 主要源於不吉利的天體結合。大量惡臭有毒的蒸氣從地下和水中升起，甚至污染了空氣成分。這種腐壞的空氣透過呼吸進入人體並造成污染。這些人因為多血症、飲食無度或過度投入各種活動等等古代就已為人注意的因素而感染，而使肉體放鬆、濕潤的熱水浴也容易造成感染。

巴黎醫學院的成員認為，接觸臭味有被傳染的危險，所以他們勸身體健康的人「遠離所有會散發臭味的病人，因為這些疾病都具有傳染性」。因為他們相信「病人呼吸所產生的腐壞毒氣會傳播給在場的人」，所以建議人們遺棄鼠疫患者。實際上，病人的親戚和樂於助人的朋友都冒著「可能死亡的危險」[11]。把《流行病診斷》（ *Consultation sur l'épidémie* ）一書改寫成詩的奧利維耶・德拉黑（Olivier de La Haye）也勸告身體健康的人遠離「氣味難聞的病人」，因為

> 這些疾病如此惡臭，
> 對於某些人來說，
> 時時刻刻都會傳染，
> 而且也十分危險。[12]

鼠疫患者作為腐臭揮發物的根源，在大眾間傳播著恐懼。哪怕是與他「談一次話」也可能會致命。法國作曲家紀堯姆・

1347 年開始在歐洲流傳的「黑色瘟疫」，造成了歐洲近四分之一的人口死亡。
圖為布魯格爾所繪的＜死神的勝利＞（1556）局部。

圖為 1349 年瘟疫流行期間一處喪禮現場，一具具堆積如山棺材來不及下葬。

德・馬舒（Guillaume de Machaut）一三四八年提及致命臭氣的威脅時，寫道：

> 站在空曠的露天下，
> 相互交談別靠得太近，
> 因為他們的腐壞臭氣，
> 將腐化其他健康者。[13]

　　恐懼蔓延到鼠疫患者攜帶或接觸過的一切東西。薄伽丘《十日譚》中的一場戲描寫佛羅倫斯大街上閒逛的兩個邋遢鬼，他們靠在「不幸死於流行病」的衰老屍體身上，摸著他們的臉。「兩個人好像一瞬間中了毒，頭暈眼花，跌倒在地，不幸的他們，死在自己一直拖著的破衣服上。」[14] 恐慌使得人們採取隔離措施。第一個檢疫站於一三九七年在拉居斯（Raguse，克羅埃西亞一個海港護城）成立。

　　文藝復興時期，某些學者堅持蓋倫思想的同時，提出了一些新的解釋。一四七七年至一四七八年間有一部著作引起很大迴響，作者馬爾西勒・菲辛（Marsile Ficin）提出了一種「毒性蒸氣」的假設。這種「毒性蒸氣」由空氣產生，像香水一樣進入人體和物體。正如箱內發黴的橘子氣味可以長期滲入箱壁，麝香味可以持久浸染到棉布裏一樣，傳播瘟疫的毒液同樣可以侵入人體。在流行病期間，別人的氣息非常具有威脅性，以至於與他人保持距離成了刻不容緩的事：對方若是健康的人，至少保持約兩腕尺（coudée）[15] 的距離；若是鼠疫患者，應保持六腕尺以上的距離。在這兩種情況下，人們應待在室外空曠的地方，並注意風向！

　　一五四六年，義大利醫生傑候姆・弗拉卡斯托（Jérôme Fracastor）第一次真正地構想了「符合現代意義的流行病學」[16]，提出了瘟疫發燒的根本原因在於可轉移的、看不見的生命因子。這些生命因子能產生「所有傳播污染的病菌」[17]。不過，他總是力圖從它們與氣味的關係上來理解這些具有強大感染力的病菌是如何轉

十四世紀中葉，人們搬運埋葬屍體的情景。由於疫病死亡人數愈眾，連棺材也不夠用，只好直接以布裹屍、草草埋葬。

移的。事實上，它們可以像胡椒粉或鳶尾花一樣遠遠地便能發揮作用，讓人打噴嚏，「我們無法感受到，但病菌卻能以各種方式和能力造成感染。」[18]

儘管這位維羅納（Vérone）的醫生兼詩人的著作於一五四六年到一五五四年間發行了四版，顯然他的著作對同一時代的醫生影響不大。大多數醫生，正如公眾輿論，仍受到傳統思想的禁錮。譬如，在尼古拉‧戈丹（Nicolas Goddin）的著作裏，根本沒有提到著名的病菌論，更不用說安布魯瓦茲‧帕雷（Ambroise Paré）的著作了。蓋倫和菲辛的思想中，都把瘟疫視為一種毒液。帕雷蔑視弗拉卡斯托的理論，借助於後者陳述的簡易解決方案，帕雷毫不猶豫地把毒液定義為「未知的和不可解釋的……濃汁」[19]。但是這種令人迷惑的毒物之嗅覺特性多次受到肯定。它引起的猝死可與蘋果香或毒石竹的芳香引起的死亡相提並論。

帕雷探望病人的記述正好表達了疾病藉氣味傳染的想法。他的病人的右腹股溝患有淋巴結炎，肚子上有兩個大炭疽。他說，當他掀開病人的床單被罩，以驅除印在病床凹陷部分汗液和膿液的氣味時，「我迅速倒下，好像死了一般，那些昏厥的人跟我一樣……我重新站起來不久，感到整個房間上下旋轉。我被迫抱住一根床柱子，否則又會因這種氣味昏倒。」[20]幸運的是，一連串強烈的噴嚏趕走了毒氣，救了他一命。

隔離鼠疫患者，殺死吃下患者的身體和糞便的貓狗，對所有來自疫區的旅遊者關閉城市的大門，禁止出售被污染的傢俱，人們為防止傳染採取了這麼多措施，但最需要做的是，躲避所有與病人和死人接觸過的人：醫生、外科醫生、藥劑師、理髮師、神父、看護、僕人和掘墓者。他們的衣服上帶有鼠疫氣味，就像香水商的顧客走出時，滿身彌漫香水店飄浮的香味。

鑒於患者「散發惡臭的蒸氣」引起的恐慌，帕雷更揭露患者的排洩物被用來犯罪，並請求法官「監視某些慘無人道的竊賊、謀殺犯和下毒者，因為這些人把炭疽和腫塊的血膿，還有其他廢物塗在房子的

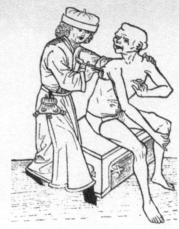

（左）兩名全身長滿膿包的疫病患者。膿包與腹股溝或腋下的淋巴結是疫病病徵；（右）醫生正為疫病患者切除淋巴結。

牆壁和門上，造成骯髒」。要是房主受到感染，他們就很容易進入房裏搶劫，甚至「搧死床上可憐的病人」[21]。

有翼昆蟲與龍

顯微鏡的發明為學者開闢了新視野。一六五八年，耶穌會會士阿薩納斯・基爾舍（Athanase Kircher）聲稱，因為這種儀器，他揭示了瘟疫的本質：它源於「一些微小的有翼昆蟲。這些感染了病毒的昆蟲，在人們接近它們時就進入人體內部，並把瘟疫傳給人們……這些昆蟲有很強的粘性，可以粘在任何物體上。」[22]

這個發現為弗拉卡斯托第一次闡述的活力病菌理論提供了一種新的架構，激起人們的想像。在《著名帝國社會的奇怪混合物》（Mélanges curieux de l'illustre société impériale）中，漢娜曼（Hanneman）提出幾種「值得信賴的證據」。這些證據提到，一六六六年至一六六七年侵襲弗里斯（Frise orientale）的瘟疫中，一種帶著青色的煙從一間屋子吹到另一間屋子，沒有漏掉任何一個居民。他提出，這是基爾舍和其他人已預測其存在的有翼昆蟲。這些理論引起一些嘲諷。一六六五年，英國醫生尼古拉・霍奇（Nicolas Hodges）承認，即使借助最好的顯微鏡，他也沒有看到這些動物，也不知道到底有誰看到了它們。但是，他用一種英國式的幽默補充說，也許「這與我們在多雲的島上有關，因為在這裏畢竟沒有在義大利萬里無雲的天空下看得那麼清楚」[23]。

在如此的不確定和分歧當中，氣味仍被視為可真正辨別瘟疫的唯一指標。一六二〇，法國醫生大衛・茹伊斯（David Jouysse）建議以下方法：「一定要知道如何辨認出瘟疫的氣味，一旦脫離這種氣味，不妨刺激自己打打噴嚏。」[24] 然而，這種方法並非沒有危險。倫敦人確信瘟疫能通過呼吸進入人體內，因此不敢以這種方法來辨別是否有瘟疫，因為「用這種方法來辨別瘟疫的臭味，就得讓它進入人體直到腦子裡。」[25]

一六六五年，在倫敦，人們被惡臭糾

阿薩納斯·基爾舍。

纏達到極點。到處都是危險：未埋屍體的
臭味侵襲並感染到鄰居，行人企圖避開受
感染的房屋發出的腐爛氣味，藏在動物皮
毛下的疫氣，僕人外出購物後為中產階級
房屋帶進致命的疫氣，鼠疫患者與看似健
康者散發出的氣味表明「任何地方，任何
人都可能因此而死」[26]。為了避免這些致
命的氣息，人們躲在家裏，若要前往宗教
場所，則更是幾近英雄主義的行為。人們
在身上灑大量的芳香物質，它們發出的香
味比藥房或雜貨店裡的味道還要濃。整個
教堂就像「一個大鹽缸」[27]。香水、香
料、香脂、痲醉品、藥材、香精，這些使
人振奮並能拯救靈魂的香氣全都交織在一
起。但是，教堂裏很快有一種被人認為是
疫氣的黴臭味，足以使所有來教堂的人都
走光：「在埃爾蓋特（Algate）教堂的一
張長椅上，一個婦女覺得突然聞到一種臭
味。她自認為瘟疫就在教堂裏面，就把這

個想法或懷疑悄悄告訴了鄰座，然後起身
走出教堂。恐懼立即纏上了鄰座，然後所
有其他人都感到害怕。旁邊以及相鄰兩三
排長椅上的人都起身走出教堂，卻沒有一
個人瞭解事情的底細，以及到底是誰引起
了這件事。」[28]

　　在各種病人揮發物當中，氣息是最令
人恐懼的。某些學者聲稱，它可同時殺死
一隻鳥，一隻公雞和一隻母雞；它可「把
奇怪、巨大、可怕的生物籠罩在其中，例
如看起來嚇人的龍、蛇或者魔鬼」[29]。

空氣作用之論戰

　　儘管基爾舍在鼠疫患者的血液和淋巴
結炎中觀察到微小生物，並為之做了大量
研究，引起很大迴響，但十七世紀大多數
醫生仍把疾病起因歸於空氣和體液的腐
壞。

　　然而，當時某些醫生企圖擺脫空氣病

Multituds flying from London by water in boats & barges.

Burying the dead with a bell before them.   Searchers

Flying by land.

Carts full of dead to bury.

1664 年倫敦發生大瘟疫時的城市景象。

理學說。如一六六八年，蘭桑（Rainssant）
證明了這種努力，他聲稱襲擊蘇瓦松
（Soissons）及附近地區的瘟疫不是因為空
氣傳染。同時他指出，一般認為形成腐壞
的因素，如時令反常、暴風雨、地震都沒
有在這次瘟疫中出現。同樣地，一六八五
年，被譽為「英國的希波克拉底」的湯瑪
斯・奚丁漢（Thomas Sydenham）認為，
空氣的致病成分是產生瘟疫的普遍原因，
也是唯一的原因，並且有利於瘟疫的產
生。[30]

　　十八世紀，腐壞空氣在瘟疫中發揮的
作用成為爭論焦點。傳染理論的支持者和
反對者，各種不同輿論都參與了這場爭
辯。論戰爆發於一七二〇年的馬賽瘟疫期
間，一直持續到該世紀，直到氣態化學的
發現才使這場論戰偃旗息鼓。

　　按照攝政王（Régent，西元一七一五
至一七二三年間的法國國王，即奧爾良公

爵）的指令，蒙彼利埃（Montpellier）大
學校長弗朗索瓦・希誇耶諾（François
Chicoyneau，曾為國王御醫）率領的一個
醫學代表團被派往馬賽，調查一種簡單不
具傳染性的流行性發熱。這種診斷受到權
力當局歡迎，因為當局不喜歡強制措施，
害怕引起恐慌，造成大批民眾躁動。儘管
聲明表示流行病病因與普通流行病並無任
何區別，代表團感到困惑不解。因為無法
確定這種瘟疫的起因，所以代表團十分願
意就可能發生作用的因素（腐壞的食物、
害怕、恐慌）展開調查，並有力地抨擊了
傳染論者的觀點。人們當然很難理解這樣
一個造成突然死亡，與大量喪生的災難不
會傳染。但是「如果運用傳染理論，人們
或許不知道如何解釋瘟疫不會無止盡地流
行，且不會永遠為害的原因。」[31]

　　作為該代表團成員之一的讓・傅尼葉
（Jean Fournier），因為年輕且缺乏經驗，

湯瑪斯‧奚丁漢。

沒有對他認為似是而非的推論提出反對意見。後來，他揭露了同事們盲目迎合權力當局期望的行為。「後人也許難以相信，蒙彼利埃的四位特使中竟有三位醫生執意發表文章，認為時令反常、缺衣短糧和心理恐慌是馬賽瘟疫的唯一起因，而一般輿論和該市以及整個地區的普遍證據否定了這種解釋。」[32]

馬賽的執業醫生讓－巴蒂斯特‧貝特朗（Jean-Bapiste Bertrand）針對造成該城市人口大量死亡的可怕疾病進行了仔細觀察，也揭露了人們企圖把這種疾病視作普通流行病的詭計。在馬賽及周邊地區，沒有一個泥塘、礦區、屍體堆和地底熱氣可以產生有毒氣味。港口沒有臭味，公共道路上沒有垃圾，遍佈全城的泉水使街道和廣場清潔無塵。城市的空氣是最乾淨的：生長在山上的百里香、迷迭香和眾多芳香植物使城市空氣充滿香味，這個城市的純潔毫無可疑之處。在這樣的條件下，「產生空氣感染和奇怪疾病的原因是什麼

呢？」[33] 所有藉由空氣致病的原因都該徹底拋棄：流行病只可能源於地中海東岸地區一艘船帶來的傳染性毒液。

瘟疫就在棉花裏

一七二〇年五月二十五日，當「格朗－聖－安東」（Grand-Saint-Antoine）號輪船駛入馬賽港時，滿艙貨物帶來了死亡。船長沙托（Chataud）到達馬賽港之前，已向衛生總管遞交里佛那（Livourne）醫療機構的內科醫師和外科醫生出具的證明。該證明說，有幾個水手因一種惡性熱病而喪生。醫生的診斷具有一定的說服力，應該會阻止人們卸貨。但是，貪婪勝過了謹嚴：實力強大的批發商希望在博凱爾（Beaucaire）市集上做一筆賺錢的生意，利益占了上風。於是，整個船隊、旅客和不吉利的包裹都受到「毫無防護措施」的接待，「就像特洛伊人當年把致命的木馬引進城市一樣：結果木馬使城市著火，並毀滅了城市。」[34]

一幅 1720 年的銅版畫，描繪當時馬賽港爆發流行病景況。

　　所有傳染論者都贊同物體和食物的流動在流行病傳播中發揮決定性作用。隨著與非洲和地中海東岸國家進行貿易交流，流行病開始傳播。英國內科醫生理查‧米德（Richard Mead）對此複雜過程做了一個解釋。流行病的出現必須有一些熱帶地區固有的空氣「組合」。因此，流行病來自非洲。衣索比亞和埃及就是流行病最有名的「溫床」[35]。這兩個地區的腐爛盛行，源於時令反常。在衣索比亞，連續四個月的大陸性降雨，氣候酷熱，非常潮濕，這種氣候與數量驚人的蚱蜢腐屍結合就產生了流行病。在開羅，太陽的炙熱和「風的沉寂」增強了疾病所需的腐爛和骯髒。這個城市人口稠密，有一條在尼羅河氾濫時容納溢流的大運河，城裏貧困齷齪的居民向運河投擲各種垃圾，從而「產生了一種十分有害健康且惡臭無比的河泥」[36]。所以，瘟疫的毒性「透過商業傳播到世界其他地區——在土耳其，這一點更為明確——傳染病不斷地在人和商品之間以及商品與人之間巡迴。」[37]

　　皮革、羽毛、織物毛、絲綢、亞麻、羊毛和寬鬆多孔的棉花特別易於感染和傳播疾病。然而，棉花具強大吸收揮發物的能力，便因此成為最危險的物品；下面的實驗就可以證明。在離一塊腐肉不遠的玻璃容器下放一團棉花，讓它吸入大量的臭味原子，然後把它封閉在一個箱子裏，十個月後它還保存著能持續數年的腐壞氣味。若用鼠疫患者的肉來做試驗，棉花將吸收鼠疫患者散發的氣味，傳播瘟疫。若用織物毛、羊毛或絲綢取代棉花，將得出相似的結果，因為根據相似原理，動物物質「最易於接受同類物質的揮發物」[38]。因此，它們容易留住麝、麝貓的「動物性」氣味，甚至鼠疫患者的氣味。

　　關於商品在流行病傳播中的媒介作用，傳染論者取得了令人滿意的一致看法。不過這種一致的看法，恰好在關於瘟

十六世紀安普衛特港口棉花貿易繁榮的景象。

疫有無生命的本質問題上遭到粉碎。阿斯特呂克（Astruc）想像它是按酵母菌衍生方式增長的一種毒液，埃凱（Hecquet）想像它是一種疫氣，英國醫生理查·米德想像它是一種活性物質，一種鹽。[39] 但是，喬萬·科西莫（Giovan Cosimo）有關疥瘡蟎蟲病因說的發現，以及雷文霍克（Antoine Van Leeuwenhoek）關於微生物世界的發現，使得好幾個學者作出判斷，認為瘟疫的本質不僅是有生命的，而且是動物性的。里昂人讓－巴蒂斯特·瓜豐（Jean-Baptiste Goiffon）認為，這種假設正可以使人們更能夠理解瘟疫性毒液孵化的期限，其傳播過程，以及其力量和持久性。這些來自地中海東岸地區的小蟲或難以察覺的昆蟲，有足，有翅，頑強地粘附在織物、衣服和傢俱上，並長期隱藏於其間。在所有毛織吸水物的培養和掩護下，它們大量繁殖。[40]

發現空氣因呼吸而變質

十八世紀，人們發現氣流不是一種均質的基本物質，而是一種氣體的混合物。這種氣體混合物中，有一部分是可呼吸的，另一部分則是有毒、惡臭的。這個發現為化學帶來一場革命，間接動搖了舊的病菌說。拉瓦錫（Antoine Laurent Lavoisier）進行了空氣因呼吸而變質的實驗，系統性總結波以耳（Boyle）、黑爾斯（Stephen Hales）、布萊克（Black）、普利斯（Joseph Priestley），並深刻地改變了人們對呼吸交換的看法。這些呼吸交換沒有

摧毀空氣的活性或活力，卻使空氣中可呼吸的「活命空氣」[41] 變質。如果僅是與燃燒相似的呼吸，就能使這種活命空氣在一定的環境下變壞，那麼認為空氣品質不純或沼澤和屍體的臭味將引起氣流腐壞大概會受質疑。但是，對一個現象的科學理解並不能毀滅幻覺，有時甚至還助長幻覺。化學家的工作只是在長達數世紀的害怕上增添新的恐懼。

一七八一年，皇家醫學會授獎的默尼雷·德尚邦（Ménuret de Chambaud）的《論空氣在傳染病中的作用》（L'essai sur l'action dans les aladies contagieuses），把古代思想與近代化學作了比較。「很多對空氣做了精確且細微分析的化學家聲稱，這種成分不會變質，人們從來不能保留什麼東西，除了空氣本身。」[42] 他遺憾地說，儘管做了很多實驗，從未能夠在空氣中發現物理學家和江湖醫生假設存在的疫氣。為了拯救空氣病理學說，默尼雷毫不猶豫地鼓勵同事蔑視「實驗之不確定性及微不足道的幫助」[43]。他自己立即舉例說明希波克拉底的思想：醫學之父透過理性，把空氣視為流行病和傳染病的「始作俑者和唯一傳播者」。這種流行像海綿一樣，吸收致命氣味發出的分子，甚至在大氣層的某些地方，形成一些真正的「倉庫」以貯存這些以繁殖為目的的致病物質。在啟蒙運動時代，默尼雷甚至大膽斷言，每次出現氣味很臭的火流星，必然引出一場流行病。

在晚期發表的另一部著作中，他再次

阿斯特呂克。

雷文霍克。

讚頌了「神聖老頭」[44]觀點的公正，讚頌其「模型」和「引導」。這次他力求統一疫氣理論與化學家的新發現。身體發出的物質，沒有與空氣化合，而是透過「簡單的混雜」，仍或多或少長期地混雜在空氣中。

然而，一位傳染論者說出這些話，激起了譴責空氣化合觀點的其他傳染論者的憤怒：如果有害的空氣能引出某些傳染性很強的流行病，無論如何也不可能引起瘟疫。「它會腐爛，」俄國醫生沙莫伊洛維奇（Samoilowitz）提出異議說，「這點我同意。但腐爛會引出瘟疫的觀點，一眼就可看出缺乏真憑實據。」[45]惡臭只能造成沼澤、監獄和醫院的熱病。與天體現象、天體和彗星的有害影響等相關之各種古老迷信，均屬於「天文學的胡言亂語」。有人認為鳥兒逃離腐壞空氣，不在鼠疫患者的區域飛翔，這種觀點怎麼能讓人相信呢！沙莫伊洛維奇憤怒之下，把空氣這種流體徹底排除在瘟疫成因之外：它甚至不能增強或減弱瘟疫的力量。

人類聚集地乃傳染之源

在這種爭論中，一七八五年，皇家醫學會成員讓－諾埃爾・阿萊（Jean-Noel Halle）竭力使人們聽到新聲音。他藉由侵襲掏糞工人的疾病——「糞坑氣中毒」和「鉛中毒」，揭示臭味與危害性之間的混淆現象。「最臭的糞池並不是最危險的糞池。」[46]他毫不遲疑地說。不過，無論是讓人深刻印象的區別，還是對空氣本質的發現，都不足以推翻傳統病理說。拉瓦錫所參加的科學院和皇家醫學會的一些報告證明了他們的態度。近四十年以來一直受到衛生工作者關注的人類聚集場所，如監獄、醫院、兵營、輪船和劇場，同時受到呼出的空氣和惡臭雙重威脅。

在衣衫襤褸的囚徒聚集的監獄，滋生大量的傳染性疾病，為附近的村莊、城市

十八世紀的醫院診療室。

十八世紀載運流放犯
人的監獄輪船內擁擠
髒亂不堪的景象。

和軍營帶來大量死亡，甚至將災害擴及殖民地。公共廁所的臭味，痰、尿和糞便浸透的地面，居住空間的擁塞，不良的通風和衛生條件，浸滿臭味的襯衣，所有這一切使皇家監獄成為造成人類危險的監獄。因此，消除傳染已刻不容緩。於是有人建議鋪設石頭路面，使用「長插銷」式窗戶使空氣流通，在砂岩上開通氣孔以方便空氣上升，讓囚徒穿藍布衣服以屏障疫氣；還建議每囚一張床或一間最多放兩張床；建議採取消毒和淋浴措施。所有這些建議反映出數百年來和現代人的擔心。人們主要擔心的是空氣流動和雜亂無章的問題，但糞便臭味也讓人焦慮。一個非同一般的便桶工程便是證明。為了防止排泄物粘在管壁上，便於直接流通，抽水馬桶應該「像圓錐」，底部向下……流通口可用鑄鐵製成，應當厚實，免得被囚犯破壞」。[47]

另一個封閉場所是醫院，也是讓衛生工作者憂慮不安的地方。巴黎主宮醫院（L'Hôtel-Dieu）特別激起了人們的憤怒。

那家醫院髒得嚇人，死亡率居歐洲首位。由臭味引起的災害被人描寫得怵目驚心。整個醫院就像一個大水疱：擁擠的病房、住滿人且受到感染的病床、面積太小且入口很髒的公廁、傷者的血膿玷污的地板、手術室和停屍間發出的討厭氣味，甚至沒有通風口，「人在裏面只能吃力而厭惡地呼吸」一種有害的空氣；還有身體和床墊散發出的致病疫氣，從產婦床上逸出「可以看見、可以用手分撥和驅趕」的氣味，然後進入孕婦病房，折磨產婦。「在主宮醫院，空氣從病房一頭流動到另一頭，從一樓流動到第三層或第四層。整個醫院就像腐壞氣體大集合。」[48] 由於建築有缺陷，窗戶數量不足，導致通風困難。這些窗戶經常因晾在外面沒洗乾淨的濕衣服而變得陰暗。變質的空氣在找到出口前要轉很多彎。外面的空氣也是如此，要穿過一段漫長的路程：因為其他病室的空氣也腐爛，所以空氣一路流動下來，到達某些病室時，變得更加腐壞不堪了。在這種情況

下，佔這種流體質量四分之一的「活力空氣」，又怎樣能夠更新以保持生命力？主宮醫院位於首都巴黎正中心，它作為一個骯髒的流出物之源，運出了成隊屍體和散發惡臭的草墊床板。這家醫院是被收容的貧苦人士喪生之地，也是公眾的危險之地。

風扇和其他設備擔負起讓這些傳染場所通風排氣的重任。一七九六年，加羅斯（P. A. Garros）讚揚一種讓人驚奇且特別方便的機器，它能隨意地使空氣變涼變暖，能淨化空氣，並使之變得有益健康。他認為，這種「高溫冷卻器」可為大廳堂、醫院、劇院和「其他因惡臭而使人害病喪生的公共場所」[49] 消毒。

城市要是擁塞和腐爛到了極點，就會令人恐慌。胸腔衰弱的人受不了城市的炭火和垃圾所產生的煤煙揮發物。甚至連最強壯的人都能感覺到鄉村新鮮空氣的好處，並因「更順暢的呼吸而感到心曠神怡」[50]；黑爾斯醫生一七三五年這樣寫道。成千上萬的人呼著氣，出著汗，聚集在一起，有損空氣衛生；採取措施加以改善是當務之急。所有的市民都被鼓勵去呼吸清新空氣：「離開城市嚇人的空氣吧！讓你的大腦吸收鄉村有益健康的空氣；不要再像機器人那樣生活，全世界都知道你只有一個靈魂，儘管並不總是那麼高貴。如果你經常呼吸城市空氣，你將經常要像疏通煙囪一樣疏通你的喉嚨。生活在泥水中的魚喜歡瓶子；只呼吸煤煙和獻給女神克洛阿西納（Cloacine，古羅馬掌管所有污水

排放口的女神）乳香的人也是如此。許多祭壇至今仍燃點著這種乳香。這些人的大腦和肺滲透了同樣的蒸氣……」[51]

波特（J. H. Pott）在一七八二年讚美過山區的空氣。最純淨的空氣，毫無疑問地是山區的空氣。山越高，空氣就越好。瑞士的海拔使它成為歐洲最清潔的國家，使得基多（Quitto）從未受到瘟疫傳染；所有的山區人，不論是瑞士人，還是蘇格蘭人或比斯開人（biscaiens，西班牙的一省），壽命都較其他地方的人長久。他們在平原上感到壓迫，呼吸困難，感到「一種折磨人的憂鬱，它使人生出鄉愁，想回故鄉。這種憂鬱……叫做思鄉病」[52]。

化學家這種說法得到有力的肯定，而醫生從此以後也無法撇開：「醫學上使用了幾種氣體，如二氧化碳、氮氣和氧氣。使鹽酸處於氣體狀態，在可疑的場所用來消毒，是化學知識運用於醫療材料的結果。現在醫療材料變得越來越簡單和普通。」[53]

這些新的關注並沒有改變科學界注意最傳統的傳染源。一七八九年，受科學院委託，拉瓦錫參加的委員會「調查仍位於首都中心的『屠殺場』給巴黎人帶來的危險」，得出結論說，即使沒有科學證明，「所有國家和所有世紀的實驗」表明，「屠宰動物的地方，晾動物毛皮的地方，熬煉動物脂肪的地方，以及保存血肉夾雜的動物肥料的地方，都是不清潔的，這些氣味使空氣腐壞」[54]。我們只需想一想住在依諾松墓園（Cimitière des Innocents）

邊女人蒼白的臉色,沼澤和戰場出現的熱病,以及每年炎熱潮濕的春天,因穢物和動物屍體而在君士坦丁堡出現的瘟疫,就會相信這一點了。

實際上,無論是圍捕疫氣或測量空氣衛生程度的失敗,還是氣態化學的新發現,都不能削弱關於空氣「組成」以及空氣受各種氣味污染的古老信仰。即使今後空氣的「品質」出現不規則的情況,或者沾染臭味,關於空氣的新知識禁止把它看成一種能夠「引發腐壞」的基本物質,人們仍舊知道這種氣體混合物可產生和傳播流行病,並是對健康有害的氣味的貯藏所和載體。不過,拉瓦錫身為空氣因呼吸而變質的決定性實驗創始人,他本人仍支持傳統的觀念,以解釋君士坦丁堡的瘟疫起因。

關於檢疫隔離的爭論

把歐洲醫學界一分為二的衝突始於一七二〇年,在一八四六年達到尖鋒。受農業商貿部的委託,科學院委員會負責調查與瘟疫和檢疫隔離的相關問題,並撰寫長達一千多頁的巨幅報告。在這種眾說紛紜、莫衷一是的情況下,出現了兩種明顯對立的觀念:報告撰寫人普魯斯(Prus)的觀念,以及科學院委員會成員、科學院終身秘書帕里塞(Pariset)的觀念。

普魯斯和轉而贊成非傳染論的大多數委員會成員認為,不應把瘟疫的起因歸結為假想的病菌,而是一個集合體:當地的不衛生、空氣成分、物質和道德的貧乏。埃及、敘利亞、土耳其是發生瘟疫最多的幾個國家。但是這與十八世紀人們認為的相反,這些地方的災害不是天然發生,而是人為所致。由於政府的無知和漫不經心,埃及的鄉下人過著一種畜生般的非人

城市裡擁擠的居住環
境造成衛生不良空
氣。圖為十九世紀的
倫敦。

類生活。用泥和動物骨架建成的住所低
矮、陰暗、潮濕，入口很窄，只能爬進爬
出；在這些可憐的茅屋裏，空氣不流通，
男女老小同睡在一床腐爛的蓆子上。蓆子
用燈心草製成，甚至就鋪在地上。那些
「鄉下人」好像要把所有毀滅的因素都集
中在一起似的，他們用大堆垃圾和瓦礫把
破房子圍起來，他們就是這樣陷入骯髒腐
爛之中的。看來他們「忽視為住所消毒滅
菌的通風方法」。他們的食物，跟喝的腐
水和呼吸的空氣一樣，也是對健康不利的
東西。他們的麵包被灰燼烤焦了，不好消
化。主人給他們的肉是病畜的肉，他們還
經常食用爬滿蛆蟲的乾酪和腐爛的魚。甚
至燃料都是用人類糞便和動物糞便混合製
成的，這就更加突出了他們和廢物與腐爛
屍體打交道的形象。他們的衣服不僅有糞
便臭味，還常有「敞開的墳墓」的氣味。
「那些墳墓發出令歐洲人難以忍受的屍
臭。」[55]這種特別有害健康的生活只可能
導致最殘酷的疾病。

古代埃及缺乏好的衛生習慣，其市民
的命運不再值得人羨慕。在開羅，狹窄、
黑暗、不規則的街道沒有鋪上石塊。街道
兩旁漂亮但並不對稱的建築物，旁邊往往
是些廢墟。那裏腐物盛行、野狗出入。有
一條污穢的運河穿過這座缺乏管理的骯髒
城市；下水道的水流入運河，運河把渾濁
的水供給窮人飲用，並揮發能引起頭痛和
胃痛的致病蒸氣。開羅的三十五個墳場則
助長了傳染。

帕里塞明確地反對這些結論。他認
為，瘟疫的真正原因，既不應該歸結為大
氣狀態和沼澤疫氣，也不應該歸結為不清
潔和悲慘的生活。他同意說：「毫無疑問
地，我必須先承認，一個沒有溫情、沒有
同情心，認為歐洲人打著衛生健康的幌
子，自己吃飽喝足了，卻拿空想和幻想打
發別人的政府，給人類帶來這些災難…
…」[56]但是只有含動物毒素的屍體揮發物
才能產生瘟疫。讓埃及遭難的「神秘巫術」
就源於大量這種易腐爛的物質：墳地離居

遠離城市到鄉下是貴族們逃離疫病的方式之一。圖為1630年代城市貴族準備逃難的情景。

住區相當近，「死人看起來成了活人的一部分」，陰暗、潮濕、通風不良的住宅區，屋裏塞滿了屍體；由「死屍和爛泥建成的」村莊好像「被投入了死亡的火爐」。放棄用防腐劑保存屍體這種有益健康的做法使近代埃及成為瘟疫的發源地。屍體不再經過處理，用鹽醃製，風乾，用瀝青和芳香布料包裹，安放在石棺和無花果木棺材裏，或者放進數以百萬計的陶罐中，或者掩埋在深挖的墓穴裏，「未經任何處理地埋在地下，與大地融入一體」，因此一下就腐爛了。這種腐爛屍體把國家變成了一個巨大的墓地，一個「名符其實的屍體蒸餾工廠」。

委員會的報告撰寫人以埃及令人難以置信的不衛生狀況為論據，來支持古典病因說的解釋，即人體暴露在有害空氣中，腐爛變質，產生瘟疫。科學院的終身秘書借助這種解釋，來發展因體液退化而受感染的論調。但是人們激動地發現，這兩種對立的觀念都提到一種嗅覺常數：臭味。

相似的爭論似乎在整個歐洲都出現。例如，在英國，愛德溫·查德威克（Edwin Chadwick）把空氣的「渾濁」與人口密度太大引起的疾病聯繫起來。相反地，威廉·巴德（William Badd）想通過在倫敦突然發生「比奧吉亞斯（Augias）[57] 牛棚還臭三倍」的極端情況，來證明儘管有不吉利的預測，死亡卻沒有增加，腐臭疾病也沒有增多。

在採取預防措施方面，傳染論者和非傳染論者的對立相持不下。傳染論者希望擴大隔離措施，譴責對手宣揚廢除隔離措施是唯利是圖。那些對手的理由是，這些措施妨礙了人和商品的交流。然而，帕里塞指出，來自埃及的棉花、亞麻和大麻帶來瘟疫。這些可紡織纖維植物吸收和保存了屍體揮發的病菌，病菌裏藏有疫氣。疫氣在倉庫裏或大船貨艙裏，因缺少空氣和熱量而相互作用，產生危險的組合。用這個道理可以解釋打開棉花倉庫時往往會發生人員死亡，以及君士坦丁堡加工亞歷山大亞麻的工人會染上致命疾病。「可以肯定的是，從達米埃特（Damiette，尼羅河向東的出海港）運到薩洛尼克（Salonique，希臘的貨物進出港）的大麻不止一次帶來瘋狂的瘟疫。」[58]

非傳染論者則企圖嘲笑傳染論者的觀

點。羅舒（Rochoux）嘲笑說，信奉「弗拉卡斯托」理論的人認為，鼠疫患者的揮發物附在某些物體上，被它們保留三十年或更長時間，並被帶到遙遠的地方。「因此，一些稻草稈，幾節繩索，一個蜘蛛網，一些蒼蠅，如同帕里塞保證的那樣，大概足以傳染整個城市。」[59] 克洛－貝（Clot-Bey）也嘲笑傳染論者對空氣中飛來飛去的絨毛或羽毛都感到恐懼。他們甚至害怕鞋底上黏有線頭，臨出門前都要用油來蘸蘸鞋底！

普魯斯所參與的委員會，自詡論點客觀，揭露了兩個陣營的混亂和無序。但是它沒有明確否認通過間接和直接接觸引起的傳染，只承認一種傳染方式：即「疫氣傳染」，也就是攜帶瘟疫的空氣。正如帕里塞所諷刺的，這種理論算不上一種發現：「實質仍然一樣：病人、揮發物、健康人；健康人吸入揮發物後，就和病人一樣，病了。」[60]

最早對工業污染的關注

十九世紀，隨著工業突飛猛進，煉油廠，製革廠，以及生產強力膠、染料、硫酸鹽、醋酸鉛、銨鹽、澱粉、石炭、蘇打、礦物酸的廠商越來越讓人難以忍受。這些工廠被指控排放有害疫氣，製造疾病。從執政府時期（Consulat，一七九九年至一八○四年間的法國政府）開始，逐漸形成了一套真正的條例，明確指出各種污染的危害，制定了相關政策。內政部委託法蘭西研究院數學與物理學部門調查有關廠商，提出一項報告，表明這些廠商排放難聞的氣味，對人的身體健康造成危害。

一八○四年十二月十七日，第一個分類排污的標準制定。但是採取的措施似乎無法平息興論。它們太不精確，以致抱怨又起。這些不滿卻得到拿破崙的大力支援，因為拿破崙的嗅覺太靈敏，受不了坐落於格內勒（Grenelle，位於巴黎西南方，屬於巴黎行政分區第十五區）的乾餾煉油廠令人作嘔的氣味，他就是待在聖－克盧城堡（Saint-Cloud）也感到心煩。於是，當局要求法蘭西研究院的化學家撰寫一個全面報告，一八一○年十月九日遞交。

根據所排放的具危險性的臭氣，化學家把廠商店家分為三類。第一類包括下水道業、屠宰場、豬肉店、動物園、澱粉廠、染料廠、膠水廠、煉油廠、蘇打廠、銨鹽製造廠、造紙廠和漚麻廠，它們應該建在遠離住宅區的地方，並且必須得到內政部批准。屬於第二類的有生產蠟燭、鉛白、油脂和鉛彈的廠商，它們不一定要遠離住宅區，但需經省長同意才能建廠。第三類包括對住家毫無危害的各種工作坊，它們可以建立在住宅區周圍，但要經過各行政區長官許可。

一八一○年十月十五日，當局根據這個報告頒佈法令，對妨礙環境安寧、衛生、安全的生產企業和工作坊作出了規定。在這個法令中，經常提及臭味有害的觀點。

一幅 1828 的圖片，描繪了十九世紀初工廠排放廢氣、嚴重污染空氣的情況。

　　儘管如此，半個世紀後，一個名叫洛朗（Laurent）的人在呈交拿破崙三世的一篇學術論文中仍不滿地說，魚的健康比人的健康受到更多重視：「相較於我們為空氣中的生物所做的努力，立法者為水中生物的健康進行的工作實在多得多。」[61]法律在這方面的無能，助長了各種流行病發生並使情況惡化。一八五四年的霍亂大概也是起因於此。為了拯救這種局面，他竭力建議採取各種措施，尤其建議改變大型工業廠房的排煙系統：「如果……不要讓這些大煙囪噴出的不潔氣體飄散到天空，可以把煙囪弄彎，使煙下沉，並使煙盡可能得到分解。」[62]這篇論文除了提出的建議略微可笑，還提出了一個很現實的問題，即有害煙的再處理問題。

　　一八八〇年，一股不同尋常的臭味在巴黎出現，幾個世紀以來一直引起不安和關注的空氣純淨問題再度激起人們對氣味的擔心。只是，一八八三年柯霍（Koch）

發現霍亂孤菌，一八八四年加夫凱（Gaffky）發現傷寒桿菌後，惡臭具有危害性的觀念才開始失去威力。

老鼠的氣味

　　一直到十九世紀末，瘟疫的起因、本性和傳播方式的描述仍與氣味相關，這種情形依舊令人驚奇。然而應該考慮到，這種觀念不僅在古代地中海地區具有深厚根基，在世界各地也大為風行。中國醫學深入研究了瘟疫的各種形式，長久以來揭示老鼠和人類瘟疫之間的聯繫，並賦予嗅覺重要地位：「老鼠因呼吸大地的臭味而死亡，人因呼吸老鼠的臭味而感染瘟疫。」[63]

　　如今，某些傳統社會仍然保留流行病因嗅覺而起的觀念。塞內加爾的塞里爾內迪特人（Sereer Ndut）認為，人因為呼吸熱帶叢林精怪與毒霧混合的氣味，才染上熱病、流感和瘧疾，並且，病人是透過氣息（特別是腋窩的汗味）傳染疾病。相似

1820年左右英國工廠排放廢氣的情形。

的觀念還存在於安地斯山脈的居民。一個結核病患者死去時，他「發出像蒸氣一樣的東西侵入體質虛弱者的身體」[64]。人們求助於抵擋氣味的東西，正是這種嗅覺觀念合理推斷出的結果。病人氣息的危害性，可與「地面裂隙、墓地和其他裂縫所散發的氣體危害性相比」[65]。為了有效抵禦這種危害，治療者的氣息應該帶上酒精和煙味。病人也應該在身上塗抹摻了尿的植物藥膏以清潔身體，抵消惡性揮發物。所以，儘管醫生們宣傳微生物理論做出了努力，但還是有人認為，氣味繼續在健康和疾病方面起著決定性作用。

瘟疫：來自地獄的一種臭味

瘟疫「腐蝕」屍體。這種令人難以忍受的臭味特性，讓人們把瘟疫劃分在自然和人類之外，不得不將它定義為來自地獄的揮發物，一瞬間便散播在地表上。

瘟疫是「從諸神憤怒中逃跑的超自然疾病」[66]，它是一種不尋常的氣味：它使不聽話的人和反叛者瞭解到至高無上的處罰。古人早就認為，垂死者遭受火刑般的折磨是極度痛苦的，盧克萊修曾用驚心動魄的字眼描述它：「在體內，一切都在燃燒，如同在鍛爐底部燃燒一樣。」[67] 垂死者絕望地尋找涼爽，甚至連最輕薄的衣服都不穿，赤身裸體跳進冰冷的河水或者井底。「難以忍受的乾渴吞噬他們燒焦的身體，使他們顧不上區分小水溝還是瀚海，只要是水就跳進去。可是他們的痛苦沒有得到絲毫緩解。」[68] 燃燒、絕望和傳染甚至使禿鷹離得遠遠的，因此把瘟疫理解為一種魔鬼附身的氣味又有什麼可驚訝的？鼠疫患者受的折磨使人想起地獄的酷刑。

到處是悲慘可怕的景象：一堆堆屍體塞滿了廣場，被蛆蟲吞食，腐蝕著自由流通的空氣。屍體從窗口拋出來，堆在大街上；搜刮死人錢財的「貪得無厭之徒」[69] 也成了流行病的犧牲者，他們雖有大量活兒可做，卻做不了，倒在滿載因劫財而敞開的載重車上；孤立無援的病人躺在死人中間，「發狂似地大叫」[70]，只求早死；公路上鋪滿了屍體，已無落腳之地。馬賽聖公會教堂周圍塞滿了屍體，主教若不挪開屍體就無法出門。「我確實感到非常吃

遍地滿是腐朽死屍的瘟疫慘像。＜阿西德的瘟疫＞（1631），普桑（Nicolas Poussin， 1594－1665）繪。

力，」馬賽主教寫信給阿爾勒斯（Arles）大主教說，「若要把屋子周圍的一百五十具屍體拉走。這些被狗吞食且開始腐爛的屍體已將傳染病帶進我家。」[71]

瘟疫泯滅人性、窒息同情，使人變得殘酷。所有這些敘述與其引起的社會和道德混亂是一致的。因為沒有受到懲罰，搶劫、強姦、兇殺案一件接一件發生。「在極度悲痛和貧困中，我們的城市墮落了，神的法規和人類律條的威信和權威徹底分崩離析。法規的守護者和執行者不是死了，就是病了，再不就是沒有助手，以致

無法工作。」[72] 蒂西迪德寫道。但正是因為最牢固的社會關係被摧毀，才形成了最具破壞性的現象。蒙田（Montaigne）記錄了流行病產生的「奇怪效應」。他從鼠疫流行區逃出來，尋找避難所，嚐到了四處流浪，朋友家閉門拒客的滋味，也感受到他和他的家人給朋友們帶來的恐懼：「我是非常好客的人。我很辛苦地為家人尋找避難所；我全家人的精神非常痛苦，因為我們給朋友，也給自己帶來恐懼；我的家人們始終提心吊膽，一旦某個成員指尖開始疼痛，其他人就趕緊更換住所。」[73]

當倫敦發生瘟疫時，作家撒母耳‧佩皮斯（Samuel Pepys）在日記裏寫道：「這種疾病使我們相互間變得極為冷酷，就是狗與狗之間也不會如此。」[74] 馬賽的瘟疫引起了同樣的結果。醫生傅尼葉指出，父母冷血地把小孩趕到大街上，殘酷地拋棄他們，對小孩的悲慘命運置之不理，提供給他們的幫助僅是一個盛滿水的罐子和一個湯碗。小孩們「白天就同樣冷酷地把這些東西還給提供這些幫助的人；骨肉的呼聲，親情的呼聲，友情的呼聲徹底窒息」[75]。馬賽主教大聲說：「整個法國，整個歐洲都提心吊膽，那些不幸的國民隨時在備戰狀態，他們已成為其他人憎惡的對象。」[76]

社會的衰退伴隨著人體的分解。正如腐爛的肉體變成碎片流進河水，社會組織也被撕裂，變成碎片，腐爛瓦解。為了防止傳染，商業被完全禁止，市民什麼都缺。隨同貧困和疾病兩種災害而來的饑荒使人更加沮喪，於是破壞的力度更大。人類迷失了方向，野蠻和恐懼取代了友好和同情：「所有人在混亂和驚恐中逃跑；發狂的市民們跑向街頭，沒有任何打算，也不知道走向何方；他們相互避讓，不敢接近；有些人把自己關在家裏，無法預料他們面臨的危險。另一些人則脫身到設防的新城……他們尋找所有的人，帶著一種難以言表的侷促不安和精神失常，某個居所、某個避難所就可以把他們與所有其他人類分隔開來。」[77]

惡臭成為天堂和人之間的分裂象徵，取代了像祈禱一般「升向」上帝的乳香。罪人靈魂散發出的「死亡氣味」[78] 打破了神聖的聯繫，激起神的憤怒。

瘟疫的臭味是引起反常和不和的因素，它不僅腐蝕肉體，而且也腐蝕精神和心靈，從而破壞「不再有感覺的」人與人之間的關係。它的確像一種直接從魔鬼之穴散發出來的惡毒揮發物，正如聖女大德蘭（Thérèse d'Avalia）所說：「那裏發出臭味，人們很不喜歡。」[79]

第四章　氣味的治療功能

> 「香脂發熱以及藥物散發熱香的是什麼季節？」
>
> 加斯東・巴舍拉（Gaston Bachelard）《火的精神分析》（*La Psychanalyse du feu*）

自古以來，關於瘟疫的預防與治療，人們討論的重點都是如何消除空氣和身體的惡臭。所有的干擾，不管是來自天體和行星的劇烈運動，還是來自雷擊閃電，或是情感紛亂，都會打破大氣或體液的平衡。人體異常與大氣異常有相似之處，從這個觀點出發，也就得出了治療兩者的相似辦法。氣味對人體和大氣的淨化發揮的主要作用，不僅展現於之前描述的流行病的嗅覺觀，也可在古埃及人連結香料和防腐原理之間發現。

希波克拉底的火與複方軟糖劑

亞里斯多德、泰奧夫拉斯特和盧克萊修認為，香味的本性是溫的、乾燥的、火熱的，不會腐爛，而且具有良性作用。不過早在他們的理論出現之前，人們就把香料與火結合在一起，以防治流行病。正如蓋倫所認為，希波克拉底使用的唯一治療方法是以有香味的火來消毒腐敗空氣。在雅典的大街上，擺放著香木堆成的柴堆和最芳香的鮮花。他之所以把複方軟糖劑（thériaque，含鴉片、蝰蛇肉、綿棗等五十種成份的解毒劑）用作預防和治療瘟疫的一種處方，是因為它可以起一種「淨化的火」[1]的作用，以消除空氣中的臭味，而人們得以呼吸。

這種「抗毒劑」含有大量的芳香成分和蝰蛇肉，能有效消除所有毒性，包括空氣中所含的毒性。它是瘟疫毒素最好的解藥。光是為了預防瘟疫而服用，此藥劑能產生適宜的體溫和有益健康的成分，吸收多餘的潮濕殘留物，使冰冷的手腳變熱，增強人體的抵抗力，使人較不易患病。蓋倫聲稱，這種藥物曾在義大利瘟疫猖獗時為人成功地使用。但是複方軟糖劑並不是古代使用的唯一芳香製劑。例如，呂菲・德菲斯提倡使用一種含有蘆薈樹

放血（左圖）與催吐（右圖）為希臘時代常用的醫療方法。圖皆為西元前五世紀。

脂、沒藥和乳香的藥劑。他說：「據我所知，病人用了這種混合劑，所有病痛都得以消除。」[2]

除了香料和芳香製品外，希臘羅馬的醫生也使用其他乾性藥方，並輔以各種淨化手段，以抵禦惡臭的威脅。放血、排瀉、催吐、乾燥等方法被廣泛用於治療多血症。呂菲·德菲斯患了瘟疫，他切開腿上的皮膚，放出大量鮮血，這樣才死裏逃生。

香料的盛行

在中世紀，香味是抵禦空氣和肉體腐敗的主要武器。繼希臘人之後，阿拉伯醫生在使用香料防治疾病方面扮演了重要的角色。穆罕默德說他喜歡香味，阿拉伯醫生應該很清楚這一點。他出生於香料集散地麥加，認為香料具有很強的衛生和醫學功能，並發現使用化妝品是一種讓伊斯蘭

教徒有別於猶太人和基督教徒的方法。十一世紀，伊朗醫生兼哲人阿維森納（Avicenne）發明了從鮮花提煉揮發性油的蒸餾器。阿維森納援引先知的話說：「你的世界中，有三件東西對我來說是寶貴的：香料、女人和使我感到快樂的祈禱。」[3]阿維森納也認為香料具有提神醒腦的功效，能使人「向善」、「行為完美」：「上帝給予先知祝福和和平，就是因為他願意使用很好的氣味，因為這些氣味能使感覺靈敏。感覺一靈敏，思維就清明，結論就正確；相反地，感覺一遲鈍，思維就混亂，結論就會模糊不清。」

上古和阿拉伯對於香味的觀念影響了醫生，使他們從這些不會腐敗、可淨化空氣、具有提神和悅人品質的芳香物質中獲益不淺。他們常把這些物質用於治療鬱悶的情緒，如恐懼和悲痛。這些不良情緒會改變人體的自然平衡，使人易於感染疾

沐浴之後塗抹香油是希臘人保持健康的方法

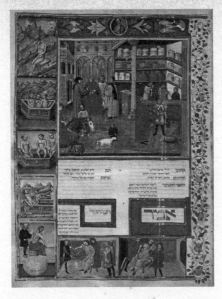

（左）阿維森納；（右）
阿維森納所著的《醫
典》，對後世西方醫學
影響重大。圖為阿維
森納手稿。

病。這些芳香物質透過「提神」，「除穢」，「淨化空氣」，「使環境乾爽宜人」，保證了空氣的衛生，也維護了人體的健康。為了防止發生所有的異常，要讓空氣和身體都維持在既不太潮，也不太熱；既不太乾，也不太冷。寒冷乾燥的溫度之所以使身體遭受腐爛的威脅，是因為溫度使皮膚的毛孔收縮，不能再排出體液。炎熱和潮濕更令人生畏，因為它們為有毒的空氣敞開了入口。

於是有人按氣候把香氣作了分類，各種香氣在不同季節提供空氣和軀體保持其平衡所需的成分。一三四八年瘟疫期間，巴黎醫學院規定夏天呼吸「冷香，譬如使人心曠神怡的玫瑰、檀香、睡蓮、醋、玫瑰香水、樟腦煙薰錠劑，以及蘋果味冷香劑」；冬天呼吸「熱香，譬如蘆薈木、琥珀、肉豆蔻和琥珀果。」[4]

在第一種分類的基礎上，很快增加了依照社會階層的第二種分類。由於價格昂貴，麝香、琥珀、蘆薈和樟屬植物為「富貴之人」專用。而蘇合香脂、乳香、牛至和瑪瑙脂則是一般的小康民眾使用。至於窮人，

> 他們，無論冬夏，
> 都不能使用香料，
> 無可奈何，只能
> 祈求仁慈的上帝
> 時刻保佑他們
> 抵禦疾病的侵犯。[5]

夏天，貴族住宅的地面灑滿玫瑰香水，滿地都是使空氣清新的「冷」花。冬天，麝香、琥珀、蘆薈和芬芳劑的薰蒸使空氣變暖。平民使用不昂貴的香料，燒的是刺柏和檔梓種子。在晴朗的日子，人們在水裡加醋，讓它揮發，把葡萄和其他植

冷香植物包括：玫瑰、睡蓮、檀香木等（左、中、右）。

物的葉子鋪開，使過分炎熱潮濕的氣候得
以緩和：

　　把加醋的涼水
　　細密地
　　灑滿房間，
　　再快活地撒上
　　濃郁芳香，令人心醉
　　的玫瑰和鳶尾花。
　　啊，那通靈的指甲形葉片
　　是冷峻的花草
　　還有清新、芬芳、乾燥
　　怡神養心的其他植物。[6]

　　除了對房屋的「氣息」採取消毒措
施，人們還建議講究城市環境衛生：避開
惡臭泥濘之地；選擇有益健康，不受沼
澤、礦山和墓地氣味侵襲的住所；在窗戶

上加裝玻璃並用上蠟的布料做簾子，以防
禦腐敗空氣。某些植物的揮發物是有害
的，應該遠離之：

　　為了防止傳染。
　　最好的辦法
　　是擇地而居。
　　避開胡桃樹、無花果
　　番瀉木和毒芹
　　切莫貪圖它們的陰涼
　　而吸入它們的毒氣。[7]

　　在空氣進入肺部之前，香果和煙薰劑
緩解了空氣的毒性，增強了人體的抵抗
力。香果源自東方國家，這是一些經常鑲
有珠寶的空心金球或銀球。它們含有從動
物體內粹取的固體香料，稀有且非常昂
貴，如麝香和龍涎香。它們大概早在十四

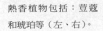

熱香植物包括：荳蔻
和琥珀等（左、右）。

世紀以前就已經開始生產，因為在一一七
四年，腓特烈一世（Frédéric Barberousse）
就從耶路撒冷國王那裏收到好幾個裝滿麝
香的金球。龍涎香果是從抹香鯨的腸道分
泌物中提取的龍涎香製成，在中世紀被視
作預防瘟疫的靈丹妙藥。它氣味芬芳，刺
激強烈，能醒腦強身，怡情養性，使呼吸
舒暢：

　　品質優良的龍涎香

　　氣味芬芳濃郁

　　使人心身舒暢

　　解除一切煩惱。[8]

龍涎香因其芳香的功效備受讚美，但
因價格昂貴，只能供達官貴人使用。所
以，人們便生產不怎麼昂貴的香料，它們
當中大多數連微量的琥珀成分都沒有。

一些有名的配方，如讓‧梅敘埃
（Jean Mesué）和阿維森納的配方，含有大
量的芳香劑成分，它們被研磨成粉狀，經

過篩濾，調水，最後製成藥劑或者藥膏。
下面是巴黎醫學院開出的香果處方：「取
極純淨的石頭兩盎司；蘇合香脂、蘆木、
阿拉伯樹膠、沒藥、乳香和蘆薈各八分之
三盎司；加以精選的紅玫瑰八分之一盎
司；檀香、麝香各八分之二盎司；肉豆
蔻、丁子香花蕾、肉豆蔻的花與皮各八分
之一盎司；辣木核、拜占庭牡蠣殼、芳香
蘆葦杆、羅勒籽、牛至、風輪菜、乾薄
荷、丁子香草根各十六分之一盎司；蘆薈
木十六分之一盎司；琥珀八分之一盎司；
麝香十六分之三盎司；樟腦四十八分之一
盎司；甘松茅油、麝香油，適量；白蠟一
小塊。」[9]

直到十八世紀，香果仍相當風行。一
些金銀製品也從香果那裏受到啟迪，雖說
它們與原型相去甚遠。人們把這些製品串
在皮帶上，戴在脖子上，甚至當作戒指。

還有一些香料盒，其中藏有固體香
料，或被醋浸透的棉布或海綿。醋的價格
雖然便宜，但它的香氣「又冷又乾」，可

由抹香鯨腸道內的分泌物提煉出的珍貴香料即是「龍涎香」。

以有效抵禦惡臭。海綿被譽為最具「芳香物質的品質和靈魂」[10]，在十八世紀依然得到廣泛使用。

除了給人聞的「解毒劑」外，還有其他外用或內服的解毒劑。洗劑、糖漿、丸藥和軟糖式藥劑成為中世紀抵抗瘟疫的重要工具：「所有這些藥劑都含有香料和香氣，比如檸檬樹的香味，蘋果和檸檬的汁液，以及很酸的石榴。」[11]

希臘和阿拉伯國家繼承了其中一些配方，引進了有名的抗毒物質，如寶石、珍珠、黃金、象牙和鹿角。

香料在衣服和布品的淨化中仍起著很大的作用。蓋倫早就認為，氣味難聞的床單、被罩和床墊會加速體液腐敗的過程，而香料的氣味能防止食物腐爛。肉和魚因使用生薑、丁子香花蕾、蓽澄茄胡椒、小豆蔻、肉豆蔻的花與皮、藏紅花粉和桂皮而保有原本鮮美的味道。可是，它們的「溫性」為傳播瘟疫的空氣打開了皮膚的毛孔，因此人們主要在冬天才使用它們。

香料中的砒霜

十五世紀起，同時使用芳香物質和解毒劑來預防與治療瘟疫演變成一套系統。這種變化主要的創始人是義大利學者馬西勒・費辛（Marsile Ficin）。他認為，瘟疫是一種特別的毒液，可以像氣味一樣附著在生物和物體上，應該採用各種高效的解毒劑來增加芳香製品的效力，以抵禦毒液。首先要提到的解毒劑是寶石，如紅鋯石、黃玉、石榴石、紅寶石、珊瑚、鑽石。學者特別強調了它們的功能；例如純綠寶石威力無比，能使蝰蛇和蟾蜍眼花繚亂。然而，這些寶石不是唯一「具有驅除毒液的特性和功效」[12]之物。還有許多其他東西，無論珍貴與否，真實或神秘，都能防止死亡，如珍珠、黃金、珊瑚蟲、絲綢、獨角獸的角或普通的梣木。

最有效的解毒劑是一種叫做「胃石」的石頭，它源於東方，呈深藍、綠藍或有點發藍的白色。它的免疫能力很強，蠍子一接觸它，這種有毒動物就變得毫無侵犯性了。把這種石頭放在蛇嘴裏，能殺死蛇。這種罕見的石頭（實際上它是某些動

物胃裏的結石）可戴在脖子上或鑲嵌在戒指上。在上面刻一條蛇或一隻蠍子能提高它的保護能力。它也屬於一種芳香藥劑成分：封閉的乳香加上這種物質做成的戒指就能有效地抵抗毒液，與真正的胃石一樣。

與胃石相比，椋木沒那麼寶貴，因此較易於獲得。它也是一種具抵禦瘟疫效果、有香味的解毒劑：「椋木具有這種功效，所以沒有一種動物敢走近它的陰影或聞它的香味。動物寧願跳進火中也不願靠近這種樹。」[13] 聞一下「與椋木放在一起」浸透了玫瑰香水、薔薇醋、馬爾瓦西（malvoisie）葡萄酒，蓬莪木根，或檸檬果皮等「有益健康的氣味」的海綿，便能不受難聞氣味的侵襲。

我們經常在醫生開的處方裏見到芳香製品與解毒劑。複方軟糖劑被費辛視為「上天派到人間的配方之王」，可以用它浸濕手帕來抵抗穢氣。除複方軟糖劑外，還可以用其他香料，如乳香、沒藥、香堇菜、薄荷、蜜蜂花屬植物，以及由蘇合香脂、檀香、樟腦和玫瑰製成的香球來除穢。也可手持柑橘類水果、鮮花和芬香植物、脖子上佩戴或在獨角獸的角裏置放紅鋯石、黃玉和純綠寶石，和含有蘆薈、沒藥、藏紅花的藥丸和一些「能提高解毒功效和威力」的物質，如寶石、珍珠、象牙、燒焦的鹿角以及「動物心臟附近的骨頭」；寶石粉和乳香也很有效。人們也喝一些「能祛除有毒濕氣」的花苞煎劑，服一些「有很強的抗毒功效，能殺死蠍子的」

解毒植物，如野生辣根菜製成的煎劑。還可以服用密里薩（mélisse）藥酒，玫瑰或山葡萄製成的煎劑，和由存放了五十年的陳年橄欖油製成、配有猛獸肉的煎劑。人們在胸前或貼著胃部佩戴香袋，以使心臟和胃強健。為了進一步增強「排毒威力很強的」膏藥的效力，人們還在藥方中加入一些毒性很強的東西，如砒霜、毒芹、硫酸鹽。既然調味的香料具有溫脾「開胃」的品性，「能幫助和促使人接收毒液」，費辛便建議在香料中摻入一些抗毒的珍貴物質。

在把瘟疫跟「向人噴出毒氣」的龍相比時，費辛準備推行一種截然不同的衛生學，這種衛生學依據的基礎是，必須排除這種頑固地附著在皮膚、衣服、物品和牆上的毒物。

他宣揚的那些消毒房屋的方法繼承了上古和中世紀的思想，毫無創意。房屋應該清潔、通風，用醋薰蒸過，使屋內香味充盈。「人們在所有地方進行消毒，在房間角落和牆壁上放置葡萄藤、蘆葦、柳樹、檸檬樹和所有其他綠色植物的葉子，和芬芳撲鼻的鮮花和香果。」

相反地，為了身體衛生而遵從的新規定，讓人們明顯地跟水保持距離。一三四八年瘟疫期間，當別的醫生勸阻人們不要洗熱水浴的時候，費辛卻認為冷水、熱水浴都具危險性，因為它們為疫氣敞開了皮膚毛孔（這種對淋浴的恐懼致使十六世紀的公共澡堂紛紛關閉）。臉和手要用芳香清洗劑清洗，與病人接觸的人要加倍謹

十八世紀的銀製香料盒，裏面放置浸滿香料的海綿。

丁子香。丁字香花蕾不但有滅菌麻醉的療效，也時常製作成香球，作為薰香衣物之用

慎，用熱醋每天全身清洗兩次。勤換衣服，勤灑香水成了必不可少的預防措施。

鼓勵大家使用自己的清潔用品和食具變得刻不容緩，反映了個人化的一個新趨向：「在此期間，各人應準備自用餐具及清潔用品。如果只能使用他人用過的床單和必需用品，必須用洗滌劑和香料清洗。」[14]

所有這些預防措施都延伸到治療方面。當瘟疫流行時，更有理由向感染患者提出原本對身體健康者提出的建議：「要特別注意經常給患者更換衣服、被單、日用布品、香水及香水壺。」[15]藉由香水來除穢直接帶動了消毒方法的發展。由於人與各種物體抵制毒液的能力不同，清洗消毒的期限也不同：「通常人要清洗消毒十四天，房子、木頭和其他東西要二十一天，被單、衣服和其他類似東西要多過二十八天。如果不清洗消毒，馬、傢俱、行李和諸如此類的東西能長期保存毒液。」[16]預防和治療沒有清晰的區分，因為兩者體現了同一觀念。可是，由費辛提出的規則影響了後來幾個世紀系統化發展和實踐的消毒技術。

對香味活性的研究

在熱羅姆·弗拉卡斯特（Jérôme Francastor）看來，把芳香樹脂用於屍體的防腐保存，明顯證明了芳香樹脂抗腐爛和臭味的有效性。香料細小的顆粒能使物體變得乾燥而更穩固。它們的作用就如沙子對石灰或麵粉對水的作用。「無限濕潤的小顆粒」填入「乾涸物質最細微的空隙裏」[17]，沒有留下任何真空，也就防止了物質分解，抵禦了其他物質的侵入，而這些芳香物質的香氣本身就「抵抗」臭氣的薰染。

安布魯瓦茲·帕雷認為，芳香物質的

十五、十六世紀的公共浴室。當時有醫生認為洗浴會有「染上疾病」危險，因此許多公共澡堂都因此關閉。圖為杜勒（Albrecht Dürer，1471－1528）的木刻版畫。

香味毫無疑問地構成了這些物質的活性元素。香味的本性是氣態的、沁人心脾的、「精神性的」[18]，類似於「生命之神」（敏感的血氣，甚至是生命的要素），它能直接深入到肺部和整個身體，而效力卻絲毫未損。所以，迥異於當時許多人，帕雷堅決指出那些沒有香味的解毒劑，如黃金、珍珠、寶石，特別是獨角獸的角沒有絲毫效力。

關於獨角獸，老實說，「人們不知道這種動物究竟是什麼」。最矛盾的傳聞都是關於獨角獸，傳說牠出生在印度和衣索比亞一望無際的沙漠裏。牠像馬，像驢，像鹿，像大象，像犀牛，像獵兔狗；牠的角有黑色、白色、紫紅色，條紋猶如蝸牛殼。一些人說「牠是所有動物中最兇猛最殘暴的，吼叫時的樣子極為醜陋；而其他人說牠相當溫柔，相當和善，迷戀年輕姑娘，喜歡凝視她們，常常因此被人捕獲」。如果今天牠仍然存在，牠的角大概沒有那麼有效了：因為它沒有味道，也沒有氣味，更不用說能夠燃燒了。只有刺激心臟的「新鮮空氣和新鮮血液」有抵抗毒液的能力。但是，「不管是誰，如果能在獨角獸的角裏找到空氣，就一定能在土牆裏提煉出油來。」[19]這種沒有香味、無法言表的東西，甚至使一些國王也上當受騙，他們把一小節獨角獸的角浸泡在高腳杯中以防中毒，這簡直是完美無缺的錯覺。

可是，不論香料的功能原理是什麼，在十六世紀，香料仍是治療病人最值得信

賴的盟友。一五四八年，醫生奧熱·費裏埃（Oger Ferrier）在給同行的建議中，強調了使用芳香甲胄的重要性。在進入鼠疫患者房屋之前，應打開門窗通風，然後用香火消毒。行醫者為患者看病之前，需要在屋裏燒一個「熱火堆」，即在熾熱的炭火上燃燒乳香、沒藥、玫瑰、安息香、勞丹脂、丁子香花蕾。行醫者一手持刺柏枝，另一手拿一個香氣撲鼻的香果。在房間被薰香過之後，會診才能開始。這種會診要求行醫者具有空中特技演員和雜技演員的才能，並具有很強的洞察力，因為他只能遠距離聽診，或是觸診，而且是背對病人：「因此，你口中含些香味糖漿，你一隻手靠近鼻子，使鼻子聞著蘋果香氣，另一隻手持燃燒的刺柏枝；你隔段距離看著病人，詢問病情和症狀。如果他有不舒服的地方或者某個部位有腫瘤，你再對他進行檢查。你靠近他一些，轉過身，把刺柏枝遞給面前的人，再把手轉到後面去摸病人的脈搏，前額和心臟部位。但你的鼻子附近總有某種香氣。」最後，勇敢的醫生常常配備芳香的附屬裝置，去進行一件崇高的，也是最棘手的工作，即檢驗尿液和糞便，但這僅僅「是必要時才這樣做」[20]。

用大炮消毒

香味並沒有人們期望的那些效果。在瘟疫面前，人們的焦慮擴大了。於是，嘗試用更強烈的氣味來戰勝瘟疫的想法就應運而生。有兩種方法看來是可理解的：一種是用其他臭味來對抗臭味，另一種是用濃烈的香味來蓋住臭味。

一六三四年，醫生亨利·德拉庫安特（Henri de la Cointe）提倡用一些仍然令人十分厭惡的臭味，如公山羊和腐屍的臭味來對付瘟疫。湯瑪斯·喬丹魯斯（Thomas Jordanus），亞歷山大·本尼迪克特斯（Alexander Benedictus）和帕爾馬里繆斯（Palmarius）已經證實這種做法。湯瑪斯·喬丹魯斯提到：「彌漫著瘟疫的空氣中，人們習慣養殖膻味濃烈的公山羊，使所有不好聞或不討人喜歡的氣味都湧向它，或者讓它的膻味壓住並消除其他臭味。」[21] 其餘的兩位指出，在一次蹂躪波蘭和斯基泰人的殘酷瘟疫中，當局要求居民們殺死所有的貓和狗，並讓它們在街上腐爛，「以便讓這種有害、散發臭味的蒸氣飄到空中，充滿在空氣中，或者改變受瘟疫感染的空氣，或者吸收它並消耗它」。

土魯斯醫生阿爾瓦呂斯（Alvarus）認為，每天早晨喝自己尿的習慣實在不衛生。他持有這樣的看法：「最好經常聞公山羊的尿臊以及牠的膻臭，為此，應把牠養在房間裏。」[22] 而亨利·德拉庫安特觀察到，從事「骯髒惡臭工作」的勞動者很少感染流行病，從而證實了臭味可除臭味的原理。皮革令人作嘔的氣味保護了製革工，糞便散發的氣味使掏糞工有了耐毒能力。經常呼吸被瘟疫感染的空氣的醫務人員並不是最易受感染的人。因此，惡臭並不是危害的同義詞。因此新的香味信條宣

佈：「說什麼只有香味能夠除臭，而讓人厭惡、令人不快的氣味卻無法讓被感染的房間充滿芳香，這真是不太明智的想法和輕率的斷言。」[23] 如今甚至有人指責令人愉快的氣味把被鼠疫感染的空氣引到心臟，心臟「自然傾向迅速地接受那些芬芳的或者好聞的東西：若是聞到難聞的氣味，它就收縮，拒絕這些氣味，而去吸收新的氣味」。

與亨利·德拉庫安特同一時代的人，沒有人如此鼓動完全推翻嗅覺的社會準則。大多數人更偏好一種結合強烈氣味和香味的方法，香味的淨化和提神功效，應通過與臭味相當的「強烈氣味」得到保持和增強。為了給房屋、衣服和人員消毒，

除了用芳香劑薰蒸之外，人們還使用那些氣味強烈，刺激性大的產品，如硫、砷、銻、炮灰、樹脂等。費辛早在兩個世紀前就提議，在香料中加入這類物質以增強香料的解毒能力。但是，從十七世紀起，人們對這些輔藥散發的難聞氣味其中包含的能量更加感興趣，並且希望普及這些輔藥的應用。正如醫生安熱呂·薩拉（Angelus Sala）於一六一七年指出，問題不再是用香料「減輕空氣的某種臭味」[24]，而是抵抗一種具毒性且「無孔不入的蒸氣」，這只有透過能解毒的強烈香味才能做到。流行病是「一種如此惡性和猛烈的傳染病，用玫瑰、香董菜、橘子花、鳶尾、蘇合香脂、檀香、香樟、麝香、龍涎

香、細香蔥或其他芳香東西無法袪除。」再者，人們還不能做到「藉由羔羊的力量獲得獅子的力量」，還沒有掌握「砷的巨毒與蜜糖結合」的威力，所以僅僅使用那些好聞的東西來抵抗被瘟疫感染的空氣是沒有效果的。惡臭的揮發物裏含有高度的優勢能量。儘管這些揮發物不好聞，但使用它們卻是迫切需要，因為「人們不能總是把鼻子擱在玫瑰花中來保護自己的健康」。人們看到當時出現了由硫、樹脂和海狸香製成的香球以及一些「能傳染瘟疫的惡臭藥丸」[25]，就證明了這種新的趨向。

強烈氣味的「硬性」醫學在講求進步的同時犧牲了討喜香味的「軟性」醫學，也遇到了頑固的阻力。在這場專家的鬥爭中，所有的論據都是正確的。傳統的芳香療法支持者擔心自己看起來不如其反對者那般醉心於進步，企圖提出一些有巧妙新穎的辦法以保衛自己。醫生讓·德朗佩里埃（Jean de Lampérière）（也是《論瘟疫及其緣由和治療》（Traité de la peste, de ses causes et de sa cure）一文的作者）與大衛·裘伊斯（David Jouysse）（一六二二年發表《對讓·德朗佩里埃關於瘟疫一書的批判》（Examen du livre de Lampérière sur le sujet de la peste））之間的論戰，即代表了新潮流和舊方法之間的對抗。

「我發現很多人拒絕用香氣而建議用臭氣來治療瘟疫，這種錯誤太不合規矩了。」[26]一六二〇年，讓·德朗佩里埃說。他反對使用惡臭的產品，與時尚潮流的主張相反。他抗議說，若相信「在陰暗角落的臭味中，在肥料堆的熱氣中，在妓女的墮落腐爛中能找到一種強效的預防藥……」那就大錯特錯了，「腐臭物的力量是強大的，但那是用於腐蝕和感染其他東西，而不是防禦腐敗方面」。可是，若要提高討人喜歡的氣味的價值，需要做出一些讓步。臭味區分為兩種，一種是從腐爛中產生、具有非常危險的臭味，一種是源於燃燒並具有淨化和乾燥特性的臭味。硫、炮灰、硝石，這些「不臭但氣味很濃的物質」，嚴格地講，能為室內空氣消毒。至於那些製造出來使人愉悅的香料，人們有其獨特的使用方式。對於那些把幽淡和微弱混為一談，用以批評這些香料對臭氣效力不強的人，他反駁說，這種幽淡的香氣裏含有隱藏的能量，還能使被臭味激怒的精怪魔鬼入迷。

儘管他在後來的論戰中獨佔上風（他是黃金、珍珠、寶石，「胃石」鹽的支持者），讓·德朗佩里埃仍夢想能製出新的芳香藥物配方，這展現了一種飽滿的想像力，並讓人把開出此配方者視為帶來喜樂的喜劇醫生。他不惜任何代價，堅持把香氣蒙上神秘的面紗以使香味跟上流行。顯然，他的目的就是讓質疑芳香製品功效的公眾產生好奇心，並給芳香製品重新罩上高貴的金色光環。為此，他援用了煉金術士的秘術，古老的習俗，甚至虛幻的想像，使周遭籠罩著一圈令人讚歎、牢不可破的光量。他所做的努力得到了大衛·裘伊斯不同的評價。大衛·裘伊斯指責他

「嘲笑平民的虛弱和貧困」，以及他提供平民的是「空氣和煙，而不是容易取得、真正的藥」[27]。

讓‧德朗佩里埃認為，「萬用香」是種非常好的保護性藥物，因為它濃膩、近似煤煙的氣味能穿透皮膚毛孔，阻止不好的氣味侵入。他用一種隱秘的元素頌揚它，說一五九六年瘟疫期間，他在巴黎看見一個猶太醫生，同時也是「博物學家和化學家」，與卡耶（Cayer）醫生在聖－馬丁（Saint-Martin）修道院研究點金術，使用了一種類似的解毒劑。這兩個煉金術士一天早晚兩次，赤身裸體，把自己暴露在煙氣中。因為煙薰，他們的皮膚變得非常黑，這使得他們能夠毫無畏懼並且毫無危險地與各種病人交談。大衛‧裘伊斯大聲嘲笑說，這種芳香藥劑「發出老公山羊的膻味，真是絕了」[28]！鑒於研製過程加入了一些物質，特別是公山羊尿和孔雀糞，它是絕對不乏香味的。

讓‧德朗佩里埃回憶西西里人用鉛礦摩擦身體以使皮膚毛孔堵塞，防止疫氣侵入的習慣，還讚揚一種具有相同功效的芳香清洗劑。它具有收斂乾燥的品質，用於洗滌沒有危險。這種成分，與使皮膚「鬆軟」的水截然不同，它不會使皮膚變得脆弱，所以這種清洗劑中存在了「含水」但不傷人的成份。實際上，它只含有一些相當有名的芳香物質。

他特別透過推出業已完善的處方和新產品，企圖革新人們使用芳香藥劑的方式。他的嘗試中最具特色的是發明「鼬灰」、「活血氧化鋅膠布」、「防病襯衫」以及「掩埋鼠疫患者的藥膏布」。他創造這麼多新發明，旨在結合香味與頂尖的預防方法。

獲得「鼬灰」不是很容易的事。首先，用荊條刺激鼬使其發怒，再把鼬鼠投入一個裝滿了燒沸的葡萄酒和芳香植物的容器。然後用文火煨鼬鼠使其體內所有濕氣蒸發。把鼬鼠烘乾並放進「童尿」後，得到一種使心臟強壯的鹽。其他類似的發明或多或少都帶些虛幻的超自然色彩。

裘伊斯嘲笑地指出，這些怪誕的藥物成分有一些沒有氣味：「當你開出鼬灰香和鹿內皆灰香的處方時，我要問你灰爐怎麼燒，發出什麼氣味，又有什麼樣的效果。鹿的內皆一定不難找，既然你能開出一大堆鹿的內皆用於燃燒。」[29] 他諷刺說，為什麼不開點其他容易獲得的產品，譬如有「四隻爪子以上的動物的血，雌雄同體的跳蚤第一次交配的精液，《鐘樓怪人》中親衛隊隊長福柏（Phoebus）的馬毛呢？這些東西也許有相同的或是更大的功效」[30]。

「活血氧化鋅膠布」是浸香手帕和醋染手帕的雅稱。它的創新之處是與植物泡在一起，浸透了它們的氣味。這種膠布不僅是香料的附著品，而且是由香料浸泡而成的，功效就大多了，醫生們時刻都使用它。他們使用這種膠布做的香手套，把手套指端剪掉，以便於把脈。配備了這種用品，再給衣服灑上香水，用清洗劑洗臉洗手，給鼻子、太陽穴和嘴唇塗上清香劑，

口裏含上香，就可抵抗鼠疫氣味了。

「防病衫」是把香料和醫院的工作服結合在一起。另外，讓‧德朗佩里埃聲稱，在主教醫院和許多其他地方已經看到有人穿著「某種形如主教緊袖長袍的衣服，裏面被預防性液體浸透和粘住」[31]。他的襯衫是用預先在蠟液裏浸過的布裁剪而成，染上香氣以後，它被認為能保持「生命之火，並嚴防生命之火受有害空氣的侵犯」[32]。

「掩埋鼠疫患者的膠布」是一種裹屍布，上面不僅塗有芳香物質，如蘆薈；也塗有能發出強烈氣味的物質，如硫；它被視為抵禦瘟疫不可缺乏的一種工具。

確切地說，裘伊斯批判的是這種不惜任何代價維持香料使用之頑固不化的意願。他否認香料的治療特性並認為這些特性甚至是有害的，它們能使歇斯底里患者思想混亂，並使男人貪淫好色。它們遠不具備強身消毒的功效，反而使身體變得更加脆弱。所有這些芬芳的藥物使裘伊斯發出憤怒的呼喊：「看在死去的希波克拉底分上，當我提出自己的要求，不使用這些東西來整理病床時，並不是小題大做。我常常在便盆上，在開洞的椅上上發現這些東西。這就是防疫所醫生的香料匣和香料。謝天謝地，我們處理了這麼多死屍。你們去收集人家遺棄的糞便吧……我不要氧化鋅膠布，沒有香料匣也照樣能行。」[33]

十七世紀初，讓‧德朗佩里埃與裘伊斯之間的衝突反映了兩種截然相反的態度。從這些極為不同的立場，我們看到了

突出強烈氣味的作用，特別是在實際消毒過程中的作用。多種多樣的配方可以應付各種各樣的情況。

當時出現了消毒香料的能量分類。「濃香」或「氣味強烈的」香料含有大量腐蝕性、刺激性強和惡臭的物質。這種香料尤其被用來殺死鼠疫患者死去時所在房間空氣裏的危害性腐爛氣體。「普通香料」或「一般香料」由較少的腐蝕性成分和更多的芳香物質製成。它主要用於為身體健康的成年人、日用布料製品和信函消毒。至於「輕淡香料」，僅僅由芳香物質組成，專門用於建築物的消毒以及給小孩和身體虛弱者「灑香」。

「香料師」從事的是一種受人尊敬的職業。他們雇用助手，在他們的命令和監督下，這些助手幾乎管理所有的工作。為了避免偏僻房屋容易發生盜竊，這些助手穿著無袋衣服並且小心審慎，因為房屋可能發生火災。阿爾諾‧巴里克（Arnaud Baric）曾提出如何對一間房屋及其居住者進行消毒。下面就是進行消毒的情形：

衛生主管[34]手持白色拐杖，向行人指出有傳染危險的地點。香料師在他的帶領下，由一個負責行政事務的「書記」陪同，走向被瘟疫感染的房屋。「兩位香料師各自在脖子上掛一口鍋子，其中一位牽著一匹馬以搬運抹布和待洗的髒布；其他馬匹搬運大鍋、掃帚和普通香料、強烈香料及輕淡香料，這三種香料分別裝在三個小皮袋中，以免發生混淆」[35]。當衛生主管到街區負責人家裏找鑰匙時，香料師在

屋前生一爐火，關閉窗戶，堵塞漏洞，並打開房間門，稍微揭開屋裏各種箱子的蓋子，以便「香氣」進入，消滅其中的腐爛氣味。第一個進來的人把普通香料倒在一個大鍋裏燒煮，以「殺滅這個來自罪惡地獄的瘟疫」。

在房屋裏，務必注意火上熬煮的香料，不能停火，且要防止木床、稻草和紙張著火。香料師「不慌不忙地從地上端起鍋子，小心地使鍋裏溶解的香料不致溢出」。他就這樣穿梭在所有房間裡，不漏過任何一個疫氣可能藏身的角落。在離開前，他把鍋子放在地勢低窪的房間中央，讓香料在那裏繼續燃燒乾淨。

第一次消毒過後，在外面等待的香料師和書記可以進屋，繼續清潔衛生工作。他們收集髒布髒衣，拿到屋外讓「漂洗工」洗乾淨。他們也收集放在爐子旁烘烤除臭的衣服。他們還把床上的草褥全部拿走，扔在院子或大街上燒掉。然後打掃所有的房間，用醋或優質葡萄酒擦洗傢俱和廚房用品，清洗碗筷，把箱中的白色床單拿出來，攤在長凳或繩子上晾曬，把銀器和項鏈放在沸水裏燒煮。小麥和麵粉也要薰香消毒：香料師一邊在穀倉和麵粉箱裏焚毀普通香料，一邊拿一把鏟子不停地翻動小麥和麵粉。書記整理出房中所有物品的清單，並監視所有這些操作過程，注意香料師有沒有跟陌生人說話。病人住過的房間需要強化消毒，即把「濃香」放在炭火很旺的罐子裏燃燒。

然後，香料師來到「浴室」。其他專家和「浴室技師」在那裏等著他們。一圈布單由繩索拉成鐘形，中間有一口大鍋，焚燒著普通香料，他們就在這布罩裏，被香氣包圍，薰蒸消毒。他們的衣服也被消毒；漂洗工和搬衣工也受到同樣的處理。即使是搬運室內日用布品和衣服的馬也要用普通香料薰蒸消毒。至於市民們的消毒工作，是與房屋的消毒同時進行的，使用的是與年齡和體質相宜的香料，否則會「引起混亂」[36]。不到六歲的小孩不能去浴室，為的是防止窒息。人們僅限於把輕淡香料和普通香料混合起來薰蒸幾次，給這些小孩消毒。而孕婦和六歲以上九歲以下的小孩則可以用輕淡香料和白酒在浴室裏消毒。身體強壯的個人在類似的條件下薰香消毒，但用的是摻加醋和鹽的普通香料。

從浴室出來後，香料師在司書的檢查下，帶回乾淨的日用布料製品和衣服，把它們攤在木杆或繩索上，用摻了強烈香料的普通香料來薰蒸處理。然後，他們帶著這種混合香料，再次給所有房間消毒，以消滅可能存在的臭味。最後一次薰蒸消毒之後，他們隔一天還會在房屋裏焚上「輕淡香料」或者芳香木材，然後香料師就把鑰匙還給街區負責人。

此種薰蒸消毒的方法在當時顯得十分新奇：「這是一種為人消毒的新發明。過去僅止於對人實行隔離，使其遠離社會和交流；這種新發明縮短了隔離期限，受到感染但經過消毒的人因此可以交流。」[37]蒙彼利埃醫學院院長朗尚（Ranchin）一

十七世紀治療鼠疫的醫生所穿的「鳥嘴防疫衣」。圖為 1656 年的木刻版畫。

六四〇年說道。農民也使用他們的爐子，「他們讓感染者進來，在那裏出汗，脫下衣服，然後薰蒸消毒。」可是，城市的公共浴室，因「準備充分，井然有序，配有必要的服務人員，所以更加方便」。公共浴室每天可接待處理三十個人，每人收費八到十個古法郎；窮人則免費。況且這種做法不限於人，也給家畜薰蒸消毒。在給貓、狗、驢、馬、騾子進行薰蒸之前，將這些動物用水和洗滌劑清洗，或者讓它們在河中游幾小時。對於駄鞍和馬鞍，用的是強烈香料薰蒸。

為了對城市進行徹底的消毒，人們甚至求助於大炮！炮火的硝煙味，刺激性強，有強烈的淨化效果。可是，朗尚遺憾地表示，這種做法已引起某些不滿：「我知道房屋消毒之後，有些人把小型炮或中型炮搬到城裏，就在十字路口、入城口，甚至大街中央發射，用滾滾濃煙來驅趕原本應該用木材或者圍牆驅趕的傳染。對我來說，我非常贊成使用濃煙。但經驗告訴我們，用大炮來消毒，不僅耗費巨大，而且給城市造成重大不便。」在蒙彼利埃，還能看到炮彈發射留下的影響：破碎的玻璃四處可見，古老的城牆裂縫叢生，瀕臨坍塌。商店門窗震開，小偷乘機而入；特別是葡萄酒「在木桶裏變酸變質」[38] 了。

傳統療法的幸與不幸。木乃伊的消失

隨著一七二〇年和一七七一年兩大瘟疫在歐洲流行，薰香做法歷經了最後的輝煌時刻。在馬賽，消毒需開列處方並由專員管理。消毒範圍主要集中在公私立建築物，尤其是教堂和輪船。被感染的建築物用紅十字標記，怵目驚心：「從那時起，人們對瘟疫在城裏的種種破壞看得一清二楚。沒有一條街道不曾被它蹂躪，不受傳染的房屋寥寥無幾。在所有街道中，它不停地毀滅一切，這些紅十字使我們想起只有在最殘忍的屠殺中才會出現的恐懼。」[39]

然而，人們仍把莫斯科瘟疫的結束歸功於香氣。消毒被認為是有效的，這是貿易往來首次不因瘟疫影響而被取消。負責檢驗抗瘟疫粉末的醫生薩莫伊洛維茲（Samoilowitz），對七個同意擔任試驗者以換取自由的罪犯進行了一個試驗。他從鼠疫患者那裏拿來非常潮濕的衣服，給試驗者穿上之前，先把這些衣服放在一個被感染的房間裏進行薰蒸。七位試驗者在房中度過了十六天，卻無一人受到感染，所以該試驗被認為具有實證效果。

消毒做法雖然擴及馬賽和莫斯科，但是並不能消除人們的疑惑。越來越多人認為香氣與臭氣用於預防和治療瘟疫是無效，甚至是有害的。連腐蝕香料的支持者薩莫伊洛維茲，也不隱瞞在使用上所隱藏的危險性。對莫斯科工廠的消毒檢查差點使他喪命。他好幾次闖入薰蒸消毒之地以驗證煙氣是否濃烈。為了證明薰蒸的害處，他做了殘酷的試驗：「我所有的關節可說都脫臼了；我的眉毛、眼瞼，我的鬍子和毛髮都掉落了。我的臉色十分蒼白，人變得萎靡不振，想提前結束生命。[40]」一七七七年，讓·傅尼葉醫生從使他幾乎

窒息的「薰蒸」中死裏逃生，著文揭露說，花費鉅資運到馬賽的大部分香料根本是沒有用的，並且常常具有危險性，有時甚至是有害的；好幾個人因窒息和痙攣性咳嗽而喪生。他對惡意中傷他和希誇耶諾醫生的那些謠傳提出抗議：「民眾說我們用香料和特殊藥品來預防瘟疫。撇開這點不說，在王國中不同省份裡，還有人把我們描繪成怪人，滑稽極了。尤其是希誇耶諾先生，他被描繪成身穿蠟布長袍，頭戴假面和摩洛哥黑皮帽，嘴銜長煙管，煙管裏裝滿了研磨成粉末的物質和藥品。」[41]

化學的進步使香料在與流行病鬥爭的過程中信譽漸失。十八世紀末，有人指出，發出致命氣味的糞池和其他令人作嘔的地方可以產生瘟疫和其他疾病。所以，當時遂有針對消除致命氣味的產品的研究。一七七三年，化學家吉東·德莫爾沃（Guyton de Morveau）受命消除第戎（Dijon）大教堂那陰森森的地窖裏發生的傳染。他用醋、硝石和炮灰做成芳香劑，進行薰蒸消毒試驗，但一無所獲。於是他果斷地拋棄傳統的方法，借助於鹽酸，最終戰勝了傳染性腐敗氣體和惡臭。

人類與臭味的鬥爭如同十字軍東征，邁出了堅實的步伐。在污穢不堪的「難以根絕的禍害，狂怒地殺死新的受害者」[42]之前將之消滅，這是雅南·德孔布—布朗什（Janin de Combe-Blanche）向全人類提出的崇高任務。惡臭是危害公眾的禍源，是劫掠各個省市並造成無數死亡的罪魁禍首。不能再容忍惡臭肆虐橫行，蹂躪人類

了。他親自在垃圾堆上做了除臭試驗並取得積極成果。經過此一試驗的鼓舞，他宣佈了美好日子的到來；到那時，掏糞工作不會再威脅整個居民區了，不會再使大街和馬路臭氣薰天，也不會再使農村的名聲受損。在農村，掏糞工不會再有危險，也不會短命折壽了。「抗臭勝將」的發現甚至建立了一種真正的社會和平：「所有階層的人民都將感謝上帝，因為上帝把社會和平帶給他們，並讓他們掌握了能摧毀和滅絕一切惡臭的辦法。」[43]

中世紀有一種令人毛骨悚然的防腐劑，用來防治瘟疫和其他疾病。十八世紀，放棄這種防腐劑標誌著衛生工作者的擔憂與日俱增。mumie 或 momie 一詞，可能源於波斯語 mummia，指的是木乃伊。這本是一個古詞，指的是古埃及人塗在防腐香料保存的屍體上的一種瀝青；當然這也是古代藥典上最奇怪的藥物名稱之一。然而，儘管那些古代藥物在我們看來稀奇古怪，但正如認識論專家弗朗索瓦·達戈內（François Dagognet）所指出，它們既是「一些作用於全社會的基礎藥物」，也是「一些合理的物質」[44]。木乃伊這種「人體藥」之所以能被採用好幾個世紀，可以在香料強有力的抗臭防腐功效中找到原因。

用木乃伊製成藥品的起源有點模糊不清。據御醫兼王室顧問讓·德勒努（Jean de Renou）說，埃及戰爭（大概是指西元七世紀阿拉伯人的入侵）爆發後「幾百年」間，劫掠埃及的入侵者闖入用名貴香料防

腐處理的法老墳墓，在那裏找到「一種從棺材滲出的、黏性如蜜的芳香液體」[45]。他們把這種液體收集起來，賣給埃及那些知道使用並從中獲利的醫生。在貪婪的誘惑以及運用此種藥物治療的興趣驅動下，這些醫生除了發掘剛剛死去的國王和王子墳墓，還發掘貧窮百姓的墓穴。當醫生們發現採集的滲出液不是來自用芳香樹膠防腐的死者屍體，質量沒有那麼好時，就把它送給病人使用。

關於這種藥物的另一種說法是「木乃伊藥」出現的年代還要更接近現在一些，但這個說法與以「窮人」木乃伊替代「富人」木乃伊是一致的。一〇〇三年或一一〇〇年，「有一個名叫埃爾馬加爾（Elmagar）的猶太人，生性機靈，生於亞歷山大。按照阿拉伯學者的說法，他被看成醫學專家」[46]。他可能吩咐「當時正在東方爭論由誰來建立巴勒斯坦的」基督教徒和伊斯蘭教徒用木乃伊來做防腐藥。路易·居永（Louis Guyon）於一六二五年斷言，各國醫生後來都從這個事例中獲得啟發，建議把這種藥用於「受到損傷，但無急性病症的肉體上」。因為富人用的防腐香料稀有，價格昂貴並難以買到，所以他們的屍體按照工藝規則去摘除內臟，敷過聖油，用昂貴香料充填以後，就變得無影無蹤了，只有窮人的屍體會出現在藥劑師的研缽裏。

用作屍體防腐香料的樹脂，與自古以來因醫學用途聞名的瀝青相互混淆，隨之促使中世紀醫學發展了防腐香料的運用。

在七世紀或更早些時候，迪奧多爾·德西西勒（Diodore de Sicile）和斯特拉彭（Strabon）做出瀝青可做防腐香料的錯誤斷言，亞歷山大的猶太人開始提取覆蓋在木乃伊上的樹脂，謠傳這種「人體」瀝青是最有效的藥物。在這種謠傳鼓動下，人們將木乃伊與瀝青視為同樣重要的物品。從那時起，用香料防腐的屍體就被用作防腐藥：「啊，可憐的埃及！目睹自己的文明步入巔峰後，表示對死者的尊重奉獻一切之後，它卻不得不看著自己國王的長眠之地被人掠奪，糟蹋和侵犯，看著他們的屍體被外來人用做防腐劑。」[47]

在動物和人類對藥物需求增長的十六世紀，不論是富人的木乃伊還是窮人的木乃伊，都為人們所迷戀。博物學家皮耶·貝隆（Pierre Belon）指出，「埃及人用香料防腐的屍體，也就是我們的防腐香料，在法國得到十分廣泛的使用」[48]，以至於法國國王弗朗索瓦一世（François Ier）總是隨身帶著這種香料。可是，提供給消費者的防腐香料製品的產地卻越來越令人懷疑。

義大利學者熱羅姆·卡丹認為，這些防腐香料不再是「用沒藥、蘆薈和其他芳香物質製成的」真正的屍體防腐香料。帕雷使那些仍舊認為它們是真正的防腐香料的人明白了：埃及的權貴們怎麼可能把自己的親人朋友的遺體賣出高價以供「活人吃喝」[49]？他們怎麼會容忍別人打開親人的墳墓，把他們的遺體運到「國外以供基督徒食用」？從埃及運出的木乃伊，如果

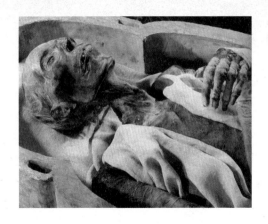

人們曾經相信從木乃伊身上收集來的體液可以治療瘟疫。圖為埃及法老拉美西斯二世（Ramessès II，西元前1290－1224）的木乃伊。

有的話，只可能是「下等人」的木乃伊，它們塗的「防腐劑只是塗抹輪船的瀝青或者純瀝青」。

偽造木乃伊的做法蔚然成風，且愈演愈烈。因為木乃伊的出口受到禁止，而需求卻總是不斷增長，於是掮客們就尋找各種各樣的代用品。在沙漠風沙和酷熱下乾燥的屍體構成的代用品是「一種『可惡的』、『讓人難過的』且『嚇人的』防腐香料」[50]，熱羅姆‧卡丹說。但是，根據某些見證者說，市場上出現過一些更拙劣的偽造品。納瓦爾（Navarre）[51]國王的著名醫生居伊‧德拉方丹（Guy de La Fontaine）向帕雷吐露隱情說，他曾於一五六四年拜訪過一個把木乃伊販賣到亞歷山大的猶太人。不用請求，那個猶太人就把他請進一家商店，那裏亂七八糟地堆著三四十具「用香料防腐的屍體」[52]。可是當德拉方丹想打聽它們是否真的來自埃及時，這位猶太掮客放聲大笑，對德拉方丹透露說，就是他本人用香料給這些屍體進

行防腐的。當德拉方丹譴責這種欺騙行為時，這位掮客告訴他，用香料為屍體防腐這種做法在埃及早就終止了，但埃及仍要為基督徒提供這麼多木乃伊。當問及死者的來源和死亡的原因時，他回答說，「他根本不關心他們是從哪裡來，因何種原因而死，也不關心他們是老人還是幼童，是男是女，只要是死人就行。當他把這些屍體用香料處理過以後，人們就無法再認出他們來。[53]」至於防腐過程，他說，去除死者的大腦和內臟，在死者的肌肉上切一些大口子，填滿瀝青和浸滿瀝青的舊布。每個肢體單獨用繃帶包紮，整個屍體用一塊浸透瀝青的床單包裹，然後用油脂浸泡兩三個月。他甚至無不嘲諷地承認，他為基督徒如此迷戀屍體而感到驚訝。

據帕雷說，甚至有人聲稱木乃伊是在法國製造的。大膽貪婪的藥劑師晚上偷竊絞刑架上的屍體。他們把偷來的屍體掏空，放在烘爐裏烘乾，在瀝青裏浸泡，然後把它們當作從埃及進口的真正優質木乃

連木乃伊也曾作為治療瘟疫的藥物。圖為埃及法老拉伊塞提一世（Seti I，西元前 1294 － 1279 年）的木乃伊。

伊出售。帕雷本人斷言說，曾在一些藥劑師開的店子裏看到屍體的四肢和碎片，甚至有用黑瀝青進行防腐並散發出令人作嘔氣味的屍體全身。他得出結論，所有這一切都說明，「有人無恥並粗暴地讓我們吞下死刑犯或者埃及賤民無賴流氓的死屍，或者梅毒患者、鼠疫患者、麻風患者的死屍。這些死屍已被感染，臭氣薰天」[54]。

這種通過「服食人體」[55]以治癒疾病的做法已受到指責，首先依據的不是這種做法的不道德，而是它的危害性。再說，教會在這方面的立場似乎有些模棱兩可。某些教士不贊成這種掠奪「根據上帝形象而創造的人體」[56]的做法，其他教士則認為並無大礙。因此，耶穌會教士貝納·卡爾修斯（Bernard Caesius）甚至堅持認為，服食木乃伊有一種道德意義，因為它能使凡人想起他們不是永恆的，以及耶穌是為他們死的！

然而，儘管這些偽造品遭受很多指責，但它們在接下來的另一個世紀繼續湧

入市場。理髮學徒拉馬蒂尼埃（La Martinière）被海盜捉住，當作奴隸賣掉。回法國後，他向同胞揭露了阿爾及利亞販賣木乃伊的秘密。自一六二六年起，讓·德勒努就注意到，假木乃伊的使用蔚成風氣，甚至某些人把它當作唯一的真品。他提到的這種情況揭示了這種信念的害處。有一天，他參加一群有教養人士的談話，討論的主題是真正的木乃伊，即埃及人「用香料防腐的芳香」[57]木乃伊的奇妙藥效。他聽到一個非常博學但對醫學卻一無所知的人主張說，真正的木乃伊只是乾屍而已。「這種野蠻觀點就是這樣潛移默化地滲透到一些人的思想中。這些人抱怨受道德敗壞的無神論者誘騙和說服，從而相信來自人體的可怕臭味和腐爛是乾淨的，可以治癒其他疾病。然而，與真正的木乃伊，如過去埃及國王的木乃伊（這種木乃伊數量相當少，製作時間非常短）相比，我們擁有的木乃伊功效差得遠。我們甚至沒有阿維森納的木乃伊，也沒有其他

阿拉伯人的木乃伊，儘管它是由腐爛的人體和瀝青做的；因此，只有在有木乃伊的地方，才有一種濃稠的液體出現，這是從屍體擠出的液體。如今，使用這種液體讓醫生感到恥辱，使病人感到恐懼。」[58]

一些藥劑師竭盡全力，希望能夠更佳地引導消費者，防止他們購買最危險的木乃伊。在「阻止濫用木乃伊的行為」[59]無效，以及無力勸阻木乃伊者改變愛好的情況下，波梅和萊默雷（Pomet et Lemery）建議選擇外形漂亮、顏色很黑、富有光澤、沒有骨頭和灰塵、具有香味的木乃伊做為藥用。

照從前巴黎藥劑商的管理員佩尼謝爾（Pénicher）看來，是嗅覺標準支配人們購買木乃伊的行為。但是，有一種更安全地控制木乃伊質量的方法，那就是自己製造木乃伊。這個大膽想法並不是什麼新鮮事；上一個世紀，著名的瑞士醫生帕拉塞萊斯（Paracelse）就炮製過一些有趣的藥方。他的同行是一群對化學和自然奧秘「一無所知的蠢驢」[60]。在對那些同行說話時，這位偉大的創新者指出，他們遠赴沙漠或「蠻族」苦苦尋覓的東西，其實可在家裏找到，而且更便宜。

帕拉塞萊斯認為，借助煉金術士寶貴的蒸餾法，可研製出三種木乃伊：最新的木乃伊，乾燥的木乃伊和液體的木乃伊。第一種木乃伊的研製方法如下：把一具非常乾淨的屍體切成小塊，放入一個開口適中的玻璃瓶，用橄欖油浸泡，並用厚衣服把玻璃瓶包裹起來；在遠離住宅區的花園裏挖一個大而深的坑，填滿新鮮馬糞，要讓馬糞發酵釋放的熱量能維持好幾周時間；再把玻璃瓶埋入坑中，只留瓶頸露出地面兩到三指；向馬糞上淋三四滴「冷杉酒」[61]以促使馬糞發酵；把玻璃瓶這樣放置一月或多月，直到肉體腐爛，除掉惡臭液體，只留下橄欖油、鹽和屍油；最後把這些東西倒入烘爐上的一個蒸餾罐，放在微火上蒸餾。這樣得到的香脂對於治療疼痛和痛風非常有效。在每磅香脂中加入六盎司複方軟糖劑和三克麝香，就製成了一種抵抗瘟疫和其他毒液的靈丹妙藥。

第二種方法顯然沒有第一種複雜，且操作更加快捷，但需要一種不容易獲得的成分：用香料防腐的屍體的「體液」。為了使第二種方法能夠成功，要注意以下步驟：把粗粉狀的滲出液倒入一個玻璃瓶，加入非鹼性的普通酒精，蓋上玻璃瓶；二十四小時後，取出酒精，又放入另一份酒精；重複上述操作，進行蒸餾；最後將前後提煉的東西混合，凝固。這樣得到的防腐香料可單獨使用或與其他成分混合使用。

最後一種方法，是把身體健康年輕人的血保存在一個銀瓶或玻璃瓶中，防止風吹日曬，直到水分與血漿分離；然後傾倒出水分，代之以等量鹽水；與血漿混合。這樣研製的活性液體沒有一點腐蝕作用，總是保持紅色。這種「香脂之王」或「秘製血漿」可使血液預防腐爛，對抵禦癲癇和瘋風有神奇效果。

從這三種通過「提煉」而炮製木乃伊

的方法裏，帕拉塞萊斯的競爭對手特別注意到對屍體的要求：一定要年輕乾淨。為了使木乃伊的質量最佳，在缺乏「活人」的情況下，可以使用犯人。如有可能，將使用頭髮為紅棕色的犯人。服刑者的藥效更大，因為他們出於恐懼而血壓升高，從而阻止了屍體的分解。佩尼謝爾曾觀察到，那些毛髮為紅棕色的人血液更稠厚，他們浸透著「香料」[62]的肉體更好，因為它充滿了硫和香脂鹽。

克羅利厄斯（Crollius）的處方在十七世紀受到高度評價，他把這些新方法與埃及人用香料給屍體防腐的做法，以及製作肉乾的做法所啟發的實踐結合起來。他認為應從一個毛髮為紅棕色的年輕死刑犯身上截取大腿和臀部，去掉內臟、靜脈、動脈神經和脂肪；用酒精多次清洗；在「晴朗」乾燥的天氣置於日光下晾曬兩天，以使肉體濃縮；用真正的香脂抹擦；在上面撒上沒藥、安息香、蘆薈、藏紅花；然後放進一個密封性很好的容器，用優質酒精和鹽浸泡十二至十五天；再取出來，把水瀝乾，放在室外晾乾；再浸泡一次；再置放於太陽下或火上，「就像把牛或豬的舌頭和大腿放在壁爐上烘烤一樣。這些舌頭和大腿不會染上討厭的氣味，也不會成為粗劣食物，而會成為美味佳餚」[63]。

這個時期正是治療方法層出不窮的黃金時代。藥方越來越複雜，並成為其他配方的基礎。撒克遜醫生加布里埃爾·克洛德（Gabriel Clauder）提出一種「特別新奇的」[64]治療方法，使用了炭黑和金箔片。酊劑、浸劑、粹取物與「木乃伊」油越來越多。佩尼謝爾指出，如果「一個人想用一本著作來引證和記錄這些如此珍貴、如此稀有的木乃伊的研製方法，這是根本無法做到的」[65]。

可是，這種輝煌的奇跡在下一個世紀卻無法繼續。儘管巴黎和外省的醫生在利用木乃伊治療疾病上取得一些成功，但使用木乃伊的人明顯減少。自一七四九年起，在巴黎，人們幾乎不再開這個藥方。後來，攻擊這種方法的人恣意地嘲弄漫罵這是種「令人噁心」[66]的觀點。

嗅覺學者的擔心

早在上一個世紀，用香料治療瘟疫就受到廣泛批評，這種批評在十九世紀得到認同。人們確認香料在預防和治療瘟疫中沒有什麼效果，所以將它們拋棄。然而，幾個世紀以來，人們賦予香料淨化和啟動生命力的功能，使它們不至於遭到全然拋棄的命運。當時，人們還注意到，它們一直被用於治療許多其他疾病。

然而自一八三五年的衛生條例，規定了醫生一種與希誇耶諾相符的形象：腳穿木鞋，身穿蠟布衣，在進入病人房間時，應該叫人焚香除毒。不過，這些預防措施有一種古人殘留的特性。該衛生條例第六一六款明確指出，香料至多只能「減弱」疫氣的致病作用，並建議同時使用漂白粉！一些保持距離的檢查和治療方法明顯受到重視。體檢至少距病人十二公尺遠，並在鐵柵欄後面進行。長柄儀器可讓醫生

十六世紀有醫生提出用煉金術士的「蒸餾法」來製造木乃尹。＜煉金術士的作坊＞（1570－1573）。

喬凡尼・斯特拉達諾（Giovanni Stradano ， 1523－1605）繪。

為鼠疫患者看病，而不用接觸他們；當外科醫生的「人工救助」變得必要時，「就請一位外科學生與病人待在一起；但是，不到迫不得已的時候人們是不會這樣做的」[67]。更為謹慎的是，切除病人的淋巴結意味著具有一定的危險，因此在病人還有知覺的時候，甚至病人的淋巴結炎還沒熟透，人們便調動所有手段來鼓勵病人動手術！在這些殘忍的條例裏面，難道看不到對芳香療法失去信心的江湖醫生焦慮不安嗎？

芳香療法越來越受到人們懷疑。一八三九年，傳染論者、亞歷山大檢疫站的主任醫師格拉西（Grassie）把他家遭受不幸的責任歸咎於香料。同一時代，反傳染論陣線的領袖克洛－貝（Clot-Bey）指責香料療法「與其說是科學推理的結果，不如說是陳規老套的做法」[68]。現代化學為消除腐爛氣體提供了更理性、更有力的方法。但是，對這種科學上的期望與這種科學能帶來的幫助之間仍有一條鴻溝，因為克洛－貝承認，如果只是簡單清洗、淨化空氣和用氯消毒，他就提不出什麼特別建議。一八四三年，在亞歷山大行醫多年的奧貝爾－羅什（Auber-Roche）嘲笑當時一些衛生措施並不謀求解決真正問題，即不講衛生習慣，也忽略惡劣的生活條件。把香料療法與地中海東岸地區普遍採用的隔離措施結合起來，代表一種沒有多少實效的保護方法。

當瘟疫在埃及、敘利亞、思密赫城（Smyrne，希臘古城之一）、君士坦丁堡爆發時，歐洲人和富有的基督徒採取了隔離措施。他們開始在自己家門口設置兩個木頭柵欄，每個柵欄相隔一段距離。在第一個柵欄前，他們放置一個小木桶，在兩個柵欄之間，放一個罐子，在罐中焚燒主要由蘇合香脂組成的香料，還放置鐵鉗，以夾住外來東西。所有進入家中的人和物先應該用水清洗，用香料消毒。一些文明程度更高的人使用氯來消毒。沒有香料或氯時，則使用切碎的濕稻草來消毒。「因此，香料、水和柵欄被認為是預防瘟疫獨一無二的辦法。你貧困骯髒，沒有關係；你的住宅建得不好，低矮，通風不良，也沒有關係。如果在這樣的住所，你最終還是感染了瘟疫，那是因為你沒有設置柵欄，沒有用水清洗，也沒有用香料消毒。總歸一句話，你沒有進行隔離。」[69]巴黎醫學院沒有坦誠地質疑這些隔離措施，卻於一八四六年拒絕在檢疫站使用香料。香料、硫和砷鹽的薰蒸消毒法被認為是無效和危險的。當人們期待發現更有效的消滅疫氣之方法，巴黎醫學院寧願使用一種更現代的「預防物」：氯。

儘管瘟疫的治療已拋棄芳香產品，但芳香產品在其他疾病的治療中仍保有一些影響。仍處於摸索階段的化學療法，不會立即取代幾個世紀以來已經實踐並根深蒂固的芳香劑療法。十九世紀，特別是在鄉村地區，人們對樟腦和蘆薈有一種強烈的迷戀。樟腦和蘆薈被看成是萬應靈藥，有了它們，人們可以不需要醫生。它們以十分多樣的形式治療不同的疾病，如咽峽

十八世紀時誇張的「防疫衣」，還設計有可以薰香的面具。

炎，貧血，卡他性炎（catarrhe），雞眼，鼻炎，出血，消化不良，失眠，暈船⋯⋯藥劑師出售的樟腦和蘆薈數量龐大。每個家庭都有自己的樟腦和蘆薈包。它們被放置在家中各處，在鑲木地板的薄板之間，在床墊的羊毛裏，在用來殺死蛀蟲的衣櫃中，甚至在用於粘貼壁紙的膠水中。「從這一切得出的結論是，當你進入大多數人家裏時，樟腦氣味將侵襲你的喉嚨。星期天，教堂裏彌漫著這種氣味。」[70]

　　一八四三年，著名醫生拉斯帕伊（Raspail）表示，樟腦的確勝過所有其他的香精油。這種藥物用途多樣，使用方便（它不粘衣服，也不弄髒衣服），具有單獨構成一個真正「袖珍小藥箱」所必需的一切品質。樟腦通常裝在一種「衛生樟腦盒」裏，其藥效一點也不會喪失，從而能減輕很多疾病。下半身癱瘓的少婦若承受莫大的苦痛，讓她一日三次聞樟腦精的處方也許能減輕這種痛苦。兩歲小孩有患佝僂病的傾向，每天中飯後吸一支樟腦煙可保他健康成長。這種煙用骨頭、象牙、島嶼木、羽毛管或稻草管製成，填充以樟腦，以使吸入的空氣浸透樟腦的揮發性氣體。天氣寒冷時，建議把樟腦煙握在手中或放在內衣口袋裏暖著，以使煙氣散發。使用這種治療措施比較經濟，「一支普通煙，如果不咀嚼的話，至少可用一個星期」。[71]

　　樟腦醑使人身體強壯，體力增強。經常坐著的人被要求早晚按下列方式洗一個「空氣浴」：「在一個氣溫為 15 ℃到 18 ℃的房間裏，脫光衣服，蘸樟腦液來洗身，並做一些力所能及的體操運動；俯身到腳，再立起來，揮動雙手擦身和拳擊，小腿往後踢；用手或腿擊牆。」[72] 在直腸或陰道中放入樟腦栓條可治療痔瘡、陰道炎、子宮疾病和肛痛：「一根樟腦栓條在體溫作用下慢慢消融，藥力能持續一整夜。」[73] 這種藥品的療效看來無窮盡，它還能防止醫院、軍營和監獄傳染流行性發熱，以及防止寄生蟲侵入身體。「在肛門底部放上樟腦，所有的腐爛都會停止，在生殖器官上撒些樟腦，所有的情色反應都會消失。⋯⋯因此，樟腦使人在生理上恢復正常，在道德上免除羞恥。」[74] 它在尿道外科中的運用也成為必要：外科醫生因此具備一種強有力的手段來制止「最緊急的手術受到影響和中斷的頑固性勃起」[75]。各個中學採用樟腦變得刻不容緩，在床單和游泳褲的「私處附近」灑上樟腦粉，可使學生生理和心理平靜。樟腦粉成了勞動和道德最好的同盟。

　　這份熱情的辯護詞出自一位對氣味功能十分關注的人之口。他相信吃大蒜的奶媽的奶汁是藥效很強的驅蟲劑，他鼓動有錢的女性市民放棄給孩子餵「帶甜味的」營養品：「我勸說那些想撫養小孩的闊太太像鄉下女人那樣給小孩餵食，在菜肴裡加香料；這樣她們將為自己的小孩創造出一種預防藥」[76]。

　　但他對氣味的興趣並不侷限於描述氣味對「動物經濟學」[77]有利或有害的作用；作為一位優秀的嗅覺學家，他還指出，這是醫學徵候學的一些重要因素。這

樟腦木和蘆薈
（左、右）。樟腦和
蘆薈製品在十九世
紀時被視為是萬靈
的妙藥。

門學科並不是一門新學科，從十八世紀末起，博爾德（Bordeu）醫生和布里厄德（Brieude）醫生就致力於研究一種從希波克拉底那裏繼承下來的觀點。按照這種觀點，每一種疾病都發出一些能讓人辨別該疾病的特有氣味。一八二一年，嗅覺學家伊波利特‧克洛凱（Hippolyte Cloque）揭示說，疥瘡發出黴味，黃色頭癬聞起來有鼠尿味，褥瘡性痂蓋有種酸味。進入產婦病房的臨床醫生若曾受過嗅覺訓練，大概可以藉由房間裏彌漫的酸味或氨味，辨別出奶汁是否分泌合適，或者是否會發生產褥熱。[78]

作為許多重要化學變化的顯示劑，氣味，特別是汗味，很敏感地隨有機體質變的性質與程度而變化，甚至有時它們顯示了某些精神疾病的症狀。精神病的氣味強烈，令人噁心，使人想到常常緊握的雙手，褐毛獸（指鹿、獅子與野兔等）和老鼠……特徵是如此鮮明，以至於某些精神

病科醫生根據這種唯一的證據，毫不猶豫地做出精神錯亂的聲明；如果沒有出現這種氣味，他們會毫不猶豫地得出假裝精神病的結論。因此，內科醫生和外科醫生培養自己的敏銳嗅覺，做一個「鼻涕擤得相當乾淨的人」[79]是很重要的：「因為氣味是臨床醫生敏銳的靈魂：在醫生的思維中，它隱約啟發了診斷的最初觀念，並在某種程度上刺激了觀察者的興趣。醫生的鼻孔，根據所獲得的經驗不停地顫動，力求記錄那些氣味症狀的神秘聯繫及其隱藏的相似性。這些氣味症狀間細微的差別，變化多樣，無窮無盡，不斷讓人感到驚訝。」[80]

可是，這種抒情的描寫並不能掩飾人們的擔心：嗅覺診斷的悠久傳統日益衰退。一八八五年，嗅覺學家莫南（Monin）憤慨人們對「因失去信譽而受到最不公正待遇」[81]的醫學觀察方式的衰落，表現得漠不關心。鼻子，這種有洞察力的器官，

以往身體的「前方哨兵」和智力的敏銳助手，因缺乏訓練，成了「人們也許並不為其衰退過於惋惜，位在臉部中央的懶鬼」[82]。不幸的是，現代人以及現代醫生的鼻子都失去了靈敏度。他們不遺餘力地訓練視覺這個感覺之王和並不怎麼可靠的聽覺和觸覺，卻放棄了嗅覺訓練，最終失去了嗅覺！這是一種驚慌的叫喊，反映出巴斯德時代來臨之際，傳統醫家的恐慌……

治療還是幻覺？

如果說醫生的著作反映了治療觀念的演化，又怎麼知道人們提倡並付諸實施的這些療法和藥物得到了有效的運用，或者僅僅是滋養了一種社會幻覺？

這個問題引發的一些困難可以由「瘟疫服裝」這個事例來闡明。這事歷來頗受爭議，且經過許多論述流行病的書籍記載，多少變了一些味道。法國劇作家安東尼‧亞陶（Antonin Artaud）的回憶有讓人怵目驚心的描寫：「死屍身上毒血四濺，呈焦炭和鴉片色，彙集在一起，形成一條條濃稠的血河。一些身穿蠟布衣服，長著一尺長鼻子，玻璃眼睛，腳穿各式日本鞋的陌生人……朗誦著荒謬的祈禱文從血河上走過。」[83]查理斯‧德洛姆（Charles Delorme）於一六一九年發明了一種「奇服」，特別是發明了嘴罩充填香料的著名防護面罩。那些抵禦瘟疫，特別是抵禦一六一五年羅馬瘟疫和一七二〇年馬賽瘟疫的人，他們真正穿過奇服，戴過防護面罩嗎？在歐洲廣泛傳播的大量文獻

和雕刻，在在使人相信他們曾這樣穿戴過。當時身在馬賽的貝特朗醫生和傅尼葉醫生強烈反對這些對醫學團體不利的「怪誕」說法。但是，其他人的證詞，如邙傑（Manget）的證詞是含糊不清的，或者坦率地講，是矛盾的。總而言之，情況很可能是謠言伴隨著希誇耶諾醫生及其同行長期存在，因為傳染論者想含沙射影地諷刺非傳染論者只是侷限地相信自己的理論。[84]

反過來說，各種證詞的核實對照，使我常常相信前人所採取之措施的真實性。但有一些消毒方法過於猛烈，恐怕從未被使用過。用煙薰消毒法給成人「薰香」，已為一些醫生的證詞證實，這些醫生承認有幾個病人因此窒息而死，並稱在實施煙薰法時，他們本人也曾與死神擦肩而過。同樣，通過炮擊為街道消毒的方法也從所引起的抗議聲中得到證實，因為炮擊對建築物造成了損害（玻璃破碎、房屋裂縫和倒塌）。

剩下來對原始資料的考證和比較往往只能得出一些純粹猜測性的推斷。事情就是如此：這種療法不是一種醫學療法，而更像一種反醫學療法，它揭示了某一種「傳染」的概念，即通過惡臭混合物給人體「塗油」的概念。這些混合物摻合了鼠疫患者的排泄物或膿液，專門傳播流行病。大量來源不同的文獻援引了這種概念，並根據不同的地點和年代，把傳染依次歸咎於痲瘋患者、猶太人、巫師、喀爾文派教徒、希望增大客源的理髮師兼外科醫生或者是準備搶劫的壞人。這些指責常

兩個埃及人正在將香料蒸餾成香油。

十八世紀初的香料盒。當時有人相信香味可以驅逐鼠疫，因此隨身攜帶這類香料盒避疫，上面還刻有老鼠圖案。

常引起政府當局的干預，有時這些干預是醫生本人採取立即行動。一五八一年，國王一道敕令批准巴黎人可就地處死當場被抓的塗油人。司法檔案保存著很多此類訴訟案件的記載，其結果常常是執行死刑[85]。可是，大多數供詞是在嚴刑拷打下得到的。所以在我看來，很難把真正幹過罪惡行徑的人與只是在一個害怕流行病的社會團體中發洩焦慮的人區分開來。

不管醫學思想所設計的方法，其實際運用如何，醫學思想已賦予嗅覺一種看來過分的重要性。嗅覺無論在理論上或實踐上都普遍存在。我認為，後一點特別重要，因為它在日常生活中產生了重大影響。從這個觀點看，氣味的功能不僅僅是醫生的事情，而且是病人和所有人的事情。這一點在醫學著作之外不可勝數的的資料中表明地更清楚，如奧維德的《變形記》（Métamorphoses），丹尼爾‧狄孚（Daniel Defoe）的《惡疫之年日誌》（Journal de peste），還有薄伽丘的《十日談》，它們都證明了大眾信仰已與醫學緊密地結合在一起。

人們借助以氣味為基礎的療法防治瘟疫，表明氣味受到人們特別的信任。從上古到十九世紀末，所有預防和治療的努力都集中於對氣味方法和氣味產品的使用和改善。對抗瘟疫的寶貴方法首先由氣味組成，從簡單的薰香消毒到化學薰蒸消毒，人們經歷了最複雜，最陌生和最濃郁的氣味成分之研製階段。這些成分由輕淡或強烈的香料，惡臭、濃烈或輕淡的氣味混合而成。直到十九世紀，儘管氣味療法明顯遭受失敗，一些醫生仍相信它是有效的，把瘟疫這類流行病的衰退和終結歸功於氣味療法。這一點只能用醫學遺產中根深蒂固的觀點來解釋：瘟疫就是氣味。人們嘗試用有生命力的香料來對抗致命的氣味；某些氣味具有奇特的治癒功效，首先就是對其致命功能所做的自然補償。

醫生們感覺到氣味具有一種真正的迷惑力，它的活力之一就在於「實體論信念」。哲學家加斯東‧巴舍拉分析了這種「實體論信念」，把它確定為很多預防方法形成的原因。尤其是這種信念肯定氣味表現了事物的本質。在我看來，包含著一些現實因素（神經生理學家認為嗅覺作為一種化學器官，把我們直接與生命和事物的

實體聯繫起來）的這種信念，很久以來已為醫學發展指明了一種「感覺論的方向」。就藥物來說，尤其是就藥效與氣味密切相關的藥材而言，這一點表現得非常明顯。其實它是一種相當古老的觀念，在十七世紀，特別是在十八世紀，就有許多人試圖從科學上解釋它。波以耳曾嘗試很多實驗以捕獲那些氣味分子，這些實驗在他的《論靈敏的氣味》（*De mira effluviorum subtilitate*）[86] 一書中有記載。至於荷蘭醫學家布爾哈夫（Herman Boerhaave），他力圖在不同的液體裏確定它們，最後得出結論，它們的氣味由一種要素構成。他沿用煉金術士的術語，把這種要素稱為「直精」。

從軀體，特別是植物中散發出「一種……浸透構成其載體的物體特性之揮發性氣體」[87] 的觀念為許多工作指明了方向。「直精」在不同情況下或具鹽性或具油性，總是具有不可思議的靈敏性、揮發性和膨脹性。這些特性促使化學家皮耶—約瑟夫·馬凱（Pierre-Joseph Macquer）懷疑它是一種具有特殊性質的氣體。某些植物中，這種物質的含量相當豐富，如果它的數量和力量發生變化，它甚至可以在最沒有氣味的植物中出現。這些植物通過蒸鍋，能發出其特有的氣味。捕獲這種不穩定的成分並盡可能長久地固定它，就成了人們蒸餾香精油所竭力達到的一個主要目標。但這只是短暫的勝利，因為這些香精油「擁有氣味揮發要素即硫精的所有特性，當硫精蒸發時，香精油將喪失所有這些特性」[88]。

實際上，氣味是「藥物的靈魂」。這種信念促使皇家醫學會會員兼皇家植物園化學家富克魯瓦（Fourcroy）根據藥物氣味對藥物進行分類。另外，一八二〇年，讓-雅克·維雷（Jean-Jacques Virey）在《藥物、食物和毒物的自然史》（*Histoire naturelle des medicamens, des alimens et des poisons*）一書中斷言：「香味對每種物質的主要藥效都適合……甚至有一些藥物僅僅存在於一個芳香族中：如橘子花、椴花、大多數的唇形科、香料、抗壞血病植物、麝香，它們失去氣味就失去了藥效。」[89]

「直精」只可能慢慢地從科學家的世界裏消逝，還將不斷地出入於藝術家和作家的世界。攝影家約瑟夫·布賴騰巴哈（Joseph Breitenbach）在一系列奇特照片中成功地使鮮花散發的香味氣息顯形，他想捕獲的不正是人們長久以來所追尋的嗎？小說家派屈克·徐四金（Patrik Suskind）筆下的主人翁讓-巴蒂斯特·格勒努耶謀殺年輕漂亮的女孩子，以獲得其生存的第五種元素與製造出控制人類心臟的香味，他想佔為己有的難道不也是這種東西嗎？

第三部

血液與乳香：香料功能溯源

在追溯香料的奇異功能時，我為下列的發現感到震驚：古代醫學中，人是按照類推方式來思考氣味和血液的。臭味是疾病、流行病和死亡之源；香味使人強壯，替人消毒，並使人健康；而好的血液，「鮮紅的血液」[1]是健康和生命的支柱，帕雷更認為，沒有什麼東西能比好的血液更適合心臟。但是，它易於腐敗，這種身體內部的腐敗更使人體容易感染來自外界的侵蝕。十八世紀中葉左右，法國醫生菲力浦·埃凱（Philippe Hecquet）表達的正是這種相對的觀念：「血液是生命的寶藏，也是死亡的寶藏，也就是說，它是最殘酷疾病的本質。」[2]數世紀以來，人們合併使用芳香劑療法和放血療法，醫學發展則暗示著這兩種明顯不相干的物質之間，存有一種極為特殊的關係。

如同放血一樣，香料的發源地確實富有十分濃厚的神秘色彩。大量使用香料樹脂的古代文明之中，香料樹脂的來源烙有某種神秘的印記。它們的品種，產地，生產條件，人們只有粗略的瞭解。對埃及人來說，外來的稀有香料來自「天國和龐特之國（Pount）」，即大致位於紅海附近的地方。希臘歷史學家希羅多德則認定香料的發源地在阿拉伯，即「世界上唯一生產香、沒藥、金合歡、樟屬植物和勞丹脂的國家。」[3]希臘的博物學家有時甚至想像，香和沒藥源於同一種樹。

這種神秘的光暈有利於許多神秘形象的發展。因此，「海上遇難者」（Naufragé）的傳說大致告訴了我們，中王國（約在西元前二○六五至一七九七年）時期的埃及人如何想像香料產地。敘述者被海浪席捲至一個樹木茂密的島嶼上，看到一條巨蛇出現在眼前。這條巨蛇長約十五公尺，滿身披著黃金，眉毛為青金石色。它對敘述者說：「我是龐特的統治者，這裏的沒藥屬於我。」[4]

希臘關於香料的故事也攙雜著神奇情節。博物學家老普林尼和哲學家泰奧夫拉斯特強調使用香的神聖特性。希羅多德認為，收割金合歡和樟屬植物是一種危險的奇遇。那些經歷奇遇的人，或將迎戰一些威脅人類眼睛、具有翅膀的動物，或者需要施用詭計來達到目的。鳳凰這種能死而復生的神鳥也來自這個地區，因此人們說牠和香料之間具有「同質」[5]。

放血也有一種神秘的氣息。按照老普林尼多次講述的一個傳說，可能是河馬替自己放血時，讓人也有了這種想法。另一種傳說記載，希臘醫生波達利爾（Podalire）從特洛伊戰爭歸來，被一場暴風雨拋到卡里國（Carie）的海岸，接著有一位牧人把他帶到國王那裏。該國王的女兒西爾納（Syrna）恰好從王宮的高處掉下來。「波達利爾替公主的兩隻胳臂放血，成功地保住了公主的性命。父親報答此種恩惠的方式就是將女兒嫁給他，並把謝爾索奈斯半島（Chersonèse）送給他作為女兒的嫁妝。」[6]

香料和放血，其來源均具傳奇性，在治療上則有著共同的命運。放血在添加香料的治療之前或之後進行：「有些人在第

一名婦女捧著血盆，
正在進行放血治療。

一次放血後，」費辛指出，「便敷上一種塗劑（加了香料的液體或粉末），但最聰明的人在放血開始時就敷上這種塗劑，然後再更換它。」[7]血液過多，即使是純淨的血液（如體液被視為「一種」血液）也代表著一種危險。靜脈血過多，容易引起一些有害的變化，因為「正如罐子裏酒越多，變成的醋就越濃，越有刺激性」。

帕雷同意，應該在靜脈過度膨脹時放血，因為血液過多會抑制自然的熱量，正如「燈油過多時燈火會熄滅一樣」[8]。但是，放血時應慎重並能判別危險與否。

然而，十七、十八世紀時，放血走向了極端。帕拉蒂（Palatine）公主證明：「醫生替我在拉特雷穆瓦耶（La Trémoille）

的表兄做了十次可怕的放血，當人們打開他的身體時，發現他死亡的原因不是其他，而是靜脈中沒有一滴血。兩年前，同一位醫生以同樣方式讓這位大人的夫人喪命」[9]。這種極端的做法與那些極度迷戀香料之人的做法越來越接近。路易十四因濫用香料，變得對任何一種香料都會過敏。

漫步在醫學和巫術的邊緣地帶，我在煉丹術醫生的著作中看到了血液與香料之間的結合。譬如阿格里帕的《神秘哲學》使中世紀煉金術的處方流傳到十六世紀。可促使有利的星體結合、使人從中受益的各種香料，與一整套關於能量好感系統或排斥厭惡系統有關，這些香料除了個別細

節外，全都出自小阿爾貝（Petit Albert）[10]的《秘訣》（Secrets）一書。藉由一隻青蛙頭，一雙公牛眼，一些白罌粟種，樟腦、乳香、經血或一隻鵝的血可以製作出月亮香料。加入了黑罌粟、天仙子、曼德拉草根、貓血和蝙蝠血可以得到土星香料。透過梣木種、蘆薈木、蘇合香脂、安息香、鹿腦髓、鸛血或燕子血可以獲得木星的恩典。通過麝香、琥珀、紅玫瑰、鳴禽腦髓和鴿子血可以得到金星的恩典。而透過乳香、丁子香花蕾、狐腦髓或鼬腦髓和一隻喜鵲血可以獲得水星的庇護。

一些評論家提出，這些處方有一種隱藏的意義。因此，「青蛙頭」將改換成毛茛，「公牛眼」則是紅色的石竹，「腦髓」為櫻桃樹脂或樹膠，「血」為龍血，即龍血樹的樹脂。[11]然而，當阿格里帕想證明某些香膏有效力以「讓人受到寵愛」時，他提出了一種涉及血液用法的解釋。因為人們的「靈魂」由一種血氣組成，所以，「用類似的揮發性氣體組成這些香膏是必要的。這些揮發性氣體在實體上與我們的靈魂不再有關係，也不再通過其相似性和轉化來吸引我們的靈魂」[12]。但是，若直接地或者用密碼解讀這些旨在博得天體或垂涎者寵愛的「香料」，你將發現，香料和血液，不論是否具有象徵意義，都發揮媒介的作用，這點是無可爭論的。

在不同的文明之中，我發現了更多有關這種合作媒介的證明，特別是向諸神提問或者隆重慶祝人與人之間締約時。正是在月桂芳香劑的薰蒸消毒中，阿波羅的女祭司才開恩宣佈神諭；透過把手伸進香料的儀式，阿拉伯人才締結重要的盟約。在阿爾戈斯（Argos），女占卜者喝完羔羊血才做預卜，阿拉伯人締結「薰香者」條約之前，會把手伸進血液。血液和香料這兩種物質經常出現在表現神聖的活動中，令我們捫心自問：它們之間是否存在一種更深刻的聯繫，而不僅僅是一種簡單的功能上的相似性？這種更深刻的聯繫，是否可用來解釋並賦予香料各種功能的重要性？

正在噴灑香水的埃及貴族婦女。化梳臺上擺發了各式芳香化妝品及香水瓶。

第五章　血液、乳香與神聖事物

「香料、祭品和聖油進來了，到處散發著它們的氣味。它們打開了一切根本和天國之門，以使人類能夠透過這些門看到造物主的秘密。」

阿格里帕，《神秘哲學》

禮儀習俗

　　古老的祭禮早就證明了血液與香料的使用一直是相連的。神聖的樹木、石柱和石頭常常用芳香的油與獻祭者的血來裝飾、薰香和塗抹。在希臘，特別是克里特島，某些石頭和樹木會被血敷抹，用香料澆祭。在印度，人們把作為祭品的動物或人吊在受人崇拜且塗滿香料的大樹枝頭。而語言學亦證實，巴勒斯坦存在類似的習俗：在夜湖達（Judée，現今巴勒斯坦受以色列佔據的地區之南邊）的莫阿伯城（Moab），有一個重要的史前巨石建築遺址，叫埃爾—馬雷格阿特（El-Mareighât），它們全是「抹了塗料的石頭」。還有一個加利利（Galilée，位於南巴勒斯坦，約旦的東方）石棚，名叫哈伊·艾德—達姆（Hajr de-Damn），即「血石」[1] 的意思。但是，血液與香料的這

種聯盟並不是最原始之宗教表現的特權，在進化社會中的各種宗教也能碰到，不管是多神論還是一神論。我們從埃及人、希伯來人和阿茲特克人借來三個例子闡明，無論是祭祀或盛大慶典，血液與乳香間的聯繫，就如同敷了聖油的神璽就屬於祭司或國王一般。

埃及人宰牛祭神與木乃伊

　　在埃德福神廟（Edfou）壁上，用象形文字刻著一個處方，它就是奇斐（kyphi）配方，奇斐是一種「雙倍香」的香料。這個配方的主要成分有蜂蜜、酒、香檸檬、檀香、葡萄、沒藥、染料木、斯托埃南特香、虎耳草、藏紅花、刺柏、小豆蔻、百香果和蘆葦。配製這種香時，應先把這些成分磨細，然後進行篩選，從中提取最芳香的部分，最後用綠洲酒調製。

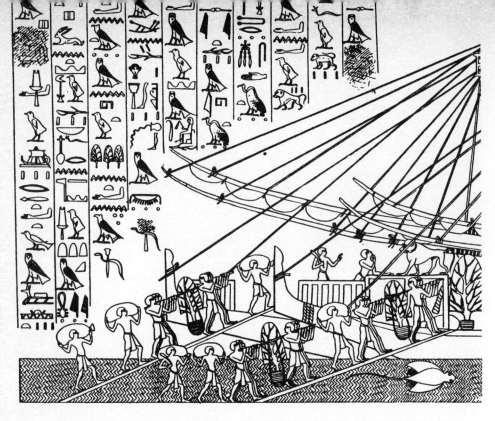

女法老王哈謝普蘇巡行至乳香之國——龐特國——壁畫（局部）。士兵們正將一株株的乳香樹搬運上船。

普魯塔克記載了這種廣為希臘人和羅馬人採用的配方。

　　請看這樣一個畫面：戴爾‧埃爾─巴阿裏（Deir el-Bahari）神廟牆壁上有一幅壁畫，描繪了埃及人奉女法老王哈謝普蘇（Hatshepsout，埃及新王國時期的掌權者）之命赴龐特國探險的故事。五艘船啟航出征，每艘船上有三十個操槳划船的人和一幅巨帆。當五艘船到達天國時，使者們受到「龐特大帝」帕羅烏（Parohou）的歡迎。站在大帝身邊的還有他妻子、孩子和傭人。埃及大船重新啟航，滿載著珍貴的貨物：象牙、黃金、猴子、豹、奴隸、沒藥和乳香。當他們到達埃及時，在帶給女王的所有禮物中，那三十一棵綠色的乳香樹苗尤其引人注目。

　　的確，紙莎草紙上的圖案和淺浮雕反映的，主要都是將香料奉獻給神、統治者和亡者，作為祭品的神聖功能，甚至連香料製作都與宗教密切相關。奇斐配方會出現在埃德福神廟，是因為在埃德福神廟內有實驗室，而實驗室的香料師就是祭司。每天，這些祭司向神獻上三種香料：早晨為樹脂，中午為沒藥，晚上為奇斐香料。塔赫蒂姆斯三世（Tahutimes III）、拉姆蘇三世（Râmessu III）和萬塞爾馬阿特─拉

士兵手持著自龐特國
攜回的香草。

四世（Usermâât-Râ IV）的編年史中曾提到，每逢重大的宗教節日，都要消耗大量的芳香物質。這些芳香物質出現在盛大隆重的宗教儀式隊伍裏：「在這種宗教儀式中，人們看到有一百二十個小孩和一群單峰駝。小孩捧著內裝乳香、沒藥和藏紅花的金瓶；單峰駝有的載著三百升乳香，有的載著藏紅花、桂皮、樟屬植物、鳶尾花和其他珍貴香料。」[2] 節日期間，神的雕像要敷上九次香油，而平時只需敷一次紫花歐瑞香油。國王也要敷這些香油，以表明國王與神的地位是相同的。

　　儘管宗教儀式中大量運用香料物質，卻並不排斥血的祭品。對拉神（Râ，埃及的太陽神，頭部像隻鳥）的崇拜即是一例。潘海－邁賴－阿門（Panhy-Mery-Amen）的象形文字記載了國王在日出時，獻上牛、芳香樹膠作為祭品，然後用乳香淨身。希羅多德記載了當時人們整理屍體的許多細節；在把這些屍體投入烈火

之前，不僅要用麵包、蜂蜜、葡萄、無花果「填充」，而且要用乳香、沒藥和其他香料塗抹。在卡娜克（Karnak）神廟壁上刻著彭－法－奧爾（Pen-Fa-Our）的詩篇，拉美西斯二世（Ramsès II）開赴戰場時，就是用這些話提請阿蒙神（Ammon）注意他獻上的祭品：「在許多輝煌的節日裏，我沒有為您舉行儀式嗎？……我宰殺了三萬頭牛，還獻上所有芬芳的草本植物和最好的香料作為祭品。」[3]

　　古埃及的葬禮還證明了香料是十分重要的，它們被看作是神的內在表現，能在兩個方面發揮作用。一方面，它們能阻止死者腐爛（這是他死後繼續存在的必要條件），另一方面，又能為死者傳播香味，使他成為一個「有香味的人」，一尊神祇。這種雙重作用表現在使用防腐香料保存屍體儀式的兩個程序中：祭司專用的技術說明和隨從人員禮拜儀式的形式。

　　屍體經過長時間（四十天至七十天不

拉美西斯二世祭祀時
為神明獻上香。

等）停放，並經各種專家手術處理（拔毛
髮，切除大腦，摘除內臟，用摻有香料的
棕櫚酒清洗，用裝有乾燥小蘇打的袋子和
樹脂樹膠填充以吸收體液，鹽漬，然後再
用其他物質填充以使之恢復體積）之後，
接受一連串的聖油敷抹。

第一個敷油的部位是頭。用優質乳香
油塗抹頭部的時候，主祭們口中念著咒
語。這些咒語能使乳香（即「能把某物神
化的東西」，神的揮發物）產生崇高的蛻
變：「啊！奧西裏斯 N!（O! Osiris N！）
〔N 代表著用防腐香料保存遺體的死者姓
名〕，您用的乳香來自奧波勒國
（Opone，非洲東岸的古老商業中心），因
為它會使您的氣味更好，並成為神的氣
味。您的體液來自瑞神（Rê，埃及的太
陽神），因此氣味更好……崇高之神的香
味是您的乳香；您的木乃伊香味十全十

美，不會揮發。」[4]

接著為身體、肩膀至腳掌灑上香味，
這可使死者再生，也是他在陰間旅行不可
缺少的：「請接受節日的香料，它可以使
您的身體更美！……這種勞丹脂香料源於
瑞神，它的存在就是為了創造您的身體，
刺激您的心臟。它能使您走向和平，直到
寬大的杜阿特[5]（Douat）冥河。它的勞丹
脂香味就是您[6]在陰間各郡的氣味！……
願諸神的汗液浸入您的心田，願瑞神的保
護延伸到您的身體，願您能到達各郡的聖
地聖土，願您借助來自奧波勒國的神聖汗
液，在陰陽兩國做您喜愛之事。」[7]

當祭司們把死者內臟放進裝滿香脂的
瓶子，用香料油揉捏死者的身體，並開始
繞著那些繃帶時，就會不斷想起香料本
身，還有其與諸神間在器官、肉體和體液
上的聯繫。用芳香油按摩死者背部使之柔

圖坦卡門（Tutankhamun）的妻子正為他塗抹香油，圖出自圖坦卡門墓中王座背後裝飾（約西元前1330年）

古埃及人製作木乃伊時
保存死者內臟的瓶子。

軟後，用香料對屍體進行防腐處理的人就對死者說：「請接納這種油，接納這種香脂吧！請接受生命的聖油……請接受諸神的汗液，請接受來自拉神的體液，請接受楚神（Chu，拉神之子）的咳痰，請接受奧西裏斯的聖體，請接受蓋伯神（Geb，埃及的大地之神）的汗液，請接受催生的液體。」

讓死者張口的儀式，旨在賦予國王和神的雕像生命，在提裏特（thinites）法老時代（西元前三二〇〇至二六三五年，埃及的第一與第二王朝時代）更將之納入葬禮。它借助了芳香物質的滋補、淨化、保護和通靈的功能。為屍體重新吹入有生命力的氣息之前，主祭，也就是高級祭司，把五個乳香小丸貼在屍體嘴巴、眼睛、胳膊上，以使變成乾屍的屍體淨化；主祭口

中念念有詞以增強這種淨化作用。接著，祭司用十分純粹的乳香對屍體進行薰香消毒，使屍體「清潔乾淨」，「更加美麗」，再把屍體緊緊地裹起來，使神聖的香料侵入屍體體內。反過來說，這種神聖物質又可讓死者變得神聖。祭司一邊施作一邊大聲地說：「你好，乳香！你好，乳香！你好，賀拉斯（Horus）的生成之物！某某呀（死者名字），你因乳香而更加純潔，你被命名為『因乳香而純潔的人』……你被命名為『有香味的人』。」因為死者有高雅的香味，今後能與諸神聯繫，在靠近諸神的天國散發這種高雅的香味，並與諸神崇高的氣味混合在一起：

　　某某呀，你乳香的氣味飄去了，
　　諸神啊！你們的香味飄來了，

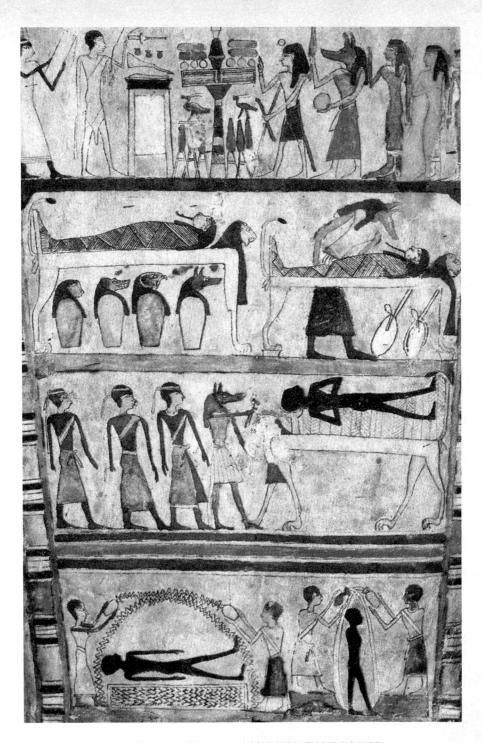

古埃及人製作木乃伊的流程,包括一連串繁複的塗抹香油與防腐處理過程。

諸神啊！某某的香味向你們飄去了，
願他與諸神同在，願諸神與他同在！

願他與諸神一同生活，願諸神與他一同生活！

願你們喜愛他，諸神啊，喜愛他吧，諸神！[8]

「永久香料」與「結盟之血」

耶和華（Yahvé）與其子民之間也是通過血液與香料建立起基本條約。他們之間享有的特權關係首先是藉由「結盟之血」和「永久香料」來表現。在希伯來人的宗教中，這兩種毫無關聯的物質雖受到一些禁忌與律法的限制，但在許多主要場合中還是聯繫在一起。

祭司們獻給上帝的神聖香料與世俗的香料不同。摩西得到的啟示如下：「取香料物質：樹脂、謝埃萊香脂、古蓬香脂和純乳香各等份，按香料師的製作方法，混合製成一種香料，一種有香味，有鹹味，純淨，神聖的混合香。」[9] 這種神聖的香料應該在祭臺上焚燒。祭台本身也是按照上帝的旨意建造的：「你還將建造一個祭台以作焚香之用。你將用金合歡屬木料建造祭台：它長約半米，寬約半米，為正方形；高度約為一米，兩頭都翹起來。你將用純金裝飾它的上部、壁板和翹角；你將在它四圍嵌上金線腳，在兩端的金線腳下面配上兩個金吊環。你用金合歡屬木做柵欄，並用黃金裝飾它們。」[10]

聖油是給聖體龕、聖約櫃、各種祭台和祭儀器具祝聖時使用的，它也為阿隆（Aaron，被認為是猶太聖職體系的建立者）及其子孫們祝聖，讓他們把司鐸的職位一代一代傳下去。聖油是「根據香料師的工藝複合而成的一種芳香混合物」[11]。一些嚴格的規定強調了這些芳香成分在祭儀中的重要性。它們由祭司們配製，專供耶和華使用，既不能偽造，也不能做世俗之用，違者處以死刑。只有阿隆種族的祭司能奉獻永久的香料，而不會有死亡的危險。這一點從忽視摩西警告的科雷（Coré，《聖經》中領導人民反抗摩西的英雄）及其支持者所遭遇的命運得到證實。[12]

血液是上帝與其臣民之間原始的結合要素。血約，在《聖經》[13]中獲得證明，在《新約》[14]中得到延續，通過割禮獲得更新，並保持永久：「你們每一代中所有男子在出生後第八天施行割禮，不論出生在家裏，還是賣給外人：因此，你的肌膚上將有我與你永久結盟的印記。」[15] 在奉獻祭品時，屠宰動物的血可以根據不同儀式產生不同的用途，《聖經》甚至對此做了細膩的描述。灑在祭台和犧牲者屍體上的血，還可用來給信徒和教士灑聖水。血作為祭獻物有兩個功能，一是使祭獻者純潔，二是與上帝交流；其中一個功能控制另一個功能。它們主要是使祭獻者得以贖罪因而變得純潔：「我允許你在祭臺上用血為你的生命贖罪，因為通過血液中的生命要素，血才能贖罪。」[16]

《聖經》中的許多章節把香料與血液緊密地聯繫在一起。亞伯拉罕是在莫里亞

猶太祭司在祭壇上焚香。

（Moria，在希伯來語中，Mor 表示香料）準備把獨生子獻給上帝。阿隆及其子孫祝聖的儀式證明了摩西曾向他們灑過聖油和犧牲者的血：「你宰殺公羊，取其部分血；你把它塗在阿隆耳朵上部及其子孫耳朵上部……然後，你取祭台上的血和聖油，當作聖水灑在阿隆及其衣服，還有阿隆的子孫及其衣服上。於是，阿隆及其衣服，以及阿隆的子孫及其衣服因而變得神聖。」[17] 在哈塔特祭品（hattat，古代彌撒中的神聖祭品）中也可找到血液與香料的這種結合。當一名猶太人不小心違抗了耶和華的戒律時，就要獻上這種祭品。同樣值得注意的是，猶太人燔祭時祭台的祝聖儀式可以用香料油來敷油，而焚燒香料的祭台每年的淨禮，卻不能接受任何燔祭的祭品，只能塗血。」

「珍貴的水」和柯巴樹脂

阿茲特克人的宗教把人血祭品的運用推向頂峰，而這種做法在他們關於宇宙起源的神話傳說中根深蒂固。他們的神話傳說認為，用血祭神是宇宙運行所不可缺少的。起初，宇宙是黑暗的，為了照亮世界，諸神聚集在一起，其中兩位神跳進了熾熱的炭火中，從而誕生了太陽和月亮。但是，當這兩個天體在地平線升起以後，就停留在那裏一動也不動。諸神焦急不安，就派一位使者去問太陽為什麼惰性十足，毫無生氣。太陽回答說，為了獲得生命力和保持運轉，它需要其他神的血。於是，所有的神都決定犧牲自己，以他們的血餵養太陽和月亮。

以人獻祭的做法繼承了最初祭神的犧牲方式。阿茲特克人的肖像學和雕塑藝術所描述的太陽通常是一隻鷹，鷹爪之間夾著一個血淋淋的心臟。人類要不斷滿足這種嗜血成性的獵食性動物的貪婪，否則世

在阿茲特克人的繪畫中老
鷹即代表太陽。

界又將回到最初的黑暗裡。

在這種宗教體系中，藉由剖出心臟，積聚鮮血來祭神，已成為典範。犧牲者登上通往神廟頂端的樓梯，在那裏，祭司捉住犧牲者，按倒在微微凸起的祭石上，使犧牲者的胸脯凸出。然後，其中四位祭司把犧牲者的頭和四肢緊緊按住，主祭司用一把燧石刀剖開他的胸腔，把手伸進去，掏出心臟。主祭司把心臟獻給太陽，然後把它放在器皿裏。另一位主祭把一根麥稈插進犧牲者敞開的傷口，從裏面取出血，大量地灑在犧牲者的屍體上。接著，把仍有溫度的屍體從金字塔高處扔下來，一直滾落到階梯底下。

血還出現在只有祭司們遵守的某些習俗中。據傳教士兼考古學者貝爾納迪諾·德薩拉甘（Bernardino de Sahagun）弟兄的說法，祭司們透過吹號角來喚醒彼此，用黑曜石小刀在耳朵上切口子，用龍舌蘭刺戳各自的傷口。流血量的多少與每個人的虔敬程度成正比。

然而，這些宗教儀式也非常重視香料。所使用的芳香樹膠是一種白色樹脂：柯巴（copal）。祭司們早晚在神廟獻上這種樹脂，他們把這種樹脂放在長柄陶土沙鍋裏。沙鍋上鑲有雕刻件，飾以鈴鐺。平民百姓早晚也向擺放在房屋和庭院裏的崇拜物件焚香。此外嚴格說來，許多人也在宗教生活之外焚香。例如，審判官們在工作之前焚香，他們焚燒樹脂以祭拜眾神，祈求他們保護。香料與血液的結合，不僅在各種宗教儀式中看來是緊密的，而且在其他莊嚴場合也是如此。戰爭因為有戰俘，為神提供了主要的犧牲者，在阿茲特克語中被稱為「克索希亞奧亞特爾」（xochiyaoyotl），即「開滿花的戰爭」。在

阿茲特克取活人心臟獻祭的畫面。

將被犧牲的前一個夜晚,將被獻祭的人聞著散發出令人陶醉香味的香草。被安排獻祭給玉米女神西洛倫(Xilonen)的犧牲者,臨死前會在阿茲特克人曆法的四個代表性時刻奉獻乳香祭品。這些獻祭過程中,常常出現香料與血液的結合:「當那些暴君碰巧走過西洛倫女神的跟前,他們在自己的腳印上撒上乳香⋯⋯有人把一個女人送上神廟頂部。在那裏,有另一個人抓住她,讓她臉部朝天、再背在自己身上;旁邊另有一個人手起刀落,砍掉她的頭顱,然後馬上打開她的胸腔,掏出心臟,扔到一個碗裏⋯⋯」[18] 為鹽神「尤克斯托西尤亞特爾」(Uixtociuatl)犧牲的這個女人,戴著「被稱作『伊茲托亞特爾』(iztauhyatl),類似卡斯蒂利亞(Castille)[19] 乳香的香草花冠」和花環走向死亡。那些負責把犧牲者扔進火盆的人,「用他們隨身攜帶的小袋中的乳香在犧牲者臉上撒粉,而且大把大把地撒」[20]。

這種連結還出現在挑選國王的儀式中。當選的國王左手拿一個裝滿乳香的袋子,右手提一個用犧牲者的頭顱裝飾的香爐,在人群的注視下,登上尤特齊洛普希(Uitzilopochtli)神廟的階梯,向神像奉香;然後參事們也奉行同樣的儀式。接下來,國王和大臣步入殿堂,以苦行贖罪;他們奉獻鮮血和乳香,每天兩次,中午和午夜各一次。

在泰諾克蒂朗(Tenochtitlan)大神廟的遺跡中,找到一些石刀,刀柄部份有一個樹脂球;這古怪的東西可能象徵血液與香料的結合。這種結合在阿茲特克人、猶太人和埃及人等各種傳統儀式中皆有所表現。石刀本是準備擊打「珍貴之水」使其迸出水花的武器,卻散發出一種沁人心脾的香味。所以,血液和乳香,看來理所當然地盡力履行著同一職責,即建立人與神

在神廟最頂端舉行的阿茲特克人祭祭典。

之間的聯繫。

神聖的氣味

「以神聖的氣味生存」，「以神聖的氣味死亡」，這並不是一些純粹抽象的話語。聖徒傳記故事力求賦予它們具體的內容，某些聖徒或者神秘主義者也許享有在生前與死後散發香氣的特權，這些香氣常常被視為超自然之物所起的作用。教宗伯努瓦十四世（Benoît XIV）寫道：「讓人體自然而然地不發出臭氣，這是有可能的；但讓人體發出香味，這是超自然的事情……」並且他補充說，這種討人喜歡的氣味「之所以產生，如果現在或者過去都不存在任何自然原因，那就應歸結於更高一層的原因，即這是個奇蹟」[21]。

和肉體不朽相比，屍體散發香味要更勝一籌，因為它保證了逝者的神聖性。科蘭・德普朗西（Collin de Plancy）在《聖物聖像評論詞典》（*Dictionnaire critique des reliques et des images*）中指出，十三世紀，有一萬一千名處女崇奉聖女於敘勒（Ursule，傳說於敘勒拒婚希望能保持處女之身以終身侍奉神，因此與另外十位處女逃離自己的家國，乘船來到科隆，雖被擄獲仍堅持此願，因而犧牲），其中幾位的遺骸存放在一個西都會修道院裏。這些神聖的屍骨放在教堂唱詩班，開始發出難聞的氣味。修道院院長察覺到這是魔鬼的惡意，就懇求惡魔暴露原形。「突然，人們看見一塊大馬頷骨從聖骨堆中冒出來，被人從教堂裏扔了出去。自此，聞到可怕的臭味之後，十分芳香的氣味便會接踵而來：因此修道士們對上帝感激不盡。」[22]若不是魔鬼在其中摻合的話，一位聖人的屍骨不可能有這樣難聞的味道。科蘭・德普朗西用一種無視傳統觀念的嘲諷語氣補充說：「這種信條無疑是說給褻瀆宗教的人聽的。」

冥土的氣味

把香味與神聖相連結毫不令人驚奇。實際上，聖人與冥土之間的聯繫是種特權，甚至聖人生前就可以說是住在天堂的候見室裏。然而，根據傳統，這種地方被描述為洋溢著美妙氣味。這種觀念直接沿

手中握著帶有香脂球石刀的阿茲特克武士們。

襲了古代文化中的異教思想；在作家普魯塔克看來，萊泰河（Léthé）上「清風徐徐，帶來一些特別淫蕩的氣味，讓人生出一股飄然醉意。靈魂吮吸著這些清香，喜笑顏開，友情融融」[23]。呂西安也提到一些香島，在那裏，真福者生活在一座黃金城裏，有一條沒藥河從該城流過。從這一點來看，異教的樂土和基督教的天堂沒有任何分歧。格列戈裏・德圖爾斯（Grégoire de Tours）把基督教的天堂描繪成「一片遼闊草原，有一種絕妙的香味不斷彌漫在那裏。」[24] 聖馬克沁（Saint Maxime）也從基督教的天堂呼吸到「一種不能模擬的香味，這種氣味發自春天裏最美麗的花朵」。至於聖人索弗

（Sauve），他認為天堂的氣味可代替食物和飲料。而當他按照上帝的旨意，不得不重返人間時，他哭著大聲說：「香味把我拋棄了。」

作為這種嗅覺象徵的一種自然裝飾，地獄和煉獄就像古代的冥府，彌漫其中的全都是惡臭和窒息。呂西安所想像臭氣薰天的島嶼上流著血和泥，燃燒著火焰，像極了十二世紀西都會修士亨利・德薩爾特雷（Henry de Saltrey）描述的地獄。這位修士筆下的主人翁厄尼斯（OEnus）騎士首先發現了煉獄，在那裏，流淌著一條冰凍惡臭的河，有一口井噴出縷縷火焰。然後他又到了地獄，那是一個更叫人作嘔的地方，到處充滿著硫蒸氣。「瘟疫般的氣

聖女於敘勒與十位處女。圖出自
La Chiesa Dis Clemente 教堂壁畫。

味」[25] 和「可怕的臭味」同樣代表了聖女
泰蕾茲（Sainte Thérèse）和聖女韋羅妮克
（Sainte Véronique）對地獄的看法。

所有冥土的幻想者都同意地獄發出惡
臭，而天堂有著無法模擬的香味，因為在
所有感官經驗中，嗅覺是最能夠具體感知
冥土的感覺。

神秘主義者的香味

「在上帝面前，我們是基督的香味。」
保羅在他的第二封科林斯（Corinthiens）
書簡中寫道。信徒用的這個隱喻，被許多
聖人和神秘主義者按字面意義來領會。有
關的記敘和證據常常賦予聖人們散發氣味
的能力，而且這些氣味大多數是植物性
的。根據考證聖徒傳記資料得知，存在的
並不是單一聖人的氣味，而是多種以不同

方式組合而成的聖人氣味。按于貝爾・拉
爾謝（Hubert Larcher）的說法，聖人莉德
維娜・德謝當（Lydwyne de Schiedam）的
氣味由七種香味組成，它們是桂皮、折斷
的鮮花、生薑、丁子香花蕾、百合、玫瑰
和香菫菜。庇奧神父（Le Padre Pio，首
位受過五傷即宗教懲罰的神父）僅能得到
六種香味，聖女大德蘭則是四種香味，特
雷韋爾（Trévère）為三種香味，巴西利薩
（Basilissa）為兩種香味。在世俗世界裡，
這些不同的成分構成了名符其實的花束。

聖人香味與世俗香味間的相似性並非
只限於此。與世俗香味一樣，聖人香味也
會隨時揮發和變化。借用香料師的語言來
說，先是頭上的氣味，接著是心臟氣味，
然後是尾部氣味發生變化。譬如，聖女大
德蘭的聖人氣味在其死後發生變化。先是

天堂總是被描繪成充滿與花果香氣的地方。〈天堂花園〉（約繪於 1410 年）。

百合花和鳶尾香味，接著是香菫菜和茉莉花香味變了。聖女莉德維娜的氣味也產生了變化。玫瑰、香菫菜和百合花的香味取代了頭部桂皮、生薑和丁子香花蕾的香味。

因此，聖人和神秘主義者的香味被人當作他們與神的特殊關係的證據。而且這種香味也是神的手段和結果。精神壓力和禁慾使人類脫離了動物性，從而也擺脫了與腐爛聯繫在一起的氣味。同時，人體產生昇華需求，而受困的靈魂亦從一個世界超脫到另一個可以參與神祇香氣的世界。

聖人氣味既是獻給上帝的祭品，又是上帝的賜品，對於一般人來說，它是散發這種香味的人的獨特標誌；特別是放棄了肉體慾望的人的特權。這是它所有特性中首先被人強調的一點。可以這樣說，聖人正是犧牲了自己的肉體才靠近了上帝，但是，他獻給上帝的不是血，而是他因懺悔而變得聖潔的體香。

血與神聖的氣味

從我們所認為的唯心主義觀點來看，聖人的氣味是一個身體健康的靈魂，終於

耶穌與聖母在充滿花香的花園裡。洛赫納（Stefan Lochner，1400 — 1451）所繪的〈玫瑰花架下的聖母〉（1450）。

聖女大德蘭。

將軀體提升到高尚的精神層面。它擺脫了與身體之間的聯繫，因此使身體變得「更敏捷，更柔軟，更堅固和更強壯」[26]。這種觀念大概不能使理性主義者滿意，因為對他們來說，應該可以提出其他解釋。因此，在禁欲和散發好聞體味之間有時也建立起一種聯繫。在與性有關的活動中無法釋放的某些物質，根據新陳代謝的規則，可能產生一種有助於抑制這些香味的反應，而科學評論所關注的焦點正是血液現象。

聖徒傳記的作者們對聖人散發氣味和軀體不腐爛的現象進行比較，早已闢出了一條道路。往往在聖人死後，這些香味才散發出來，有時則持續很長一段時間。然而，這種不腐爛狀態與血液不腐敗密切相關。有關聖女大德蘭的一篇文章特別強調

了這個關聯。為她檢查身體的人首先強調「她發出的氣味芬芳美妙，她的身體新鮮美麗，看起來像活人似的」[27]。然後，他用一種更臨床的眼光觀察：「我開始翻動她的屍體，仔細觀察；我注意到，她肩部附近有個地方特別紅潤。我把它指給其他人看，對他們說，那裏有鮮血。我把血塗在一件襯衣上，襯衣立刻染紅了；我又要人把它塗在另一件襯衣上，那件襯衣同樣染紅了。然而，她的皮膚絲毫未損，無任何傷口和裂痕。我把臉貼在我們的聖母肩上，思索著這種奇蹟的偉大，因為她死去十二年了，而她的血卻像活人那樣流著。」

因為傷痕和傷口通常是香味的來源，所以為聖人氣味尋求實證主義解釋的人，基本上都轉向研究科學可描述和可觀察的

與天堂或聖人相關的繪畫中多是綴滿鮮花，
以香氣展現神聖的氛圍。魯本斯（Peter Paul
Rubens， 1577－1640）所繪〈聖母加冕〉
（1618－1620）局部。

要素──血，這就不足為奇了。

因此，經常有人提出聖人氣味與血液
成分變化之間具有連結。但是，這些變化
的起因有著各種各樣的理由；在某些人看
來，應該研究苦行者的飲食習慣。一種完
全植物性的、一再被禁食者中斷的飲食，
也許可以淨化血液，發出未消化的植物氣
味：血液裏含有食物的成分，血液中將不
再有或幾乎不再有尿素。血液，正如不同
方式食用的植物一樣，它代表著另一種芳
香⋯⋯「在此，氣味的產生，不是因為液
體的或氣體的分泌物，而是因為血液中的
氣體。」[28]

某些醫生認為，血液成分中的這些變
化是由神經錯亂引起的，從一些歇斯底里
症病人會散發香味即可以得到闡明。其他
的醫生，如喬治・杜馬（Georges Dumas）
認為，這些現象既源於營養障礙，又源於

神經錯亂。當桂皮、丁子香花蕾、柑樹、
波羅樹、玫瑰、香堇菜、茉莉花等消化不
完全時，血液中有著酒精（乙醛、丙酮）
和乙醚產生的芳香液體，因而出現香味。
如果消化正常，所有這些香料將會燃燒完
全、氧化，並生成水、碳酸和尿素。但
是，身體組織吸收營養的過程減弱，所有
這些氣味物質因呼吸、汗液和皮膚而銷聲
匿跡：「營養障礙和神經錯亂看來足以使
我們意識到曾經讓聖徒傳記作者震驚的現
象，正如深層的營養攝取最終取決於減緩
或加速交換的神經系統。所以，毫無疑
問，神經病患者幾乎常常發出聖人氣
味。」[29]

特別要指出的是，血液中出現的丙酮
把這種討人喜歡的、被聖徒傳記作者稱為
聖人氣味的東西，帶到病人的呼吸和尿液
裡；於是，各種芳香失去了神秘性，而聖

地獄裡惡臭泥濘、火焰薰天的恐怖景象。布魯格爾繪於 1564 年。

女大德蘭花香一樣的氣味也變成了糖尿病酮血症的氣味。

所有這些假設，把產生「聖人氣味」的血液變化之起因歸結是體液或者病理造成的。但有另外一種觀念卻持相反意見，這種觀念把神秘香味限定為因禁慾而獲得淨化的血液的氣味，或者反過來看，把神秘香味限定為因疾病或「聖人神經症」而造成血液變質的氣味。此種觀念特別獲得醫生拉爾謝（Larcher）的支持，她力求把精神層面歸入這種純粹是由物質引發變化的體系裡。拉爾謝醫生試圖調和理性主義和唯心主義的觀點，並斷言這些氣味有化學基質，是新陳代謝的紊亂產生了這些化學基質。不過，血液成分的變化能產生聖人香味，這點無論如何也不能歸結為體液現象或者病理學現象。神秘的生命透過生命本身所引起有機體深層變化，而對新陳代謝的過程和血液成分造成影響。心醉神迷大概可以解釋這種不完全燃燒、以及在血液環境中出現的這些新的芬芳物質。由緩慢的氧化過程中釋放出酒精、乙醚和丙酮，與存在於血紅素中的物質混合一起，散發出植物的香味：「其實，完全可以理解的是，神秘生命的目的就是在某些情況下減緩新陳代謝過程，尤其是減慢糖的燃燒，由此形成一些芳香化合物。」[30]

總之，對身體產生作用的思想決定了一連串的現象，直到出現神聖的香氣：心醉神迷的狀態抑制了燃燒，因此有機體之中產生酒精和其他鮮見的物質，「精神狀態終將引起一種神秘變化，使得精神從與體液的聯繫中獲得解放，進而有助於飛躍」[31]。

精神達到頂峰的片刻可把整個有機體弄亂，使它不再有相同的需求，使血液建立起更自由、更脫離肉體聯繫、更美和更芬芳的綜合。聖人氣味產生於酒精成分最高和最「有靈性」的血酶，從這種起因中，聖人氣味獲得了引人注目的能力：芳香，有力，持久，彌漫方式特別，以及具有防腐消炎的特性。

藉由提出自己的論點，拉爾謝還解釋了聖人氣味產生的一些附帶現象。心醉神迷時，流入血液的酒精與毫無理由的酒醉並非完全不相干。正如某些麻醉品可以產生人為的天堂，這些酒精打開了認識冥土的大門。這種嗅覺上的迷醉狀態，可使精神奕奕閃耀，而不是黯淡無光，使我們在常人的隱秘世界裏看得見，摸得著它。有好幾個圍繞在聖人大德蘭修女的靈床前的修女，異口同聲地提到了「天堂幻影」，這件事大概與這個過程有關。「然而，應該考慮到聖人氣味當時非常強烈，甚至讓人難以忍受，它的分子有可能對這些修女的神經系統與心理功能產生作用。」[32]

聖人氣味，經久不息，力量驚人，和任何其他祭品相比，可以象徵性地看作更討上帝喜歡的一種祭品，因為它把兩種基本的祭品要素聯合起來了：那就是血液和香料。

第六章　血液與乳香，生命的要素

「氣味，只有氣味才製造了神話。」
加斯東・巴舍拉《火的詩學片段》（*Fragments d'une poétique du feu*）

血液，生命的象徵

從最遠古的年代起，血液就自然而然地被看作生命的本質。這種想法或許基於以下的觀察：喪失血液導致生命力減弱，大量失血將不可避免地引起死亡。當身體流出血液，生命也隨之消失。「生物的生命本質存於血液之中。」《利未記》（*Lévitique*）[1] 這樣寫道。這種「客觀的」見解發展出一種想法，即血液這種珍貴的液體裏隱藏著靈魂、甚至還有思維。回答《生死書》（*Livre des morts*）的祈禱：「你好！太陽，血液中的靈魂」[2] 時，希臘哲學家恩培多克勒肯定地說，「被人們稱之為思維的主要場所」[3] 就是心臟中迴流的血液。

這種把血液「精神化」的做法，可以解釋為什麼血液過去經常是受到禁止且被規範的主題。不論是猶太人，印第安黑爾（Hare）和多格里布（Dogrib）部落，或

者南非特蘭斯瓦省（Transvaal）北部班圖部落的馬萊帕斯人（Malépas），都曾發生人們拒絕吞下血液的事情。《舊約》毫不含糊地譴責了人類吞食血液這件事：「請下定決心，不要吃喝血液。因為血液就是靈魂，你不應該在吃肉時吃掉靈魂。」[4]

有的人認為，流血能夠解放靈魂，但實際上這種解放可能帶來有害的後果。許多禁忌旨在避免血液的流失。暹羅人為王室犯人執行死刑時，一則讓他們挨餓，一則讓他們窒息，或在他們胃中強行插入一塊芬芳的檀香木，要不然就把他們放進燒鍋裡，用木夯搗碎他們。不同種族的人都會採用這些「不流血的」行刑方式，因此這些不同方式可列成一張很長的名單。一六六〇年克利斯琴（Christian）上尉被曼島（île de Man，位在愛爾蘭與英國之間）政府判處死刑，為了讓他的血不落在地上，人們在行刑現場鋪上蓋布。澳大利亞

先在樹皮上輕劃出刀痕
以收取樹脂或樹汁。

的班圖人為男孩施行割禮時，讓男人墊在他們身下，以免男孩的血與地面接觸。法屬玻里尼西群島中的馬基斯島（les îles Marquises）和塞萊貝島（Célèbes），人們也因同樣的理由收集產婦的血：「在塞萊貝島南部，婦女分娩時，有一個女奴隸站在房子下面（因為房子建在支柱上），頭頂著盆，以接住穿過竹地板滴下來的血。中非的拉蒂卡斯人（Latukas，居住在蘇丹南部，以求雨舞聞名），當婦女生產時，只要有一滴血落在地上，人們都會用鐵鍬小心翼翼地把那塊土鏟起來，放進罐子裏，加入產婦洗身用過的水，然後埋入房外靠左邊的泥土下。」[5] 在馬達加斯加的貝特西萊奧斯（Betsiléos）部落，「拉芒加」（ramanga）或者「藍血人」（貴族血統的人）受派遣為貴族服務。他們有一個奇怪的任務：當主人受傷時，他們喝主人的血，以免讓含有主人靈魂的液體落入巫師手裏。

血液能夠傳遞靈魂的這種想法，對於不信奉伊斯蘭教的阿拉伯人而言，在其報復儀式中也佔據主宰地位。犧牲者因流血

而逃逸的靈魂，被判到處遊蕩。一旦犧牲者的靈魂能夠飲用殺人犯的血，就能夠與自己的軀體再度結合。在變成一隻被稱為「哈馬」（hama）[6] 的鳥後，犧牲者滿懷悲傷地要求報復。不過，審判官應該協調這兩種矛盾的要求：一是使殺人犯流血，二是使之儘量少流血，以免受其靈魂騷擾；而且落到地上的血需要清理。

汁液和血液等同

汁液和血液最初是等同的，它們一個屬於植物，另一個屬於動物。汁液滋養著植物，猶如血液滋養著有機體。汁液從受傷的植物身上流出，它的滲出將引起植物枯萎。然而，遠遠超出兩個獨立範疇間單純的相似性，在人類的描述中，汁液和血液之間的相互影響很早就出現了，而且數不勝數。早在史前時代，樹木就受到非常重要的祭祀，能產生營養的樹或是具保護作用的樹都是生存之源，它們就是神或者神的住所。於是，汁液不僅僅是植物的要素，也是血，而且首先就是女人的血。因此，金合歡屬植物的樹膠曾被想像為居住

十五世紀人們收取樹汁的情形。

在該樹之女神的經血。這種血汁具有生殖的能力，人們宣告經血不純淨之前，恰好相反地，月經已經代表了包含著生命所有神秘能量的純淨血。[7] 幾世代以來作為神秘力量的載體，汁液和血液兩者均被視為生命的源泉。

由於這兩種物質之間的緊密聯繫，在許多原始信仰和習俗中，都能感受這兩種物質已被視為相同。中非巴佐加族（basoga）的伐木工伐樹，砍下第一斧後，就把嘴貼在樹的刀口上，吸出汁液。他用這種方式建立的聯盟，可與親人間透過血液締結的條約相媲美。因此，他與樹之間締結了盟約，而樹卻不能抱怨這樣一個盟友來砍伐它。有時候，人們更強調的是神人同形論。一個怵目驚心的例子就證明了這一點，它講的是古代日爾曼人對剝樹皮被當場逮到的犯人處以酷刑。罪犯應該用自己的「皮」代替剝下的樹皮。人們把他的腹部釘在樹的裸露部位，切下來，強迫他繞樹幹走一圈，讓他的切口盤繞著樹幹。直到一八五九年，阿爾卑斯山東部第羅爾省（Tyrol）的諾代斯市（Nauders），仍有一棵神聖的落葉松活著，它的每個槽口都在流汁。民間信仰當時認為，伐木工砍樹的刀口有多深，他身上就會被鐵釘釘入多深；樹的傷口不癒合，人的傷口就不會癒合。

對植物和人類做如此深入的詮釋，反映了「有生命的」樹和「肉體植物」之間一種根本的結合，也就是血液與樹液的流動，運載著人或神的靈魂。汁液和血液所構成的並非不同的生命要素，而是唯一的生命要素。有了它，原始習俗、信仰和神話就能夠揭示其隱藏的存在。[8]

血液經常被認為能繁殖植物，而這種信念在各種隱喻中得到體現。譬如，把血液比做豐富的雨水，使乾旱的土地恢復生機，或者說血從鮮花和樹中溢出，血四處飛濺。埃及傳說中這樣的例子不勝枚舉；因為塞特（Seth，埃及的雷雨之神）的鼻子流血，雪松才生長；因為瑞神的敵人叛亂而遭到屠殺的血，葡萄才發芽。《兩兄弟的故事》（Le Conte des deux frères，距今三千年前完成的埃及神話集）中，兩棵鱷梨屬灌木因為一條被屠宰的公牛而生長。然而，很多文化已經滲入了相似的因素：臨近仲夏，在開滿小紅花的田野上，可以看到「滴血的阿多尼斯」在發芽。這些花源自一則著名的希臘神話：紅色的秋牡丹誕生於被野豬咬死的阿多尼斯身上的血。龍血樹因其紅色的汁液聞名於世，它的由來實際上跟流血沒有什麼關係。為了澆滅燒灼它內臟的大火，龍吸了大象的靜脈血，但是由於大象摔了一跤，龍就被壓死了。這種樹就是龍吐出的血所生，「它的果實像龍的形狀，栩栩如生，以至於有人說那是畫家畫到樹上去的」[9]。基督教象徵主義發展了圖像學，其中，被釘在十字架上的耶穌傷口被描繪成綻放的玫瑰花。阿茲特克人的宗教裏也有鮮花與血液的緊密聯繫：祭祀的器具、燧石刀、黑曜岩刀片以及包含人類靈魂的聖器，所有這些東西都用鮮花裝飾。犧牲者被稱為「飾花死

〈阿多尼斯之死〉（1512）。比昂波（Sebastiano del Piombo，1485 - 1547）繪。

者」[10]。圖畫文字手稿常常代表著從他們胸口湧出的鮮血。

　　某些植物，如曼德拉草或者野芹菜，它們之所以名聲不好，是因為沾染了鮮血。安特衛普畫家弗蘭斯·弗蘭肯（Frans Francken）的一幅畫〈巫魔聚會〉（L'Assemblée des sorcières），即表現十七世紀存在著自古以來就有的迷信。一把滴血的刀插在 T 字形的木架中，木架下方舉行著巫魔夜會。細小的血流慢慢地勾畫出一片野芹菜葉的鋸齒狀輪廓。這種草木誕生於冤死者的血，人們認為這種草木當中包含著他們的靈魂。被判處死刑的人情緒非常緊張而煩亂不安，他的血液把這種陣發性的能量全部傳遞給取代他的植物。人們相信血液輸入到汁液中，從而把處死者的靈魂帶入植物，毫無疑問地造成了植物受到禁制：「希臘醫生禁止在肉裏使用野芹菜作佐料，據說它能引起癲癇。一直到十七世紀，癲癇仍被視為中邪。所以，很容易理解這種禁忌的理由：死者的靈魂穿入植物，能夠征服賓客。」[11]

　　古代各種繪畫同樣也揭示出血液－汁液鏈的存在，它支持了血液和汁液之間形成一體的思想。烏拉爾－阿勒泰人（ouralo-altaiques）以及薩摩亞島的不同作

物中，可以找到這種關係的一些例子。按照尤烏哈克人（Iouraks）的傳統，一棵神聖的樺樹在倒下時會流血，會引起滂沱大雨。薩摩亞島的傳說裏提到樹會流血，因此，沒有人敢砍伐樹：「有一天，幾個外地人企圖砍倒樹叢裏的樹，但是血從樹上飛濺出來，沾在褻瀆聖物的人身上，讓他們得病死了。」[12] 同樣，在《格爾探險記》（La Quête du Graal）一書中，當伐木工用斧砍伐生命之樹時，他們震恐萬分地看到，「像玫瑰一樣鮮紅的血一滴一滴地」從樹上滴下來。[13]

但是，如果非得研究汁液與血液的密切關係，我無疑會選擇《勸告書》（Livre de Conseil）引用的一個馬雅神話當證據。《勸告書》是十六世紀中期左右用吉切語（馬雅文明中的古典語言）寫的。「大巫師們」在競技場——「死亡消逝之地」——受到齊巴爾巴（Xibalba，馬雅神話中冥界的名字，由死神所掌管）眾神的挑戰，降臨到地下世界，卻遭到背叛判而致死。「至高無上的巫師」的頭懸掛在一棵樹上。從前這棵樹從不結實，但從那時起結滿了果實。於是立即有了禁忌：禁摘它的果實，甚至禁止靠近它。「於是，巫師的頭不再顯露，它成了名叫加拉巴士木樹（calebassier）上的一個果實。」[14]

然而，有一個名叫「桑格」（Sang）的少女，她是齊巴爾巴首領「阿桑布林－桑格」（Assemble-Sang）的女兒，決定不顧這些禁忌。她是真正馬雅人的夏娃，她走到樹底下。「這棵樹上的果實，假如我摘了，我會消失嗎？」至高無上的巫師的頭忽然開始說話：「你想要什麼呢？這樹幹上的圓球只是一些骸骨，你到底要什麼呢？」桑格堅持她的要求。「很好，只要把你的手張開就行了。」女孩按他的話做了。「於是，骸骨用力地向女孩手上吐唾

弗蘭斯・弗蘭肯所繪的〈巫魔聚會〉。

（左）龍血樹；（右）加拉巴士樹。

沫；女孩立刻驚奇地看到她的手凹陷下去，而骸骨的唾沫不再在她手中。「用這種唾沫，我把我的後代傳給了你。」說話聲從樹上傳來。

幾個月後，桑格懷孕了，有人控告她私通，責令她說出情人的名字，她回答說她沒有和任何男人廝混過。開會討論之後，齊巴爾巴眾首領，「至高無上的死神」，「大死神」以及她父親阿桑布林－桑格三人決定把她獻祭。他們命令掏出她的心，放在一個盆裏。但是在執刑的路上，桑格終於讓執刑者相信了她的無辜。這些行刑者準備寬容她，但心中卻忐忑不安：「我們用什麼來換你的心呢？」桑格便囑咐他們割開一種樹的皮，把這種叫龍血樹的汁液收集在一個盆裏。「於是，紅樹的汁，也就是血，形成血球。與血相似的汁，看起來相當鮮紅，在盆中成為球形。」當桑格逃回地上時，祭司們向齊巴爾巴眾首領彙報了他們完成任務的情況。「完成了嗎？」至高無上的死神問。「完

成了，噢，首領。這盆中裝的是她的心臟。」「很好，讓我看看。」至高無上的死神說。於是，他稍稍抬起盆，紅色的樹汁像血一樣流出來。「把火燒旺些，把它放在火上。」至高無上的死神補充說。在把它放在火上之後，齊巴爾巴人開始聞到一種氣味；所有的人開始被這種氣味弄得暈頭轉向，因為他們所聞到血煙的香味真的讓人心曠神怡。

加拉巴士木是一種神樹，是知識之樹，生命之樹，也是死亡之樹。當齊巴爾巴眾首領把他們犧牲者的頭放在樹上面時，它就變得神奇了。不產果實的這種樹結滿了果實，至高無上的巫師的頭混在果實中。果實的頭把唾沫吐在桑格手裏，這不僅使她生育，而且也向她傳遞著啟示和豁免，使她能夠離開地下世界，來到地面世界，而不用經歷死亡這個必不可少的過程。「因此，無須死亡，上升到塵世吧，但願我的話語深入你心中。」

龍血樹同樣看起來很神奇，在盆中流

希臘神話中,美男子阿多尼斯誕生於沒藥樹。〈阿多尼斯之生〉,Nicolas-André Monsiau (1754-1837) 繪。

沒藥樹。

動的樹汁慢慢膨脹,形如一個人的心臟。至高無上的死神對此可能有些懷疑,要求拿近看看,並把它放在手掌裏以證實命令是否得到執行。但他卻完全被流動的「像血的」樹汁愚弄了。最後,當這顆「心臟」付之一炬時,它散發出一種既芬芳又使人頭暈的氣味,使齊巴爾巴眾首領昏頭轉向,麻痺癱瘓,而祭司們借此機會追上他們曾經幫助的女孩,與她一道逃到地面。

加拉巴士木和龍血樹在神話中所起的作用,不謀而合地說明了從汁液到血液的過程。女孩因噴吐到她手掌裏的唾沫而不可思議地懷孕,反映出明顯的象徵意義:唾沫代表著精液。但是,它源於腦袋,源於果實頭,所以它也是植物汁液。如果血是以間接方式產生的,從汁液轉變為血液就更有效了。因為能生殖的汁液讓年輕女孩生育了兩個小孩,兩個有血性的人,他

們後來處罰了不公正的齊巴爾巴眾首領。與加拉巴士木的汁液不同,龍血樹的汁液能直接變化。「這種作為血的替代物而冒出的汁液,與血液相似」,它從割開的樹幹流入祭品盆,可以拯救女孩生命。

因此,馬雅神話提供了汁液-血液鏈的一個雙重事例。但是,它也融合了血液-汁液鏈:如果說加拉巴士木因生命之汁而長出了神奇果實,這是因為巫師流血的頭放在它的樹枝上,受刑者的靈魂體現在樹中。所以,它充分地說明了汁液和血液等同,而我早已提出了這種等同的本質。

最後的轉化是,由龍血樹產生的心臟,投在火上燃燒,散發出一種強烈的香氣,於是,在血液和汁液的循環中突然出現一種附加成分,即香味。

相傳誕生於芙蓉花
的布拉馬神。

手持蓮花的
維施努。

血液循環與乳香循環

女孩桑格的故事最後的插曲，除了揭示血液與汁液之間的聯繫外，還揭示了血液與某些具有香味特性的汁液之間更為密切的聯繫。這些具有香味特性的汁液有一種特定的使命，即不加掩飾地表現植物和生物的生命要素最初是等同的。實際上，神話裡經常用芬芳植物的樹膠、細枝或鮮花，把眾神的起源與芬香植物聯繫起來。阿多尼斯（Adonis，美女 Myrrha 之子。Myrrha 因與父 Cinyras 私通，被神化為沒藥樹）源於沒藥樹，阿蒙－瑞神和布拉馬（Brahma）誕生於芙蓉。相反，芙蓉在印度神維施努（Vishnou）的懷中綻放，玫瑰花在大地女神蓋婭的懷中綻放。而乳香在埃及人看來，是「神的汗液」。神與香料之間總是存在著一種特權關係。

威廉·伯特松·斯密思（William Robertson Smith）[15] 曾提出了香味與神聖有關的一種觀點。在他看來，將乳香賦予神聖目的，與它是種具有生命、神聖之樹的血的看法有關。但是，我認為事情可以倒過來思考。首先可能是乳香的香味讓結果實的樹變得神聖；接著是芬芳的樹膠和樹脂，然後是由花瓣或纖維磨碎而成的香料，這一切應該看作蓋在植物上的超自然印章。

乳香，跟所有汁液一樣是生命的要素。然而，其芬芳的功效讓它與血一樣成為完美的象徵物。於是，許多治療法找到一種新的解釋，如芳香劑療法和靜脈切開放血術的競相使用。經「薰香」消毒和提神後的身體能同時清除多餘的血，或者經由放血可以清除腐敗。這種雙重操作使人看到了一種補救過程，香味在這裡發揮拯救作用，補充衰弱的生命流體。

埃及的木乃伊為香料取代血液提供了最具體的形式。木乃伊不失時宜地成為藥劑，非常受人賞識。但這有什麼了不起的，人們可以製造它！一五三六年，著名的瑞士醫生帕拉塞萊斯對不能獲得真正「木乃伊」的人建議使用一種處方，成分中包括人血。處方名具有啟示意義，叫「香膏之王」或「血液之秘」。「木乃伊」

乳香木

提供了血液和香料完美結合的形象，與這種連結相關的想法是，血液的有效性，如同藥材的有效性一樣，基於一種神秘的香脂精華，即「一種煉金術士的秘訣，使用它可消除疾病，就像用肥皂能洗去被單上的污點一樣」。[16] 煉金術士阿格里帕把它描述為一種「血的蒸氣，沁人心脾，純淨，發光，起通風作用，呈油質」[17]，這些詞語同樣也可用來描述芳香植物精華的特點。[18]

各種宗教儀式和神聖氣味，將血液和香料之間如此密切的聯繫展露無遺。它們混合的氣味從祭台升起，飄向天國。而在人間，聖人的身體如木乃伊乾屍，散發出神奇的氣味，「成為生命和健康的給與者」。[19]

在神話論述，莊嚴的宣誓，神蹟和巫術以及醫學實踐中，香料作為血的關聯物和替代物，正如它本身一樣代表著人類所擁有最寶貴的、與眾神相似的東西，即生命。過去賦予香料的神奇威力從此可以找到一種合法性，這種合法性藉由它們的原型而表現出來，即它們的根本等同。

乳香就是血液，它本身攜帶著神秘的生命能量。它是原始的香料，它把自己的部分功效傳遞給其他香料。儘管時光流逝，原初的理由已被人遺忘，但西方社會如今賦予香料的功能仍保存著它們與血液之間隱隱約約但不可磨滅的痕跡。

第四部

哲學家的鼻子

> 「希臘人的側面，遠不是一種純粹外在和偶然的形狀，它甚至體現了
> 美的理想……因為它，精神表現成為臉部的首要型態才得以實現。」
>
> 黑格爾《美學》（*Esthétique*）

> 「安納伊克·拉博爾內是一個臉蛋粉紅、全身胖呼呼的大娃娃。她有一雙細小的眼睛，
> 一張小嘴，她的鼻子小得幾乎看不見。她的父母為此感到非常憂傷，每天測量著她那
> 可憐的小鼻子，說：『還沒有長呢。這是多麼不幸的事情啊！她一定會成為眾人的笑
> 柄！』因為在克洛什—萊—貝卡斯（Clocher-les-Bécasses），人們深信人的智力跟鼻子的
> 長度成正比。這種古怪的信念無疑來自於海水浴年代，在這個小鎮上，人們看到一位
> 赫赫有名、擔任許多科學院院士的學者，長著一個大得驚人的鼻子。」
>
> 考梅里（Caumery）《貝卡芯的孩提時代》（*L'enfance de Bécassine*）

　　哲學家有鼻子嗎？在我看來，這是個值得討論的問題。有別於作家和詩人們大量使用氣味的咒語威力，大多數的哲學家對散發出來的氣味非常謹慎。實際上，氣味非比尋常的豐富多樣，使辭彙都變得貧乏。人們辨別它們要比描繪它們的特徵容易得多，因為沒有任何一個適用於其他感覺資訊的空間參照物與它們相關：「唯有氣味的發源地才可以真正地被理解為一種客體，因為我們只能根據氣味來命名氣味的發源地。如果我們想在描述上更進一步，將不得不借助於隱喻，因為我們缺少一種精密的語言。」[1] 按照德國哲學家厄恩斯特·卡西勒（Ernest Cassirer）的說法，氣味沒有確切的歸屬地，具有「一種橡膠似的彈性」[2]，所以它們抵制客觀的判斷。然而，自亞里斯多德以來，許多人企圖對氣味進行分類。香料師把氣味分為

好幾類（橙皮氣味，茴香氣味，麝香氣味，蔬菜氣味，動物氣味）。葡萄酒工藝學家們也對香味進行了類式的分類（鮮花香，果實香，香料香和焙烤香……）。至於科學方面，自一七五六年植物學家林奈把氣味分成七組後，氣味的分類增加許多。但這些嘗試都是徒勞的，因為它們就像科學家所用的術語一樣，仍帶有主觀的痕跡。

　　人為的主觀性和缺乏特定辭彙，對哲學家理解嗅覺和氣味的方式有重大影響，並影響他們否認或承認它們的認識論價值、美學價值和倫理學價值。然而，在我看來，他們的觀點對於適切地測量以下兩個世界之間的距離是不可或缺的：這兩個世界之一是「一切活動都通過嗅覺來進行」[3] 的世界，在那裏，「神聖和道德等級有其自身的氣味」；另一個是我們這個滅菌

希臘人的側臉擁有所謂「體現了美的理想」的臉型，特別是前額與鼻子沒有起伏中斷。

消毒的世界。正如哲學家加斯東・巴舍拉
的遺憾，在這個世界裏，「人們遠離廚房
的氣味交談」[4]，因此不再有夢想。

第七章　嗅覺和氣味在古希臘羅馬哲學的雙重性

在亞里斯多德看來，我們所有感官中最平庸的器官，是我們的「鼻子」，它比動物的嗅覺還要低級。泰奧夫拉斯特同意這種看法：每種動物，每種植物，甚至一些無生命的東西都發出我們常常無法感覺到的特定氣味，而動物卻對它非常敏感。譬如，塞德羅波利坦（cédropolitain）的大麥就是如此。它以無氣味著稱，它是那樣讓人噁心以至於牝馬都拒絕食用。我們鼻子的這種平庸主要是由於我們的嗅覺器官不完善，以及氣味的轉瞬即逝，還有情感的影響。

我們的嗅覺管道沒有合適的尺寸。柏拉圖指責「靜脈」過窄不能感覺到土和水的顆粒，又過寬而不能感覺到火和空氣的顆粒。亞里斯多德認為嗅覺「管道」的寬度對嗅覺缺乏靈敏性以及打噴嚏的次數負有責任。

除了是一種不適當的感覺工具，哲學家還指出氣味的變化不定和轉瞬即逝這兩種特性。柏拉圖把它們歸結為氣味的形成方式。氣味是從正在變化、不穩定的物體中發出的。氣味誕生於一種「中間的條件」，一種變化，所以它「只有一半的本性」[1]，這使人不容易感覺到它。在亞里斯多德看來，它只能確定那些難以分析的感覺。視覺與聽覺需要與外在媒介的「距離」，而味覺與觸覺需要透過肉體——通向主體的內在介質——表現的「接觸」，嗅覺處在這兩類感覺的轉接點上，從而它具有雙重性。它可歸屬於兩種感覺器官，由此產生的這種模糊性或許可以解釋氣味不精確以及它們逐漸消逝的原因。

在盧克萊修看來，人類嗅覺的衰退並不源於該感覺的某種缺陷（甚至嗅覺特別出色的狗都面臨衰退）。只有氣味本身應該受到責備。我們應該在氣味的組成，它產生和傳播的方式中尋找它影響力不足的原因。構成氣味的微粒不能跨越障礙：「易於瞭解的氣味是比聲音更大的要素組成的，因為圍牆能把氣味擋住，而聲音卻能毫不費力地穿過。這就是為什麼尋找一個有氣味的物體時，不易發現它的位置。實際上，散發的氣味在空氣中停留時會冷

柏拉圖。

亞里斯多德。

卻，它們不會全身發熱地跑來向嗅覺報告。因此，經常發生的情況是，狗上當受騙後，不得不尋找其他蹤跡。」[2]另外，氣味的產生和傳播都很吃力：「它飄浮不定地緩慢前行，在路上漸漸消逝，消失在吸收它的空氣中；因為它既在身體深處形成，又費勁地從身體深處發出。」與固定在表面、且容易抹去的顏色相反，氣味甚至深深地紮根在物體中心。盧克萊修從破碎和燒毀的物體所發出的強烈氣味中，親眼目睹了這一證據：有氣味的微粒立刻消失，它們沒有冒著迷途的危險，去開闢一條通向表面的艱難道路。

氣味和靈魂之間的某些相似性可從詞語的言外之意加以領會。這兩種東西都是隱藏的，被掩蓋的，它們由很小的原子組成，原子的喪失不會引起原子重量和形狀的任何形體變化。從肉體軀殼逃出的靈魂，可使人想到逸出的氣味：氣味從身體深處上升，沿著蜿蜒曲折的內部管道一直

上升到毛孔。一旦到達物體外面，它就像香味一樣在空氣中遊蕩。但是，靈魂和氣味，不管是哪一種物質，它們相對於自由的空氣來說，其生命都是最短暫的：居無定所、沒有庇護的靈魂不能繼續存在；至於氣味，它將轉瞬即逝。

對於感覺器官的不完善和氣味的轉瞬即逝，亞里斯多德增加了第三種解釋：嗅覺與情感的緊密聯繫。對整個氣味的感覺必然伴隨著一種痛苦或者快樂的感情，這表明嗅覺器官在超越其粗糙的肉體外表方面是無能為力的。因為嗅覺不適合抽象，所以也就缺乏特定的辭彙。柏拉圖斷言，不同的氣味「可以分成兩種無名的類型，因為它們是從既非多樣性又非單一性的形式中衍生出來的。它們之間的明顯區別就是它們引起的快樂和痛苦之間的區別」[3]。在亞里斯多德看來，氣味不具有更多的固定身分。它們與味道類似，並吸取了味道的某些品質：「氣味是酸甜苦澀的，又收

在充滿香氣的花園裡飲酒享樂的貴族們。圖繪於十五世紀。

斂又油膩，人們可把惡臭的氣味看成與苦味類似。」[4] 但是，泰奧夫拉斯特注意到味覺辭彙不足以給所有這些氣味命名，借助情感的分類是不可避免的。

柏拉圖在純粹的快感中，把鼻子所引起的快感視為與視覺、聽覺和科學所引發的快感一樣，這就表現出他對此種快感的重視。只有那些不取決任何需要和任何慾望的快樂才會增值，而且這些快樂的真實性和單純性與智慧和智力有關。因此，嗅覺可以是高尚快樂的工具，那種高尚快樂，味覺和觸覺都無法給予。這樣就把能夠產生快樂並使靈魂昇華的感覺，與單單作為肉體享樂、與知識和思想無關的感覺區分開來。不過，香料和鮮花能滿足精神失常者的激情，有助於他的死亡：「因此，當其他慾望圍著愛情，在乳香、香料、花環、酒和放蕩的快樂之中嗡嗡作響時……成功把慾望的刺激物移植過來，人們看到愛情這位美麗的靈魂之首被瘋狂簇擁著，像瘋子似的狂奔亂跑。」[5] 因此，嗅覺和氣味的地位隨它們所獲得的快樂而變化：當快樂具有美感時，它們就是積極的；當快樂鼓勵淫慾時，它們就是消極的。

同樣的模稜兩可在亞里斯多德那裏也碰到了。他對特定的「人類」氣味和人與動物「共有」的氣味做了一種本體論的區分。嗅覺在感覺範圍裏的仲介地位確定了兩類氣味。第一類氣味在營養中不起任何作用，具有絕對價值。它們令人喜歡或不悅的特性不受食慾的偶然影響。因此，它

們是人類本性固有的美學快感的源泉，「因為，在所有動物中，人對鮮花和類似物質具有感覺的快樂」[6]。那些物質對大腦的乾燥和激動作用也賦予它們一種生理用途：「正是人的興趣和保持健康的願望才產生這種氣味，因為它沒有任何其他功能，只有這種功能。」[7] 第二類氣味因為「偶然性」，或者香，或者臭。譬如，人感到饑餓時，這些氣味是令人喜歡的；在相反情況下，則是令人不悅的。因為它們依賴於每個人的主觀性，所以價值是相對的。這些氣味在本體論上已被貶低，另外還受到譴責，如它們滿足淫蕩和貪饞：「喜歡蘋果或者玫瑰花氣味的人，不能稱為失常者，但可以我們卻會稱那些非常喜歡香膏或菜肴的人為失常者，因為失常者可以從這些氣味中得到快樂，因為這些氣味使他們想起自己的淫慾對象。」[8] 亞里斯多德在這一點上與柏拉圖不謀而合。香料應該喚起人的美學的而非肉體的快感。然而，儘管嗅覺有一些「放蕩」，它仍是對節制和自由不構成威脅的高尚感覺之一。

泰奧夫拉斯特採用了這種氣味的本體論劃分。他另外力求客觀地定義香味和臭味。好聞的氣味與焙燒和不腐敗有關，難聞的氣味則與土壤和腐敗有關。身體的氣味隨年齡、體質、健康狀況、器官消耗程度而變化。人年輕強壯時氣味悅人，衰老、生病或者發情時，氣味就不討人喜歡了。

盧克萊修離這些本體論或價值學主導的觀念都很遠。他受到伊比鳩魯原子論的

（左）運動員年輕
力壯、氣味悅人
的肉體。圖為西
元前五世紀希臘
古瓶裝飾；（右）
衰老的肉體。

啟發，提出影響嗅覺的原子形狀決定了感覺令人厭惡還是討人喜歡。如果原子是光滑的，它們就緩慢地鑽進鼻腔，如果是凹凸不平，刺人的，它們就會破壞嗅覺組織。不過，有一些誘惑力是有選擇性的：「根據不同的種類，一種氣味特別適合於某種生物，而另一種氣味則較適合另一種生物：所以，蜜蜂很遠就被蜂蜜的氣味吸引，禿鷲被死亡的氣味吸引；獵狗一旦鬆開繩套，就會把你帶到猛獸留下痕跡的地方；人的氣味很遠就刺激那隻拯救羅慕路斯家城堡的禽鳥，那隻白鵝的嗅覺。」[9]

為了解釋嗅覺敏感性的特定差異和個體差異，盧克萊修還在氣味的感覺中引入了接受者身體的「原子秩序」[10]概念。這個概念可用來理解個體為什麼隨著有機體變化會對同一氣味做出不同評價：如果他過去喜歡的氣味變得討厭了，這是因為他身體的原子秩序發生了改變，使他對其他元素敏感起來。

最後，在承認所有感覺絕對同一以及它們比理性優越時，盧克萊修為嗅覺恢復了聲譽。如同其他感覺一樣，嗅覺是生命必不可少的嚮導。與人們從柏拉圖和亞里斯多德那裏注意到的事實相反，嗅覺扮演滋養的角色不會引起任何貶義的評價。

因此，古代思想中表現了兩種對立的態度。盧克萊修的唯物主義賦予嗅覺在知覺方面的重要作用。柏拉圖的唯心主義以及他創立的流派拒絕賦予嗅覺以科學價值，而這種科學價值已給了視覺；雖說亞里斯多德不是「唯心主義者」，卻透過他的感覺器官等級體系採取了一種非常接近於柏拉圖的觀念。不論在亞里斯多德還是柏拉圖的理論中，嗅覺都處於抽象感覺和非抽象感覺的結合點上，只有當嗅覺確定為某一類感覺時，它才更有價值。這些保留態度雖然沒有對嗅覺形成完全消極的見解，卻仍然蘊育了今後人們譴責嗅覺的根源。

第八章　基督教貶抑嗅覺和氣味

對於希臘唯心主義哲學把身體與精神視為對立，基督教不僅加以強調，還進一步禁止人們的嗅覺快感，但此種對立在《舊約》中並不存在。

《聖經》對身體和飾物沒有任何輕蔑，為了讚頌「甚至是慾望的物件」——美，《雅歌》使用了最感性、最精緻的隱喻。這一篇章中把情人的身體與石頭、珍貴的物質和金屬、稀有的香料、芬芳的花朵，以及經防腐處理並散發出大量美妙香味的花園做了比較。「你本人就是一個精緻的花園。」未婚妻對心上人說。這是一種「沒藥小袋」，一種「散沫花的花序」。他的面頰像能產生香料的花圃，他的嘴唇像散發沒藥氣味的百合花；他的四肢、肚子和手由黃金、大理石和象牙製成，覆蓋著藍寶石和黃玉……至於年輕姑娘，她是一枝「原野上的水仙」，一朵「山谷裏的百合」，一個長滿散沫花、甘松芽、藏紅花、桂皮樹、蘆薈和乳香樹的花園。《聖經》對使身體變得更美和激起情慾的事物沒有提出任何指責。事實上，猶太人因其

動盪的歷史，經常接觸倡導使用項鍊、香料和香膏的東方人。

相反地，在《福音書》中，人們發現世俗使用香料的做法受到含蓄的批評。當抹大拉的瑪利亞（Marie-Madeleine）用一斤純淨的甘松茅替基督洗腳以示懊悔時，猶大對此表示堅決反對，並大聲地說：「為什麼不把這香料以三百德尼耶（舊時法國輔幣）出售並把賺到的錢捐給窮人呢？」耶穌回答他說：「讓她做吧。她這樣做，是為了安葬我。」[1] 面對使徒們的財政總管猶大對無益的浪費表現的憤怒，基督以此合法化抹大拉的瑪利亞（她後來成為了香料師的守護者）的行為，並賦予它神聖的意義：昂貴的甘松茅的使用是為了宗教目的，即為葬禮服務。

對香料的不信任，可在聖保羅（Saint Paul）的著作中找到例證。一切使身體愉悅的東西能阻礙人與上帝溝通：「請聽我說：在靈魂的鼓勵下前進，不要再進行任何與肉體慾望相連的事。肉體因為慾望與靈魂對立，而靈魂也與肉體對立；在肉體

阿爾欽博托（Giuseppe
Arcimboldo, 1527－1593）將人
描繪成一座精緻、充滿香氣的花
園。畫作〈春〉（約1573年）。

與靈魂之間是一種對抗。」[2]這種對肉體
軀殼的拋棄導致對飾物的拋棄。聖皮耶要
求拋棄飾物：「願您的飾物：編成辮子的
頭髮，金項鍊，高雅的服飾不露在外面；
願這一切隱藏在您心中，為您所用，這是
溫和平靜之靈魂不朽的飾物。」[3]

　　這種禁止另有補充，其中扮演要角的
是一些神父。這些神父鼓動人們禁慾修
行，咒罵與賣淫和放蕩有關的修飾打扮。
「肉體中無任何高尚可言。」[4]聖克萊蒙
（Saint Clément）聲稱。因此，教士應該
「禁慾……應該征服肉體，奴役它並懲罰
它。」[5]神學家泰爾蒂利安（Tertullien）
勸說女基督徒不要以貪婪的虛巧打扮企圖
謀害教友兄弟。他甚至勸她們變醜以抑制
下流衝動：「既然追求危險的美貌會給我
們和他人的命運惹上麻煩，就請記住，今
後你不僅要將那些增加美的修飾打扮拒之
千里之外，使它們遠離你，而且在掩蓋和
忽略你的天生魅力時，要使人忘記你的天
生魅力，因為它有損於注視這一切的眼
睛。」[6]一般的譴責則針對所有利用身體

並使之柔美的飾物，這些飾物既沒有幫助
身體恪守貞潔，也沒有幫助身體抵抗基督
徒所受的迫害：「此外，我自忖通常被手
鐲緊箍的手能否在堅硬的鎖鏈中忍受麻
木；我尋思一個環就能使腿增添無限魅
力，那麼腿能否經受住鐵鐐的緊固；我擔
心飾著珍珠和純綠寶石的頸背無法想像劍
的威脅。」[7]

　　在上古社會後期，主教們對慾望進行
鬥爭，其目的在於倡導一種貞潔的理想，
這種理想被看成是靠近上帝的康莊大道。
況且，基督教的道德像施行割禮的女人毫
不掩飾：「……可以說，上帝準備犧牲我
們；而且我敢說，他是想閹割世界。我們
不論在精神上還是肉體上，都是接受割禮
完美的人。因為我們正是從精神與肉體上
對這世上許多人實施了割禮。」[8]在這種
觀點下，所有為身體提供方便以及有助於
淫慾的事情均被禁止。希臘妓女的香膏和
香料只能突出她們在合法婚姻關係之外的
地位，而修飾打扮的基督教婦女被打上了
女異教徒的標記，並被認為犯了罪，因為

聖保羅。

聖克萊蒙。

她刺激了貪慾。「我們搽脂抹粉，會使其他人墮落。」[9]泰爾蒂利安說。

為了使「上帝的女傭」不墮落為「魔鬼的女傭」，這位迦太基的神學家不怕搬出比永久墜入地獄還要恐怖的威脅：以禿髮和瘋狂來恐嚇她們！「對她們來說，火紅頭髮是個凶兆！另外，她們以為能變美，其實她們是在毀壞那些東西：一方面，麻醉劑會腐蝕頭髮；另一方面，不論哪種液體，甚至是純淨的液體，反覆使用都會使大腦受損。」[10]女基督徒對這些原本是她們虔誠使用的芳香物質受到扭曲表示不滿，她們將自己的頭當作一個祭台，用香料充滿祭台，以示對惡魔的尊敬。在最後審判那天，所有這些賣弄風情的女人會認為可以隨她們的脂粉，她們的朱紅面容，她們的香料和漂亮頭髮復活嗎？今後能夠容忍的香料只有虔誠靈魂獻給上帝的香料。

聖讓‧克里索斯托姆（Saint Jean Chrysostome）把懺悔和祈禱的清香，與來自罪人「發臭的黑煙」[11]做了比較，這樣就確認了一種新的氣味象徵體系。當純潔的心靈發出清香，獲得原諒和保護時，染上一種「看不見的瘟疫」的罪人，卻發出招來神聖怒火的臭味：「如果在這座城市裡，有個人扛著發臭的死屍滿街跑，誰不會躲避他，厭惡他呢？您就是這個人，您就是這樣扛著一個死去的、被蟲蛀過的腐爛靈魂到處跑的人。您裝了這麼多的垃圾和髒物，怎麼敢進入上帝的教堂，來到它的神殿呢？您用難聞的臭味，臉不紅，心不跳地去污染這神聖的殿堂，難道一無所求嗎？那位有罪的神聖女人用一種珍貴的香油給救世主上香，香氣彌漫整個房屋，您為什麼不學一學呢？當您滿身臭味出現時，您做的一切都適得其反。您準是沒有聞到臭味，不知其臭。」[12]

這種反淫慾的鬥爭構成了基督教倫理學的主要內容，持續了數個世紀。壓抑快感是靈魂得救的條件，持續不懈地受到宣揚。《雅歌》中有香味、被打扮的和有所期望的身體，漸漸讓位給禁慾修行，還有在任何情況下都不生貪慾的身體。苦行者

〈法利塞人西門家的耶穌〉忠實再現了在西門家的宴會上，抹大拉的瑪利亞以珍貴的香油為耶穌洗腳的情景。圖繪於十五世紀末。

通過禁慾力圖成為芳香的祭品。他們以不變質的身體發出的神聖香味，讓人間與冥府建立起一種聯繫。貞潔就像「能防止腐敗的香膏」[13]，使那些放棄了肉慾生活的人來到人世，成為真福者。聖者不僅僅致力於讓受懲罰的身體產生芬芳的氣味，還應該為神的鼻腔「修枝剪草」：「能栽培跟你一樣年輕的花並把它討人喜歡的香味獻給上帝，我感到多麼幸福啊！」法國神父與宗教改革家聖貝爾納（Saint Bernard）給貝韋爾納市（Beverla）修道院院長寫信說。今後只有那些令人滿意的氣味：如祈禱一般升向上帝的乳香氣味，因貞潔而不腐的肉體氣味，上帝選民非物質性的氣味以及所有典型，包括犧牲者基督在內的氣味才有神秘功能。

在義大利神學家聖托馬斯（Saint Thomas d'Aquin）看來，對嗅覺和氣味的描述反映了他的擔憂，即他想調和亞里斯多德的理論與基督教的信仰。這種描述建立在一種隨「變化方式」[14]而變化的感官等級基礎上。這種「變化方式」既影響器官本身，也影響它感知的物體。視覺的使用不引起視覺器官的任何物理變化，所以

（左）聖托馬
斯‧阿奎那；
（右）禁慾苦修
的身體。〈祈
禱的聖傑洛
姆〉，波希繪於
1505年。

視覺是所有感覺中最完美，最通用和最有
靈性的。在視覺之後是聽覺和嗅覺，它們
被假想成能引起物體的物理變化。至於味
覺和觸覺，它們經受物體和器官的物理變
化，是所有感官中最肉慾性的。介於高貴
和粗俗的感覺中間，嗅覺擁有的是最接近
亞里斯多德賦予它的地位。但是，它將能
夠獲得更高水準的樂趣，這種樂趣不僅僅
是美學的，而且是「非物質的」。只有那
些具有高嗅覺靈敏度、能感覺最美妙香味
的上帝選民，才能享受這些嗅覺樂趣。

上帝的選民自己散發出一種特殊香
味，這是達到了「最完美程度的」身體氣
味的昇華。這些高貴的身體氣味既不是揮
發物也不是腐爛物，它將失去一般的感覺
基質。為了使抱懷疑態度的人相信，在某
些情況下，氣味「僅在環境和嗅覺器官中
產生一種非物質的感覺，而沒有傷害環境
和嗅覺器官的揮發物」[15]，聖托馬斯引用

了這個例子：屍體很遠就能吸引禿鷹。屍
體大概發个出能傳遞這麼遠的氣味，然而
禿鷹卻能感覺到屍體。

但是，氣味的極致就是獻給上帝作為
祭品的基督氣味，是智慧和知識的香味。
上香儀式使基督氣味物質化；首先是給祭
臺上香，這是恩賜的象徵，按照《創世紀》
的說法，因為恩賜，基督充滿了討人喜歡
的香味：「這是我兒子的香味，就像肥沃
的田野香味」。接著是給信徒們上香，在
歌林多後書二（Corinthiens）中描寫了給
予他們恩賜的情景：「透過我們，（基督）
在所有地方發出他熟悉的香味。」[16]

總而言之，聖托馬斯的哲學既沒有拋
棄身體，也沒有貶低嗅覺器官。但是，如
同亞里斯多德，聖托馬斯認為，靈魂是身
體的「形式」，也就是說是身體的生命要
素和組織要素。因此，嗅覺和氣味只有在
它們被淨化和精神化時才會增值。

正在閱讀的抹大拉的瑪利亞，桌上放著其象徵物——香膏瓶。

〈讀經的抹大拉的瑪利亞〉，班森（Ambrosius Benson）繪於 1525 年。

第九章　蒙田與氣味

從十四世紀到十六世紀，哲學中關於嗅覺和氣味兩者地位的描述還相當少。經過六百年的遺忘之後，瘟疫在這個時期，「以聞所未聞的野蠻方式」[1]在西方重新出現。對嗅覺的反思集中在對可怕的流行病以及與之相關的氣味的詮釋。但是，因為蒙田，一種不直接從倫理學角度討論嗅覺和氣味的話題得以重新發展。

在提及作家杜伯萊（Du Bellay）和文藝復興時期的人物時，年鑑史學家呂西安‧費夫爾（Lucien Febvre）把他們描繪成「一些在大自然中用所有感覺去觀察，同時也感受自然，聞自然，聽自然，觸摸自然，呼吸自然的人……他們禁止自己在這些負責聯繫和安全的器官中確定：

> 哪種器官更有用，品質更適宜，
> 以便安排最合適的位置。[2]

在這些既依靠身體又依靠精神生活的人當中，蒙田是特別突出的代表。他認為，把靈魂和肉體分離無需任何擔心。他斷言要團結所有的人，以尋找感覺樂趣和精神樂趣之間的平衡。他無意裁定高貴感覺和粗俗感覺的好壞。即使它們可能從屬於理性，「但它們是我們的老師……科學從它們開始，在它們中變化。總而言之，如果我們不瞭解聲音、氣味、光線、滋味、長度，我們的知識或許只相當於一塊石頭……也許有人會反駁我這種說法，他可以掐我的脖子殺死我，但他卻不能讓我改變看法。因為這些感覺是人類認識的開始和終結。」[3]《隨筆集》表明他的嗅覺十分敏感，他對氣味特別重視：「然而，我特別喜歡與香味打交道，十分憎恨臭味，同所有其他氣味一樣，這些臭味我很遠就能聞到：

> 因為這塊凸起，我有一隻無比靈敏的鼻子，
> 能聞到腋窩多毛的公山羊的膻味，
> 比靠嗆人氣味發現野豬窩的狗鼻子還要靈敏。[4]

（左）蒙田；（右）蒙田《隨筆集》扉頁（1593 年版）。

他把鼻子的靈敏度與身體確定氣味的能力結合起來。他的皮膚，還有他濃密的小鬍子「能顯示我從哪裡來。年輕人美妙、貪婪、纏綿的親吻，把氣味貼在它們上面，幾小時不退」。

氣味對他產生各種效應：「我經常感覺它們改變我，並以它們當時的狀況對我的精神產生作用。」這是他對宗教上使用乳香和香料的解釋：在喚醒和淨化各種感覺時，這些乳香和香料有利於沉思。他在思想上對一切事物都感到好奇，他關心科學進步，他宣揚氣味療法的發展，使醫生們能「更經常地使用氣味來作治療」。但是，他也是一個耽於肉慾的人，他為沒能掌握給菜肴添加香料的技藝而感到遺憾，而蒂納斯（Thunes）國王的廚師們卻知道這門技藝的祕訣。他用貪吃美食的懷舊心情想起廚師們用昂貴「香料」烹製的肉，肉被切開時散發的芳香蒸氣在王宮彌漫，甚至傳到鄰近屋舍。

這種嗅覺敏感當然有不利的一面：與其他人相比，蒙田更難忍受惡臭。威尼斯的沼澤和巴黎的泥地發出的惡臭攪亂了他對這兩個城市的好感。身體的氣味使他不舒服。在他看來，亞歷山大大帝的情況是特別的。據說他的汗液有種討人喜歡的氣味。蒙田評論義大利作家普洛特（Plaute）的格言「好聞的氣味，就是什麼氣味也沒有」時，他斷言：「一個女人最香的香味，就是沒有氣味，就如人們說她最好的行動，就是感覺不到、也聽不見行動一樣。」[5]

把適合女人的氣味與她的行動聯繫起來，也許的確揭示了一種對女人的厭惡，尤其是作者的一段過渡文字，筆鋒一轉，談起「健康小孩」的甘甜呼吸。這些小孩「也沒有什麼出色之處，只不過氣味不讓我們厭惡罷了。」當然孩子的話也不會觸

在妝臺前塗脂抹粉的婦人。〈梳妝仕女〉
（約 1559 年），法蘭斯·瓦克盧耶
（Francois Clouet）繪。

犯我們，甚至從詞源上看，他就是一個不
說話的人。當時人們不大洗浴，要求女人
不發出任何氣味，難道不就是勸她保持安
靜，或者簡單地說，保持衛生嗎？

　　即使理想的情況是女人沒有什麼氣
味，也不能禁止蒙田以斯基泰女人的方式
去使用簡單或自然的香味。這些「最野蠻
的女人」善於使用香料。每次洗沐完畢，
她們「相互撒粉，用出自家鄉的芳香物品
塗抹身體和臉部；為了接近男人，卸下脂
粉的她們又塗脂抹粉，表現得彬彬有禮，
香氣襲人」。但是，這位哲學家反對使用
香料去掩蓋不衛生的行為，因為在當時，
「發出香味如同受罰」。

　　「盡可能地去感覺」[6]，以此來探索人
類，這就是蒙田的人文主義設想。他把各
種感覺，包括嗅覺，看成是認識和享樂的
寶貴工具。相應地，他的同代人無法忍受
某些氣味到了極點，卻很少表現出來，這

應該不會使人忘記他對生命無條件的「肯
定」以及他對香味的熱愛。十七世紀，人
們想在笛卡爾主義者身上找到同樣的熱
愛，但是徒勞。笛卡爾主義者恰如其分地
排除了「與生命或者與生命的活力有關的
一切東西」。

第十章　十七世紀理性和基督教思想聯合貶低嗅覺和氣味

笛卡爾的感覺等級把嗅覺放在一個中間位置，這是承繼了古代的做法。嗅覺雖然沒有觸覺和味覺那麼粗糙，它也沒有聽覺靈敏，更達不到視覺那樣敏銳。這種評價已成為嗅覺器官的某種解剖學描述依據。嗅覺器官可看作一種大腦往鼻子方向前移的延伸，它位於「這兩個完全空心的小部位下面，解剖學家把它與女人的乳頭相比」[1]。構成嗅覺器官的兩種神經與味覺的沒有什麼不同，但是前者更靈活，更敏感，且容易受到細小物體的刺激。當人這架「機器」呼吸時，空氣中漂浮的地面物體的小顆粒通過鼻孔進入鼻子，並經「海綿狀骨」的狹窄毛孔過濾。這種「海綿狀骨」只允許那些最細微的顆粒通過，這些最細微的顆粒以不同方式使嗅覺神經末梢運動，從而以無意識的方式喚醒靈魂「對氣味的不同感覺」。

像所有感覺一樣，嗅覺只是一種心智事實：顏色、聲音、氣味、味道「僅僅是一些感覺」[2]，在思維之外它們什麼都不是，所有感覺都是由震動我們神經的物體運動所引起。在笛卡爾看來，感覺與思維代表著同一個東西：「身體並非透過感覺來認識世界：這是一個很有意義的肯定，正如柏拉圖哲學早已承認的那樣，不存在一種肉體的實在，即感覺的客體，和一種心智的實在，即智力客體或者理解力客體。」[3]

和其他感覺一樣，嗅覺可用來感知物質。在敏感、可變化的外表下，只有「精神的審視」才能到達物質。以下就是關於一塊蠟的著名分析：「人們對這塊蠟的認識有如此大的差異，那麼人們究竟認識到了什麼？當然，這可能與我通過感覺在這塊蠟中察覺到的所有一切毫無關係，因為無論是味覺，嗅覺，還是視覺和觸覺都將變化，而那塊蠟仍在那裏。或許這就是我現在所思考的，即蠟沒有這種蜜一般的柔軟，花一般的芳香，也沒有這種顏色，這

正在為瑞典皇后上課的笛卡爾。

洛克。

種形狀，這種聲音，它僅僅是不久前在這些形式下不受關注，但現在因其他形式而引人注目的物體」。總而言之，「它只是能展開、有柔性和易變的某種東西」[4]。氣味作為被洛克（Locke）定義為「次級」敏感的東西，並不屬於蠟這種實體。像顏色、甜味、味道一樣，氣味就是蠟的「外衣」。嗅覺資訊和感覺證據的科學價值通常也被否認。我們的感覺僅僅用於身體的自衛：它們不教給我們任何有關事物的真正本性，而僅僅教給我們事物在哪些方面是有用的、或者在哪些方面是有害的。

同樣，哲學家馬勒伯朗士（Malebranche）也是把感性從真實範圍內清除，感覺能很適切地運用在有功利目的的事務上，但在理論方面卻沒有任何可靠性：「目前很容易讓人看到的是，我們正陷入一系列錯誤中，這些錯誤涉及到光和色，而且更普遍地，涉及到所有的感性品質，如冷、熱、氣味、味道、聲音、痛和癢。」[5]因此，各種感覺是真理的「虛假證明」[6]。真理要求苦行，各種感覺的科學記錄則要求它們保持安靜。在基督教哲學中，馬勒伯朗士還強調了他對感覺進行道德監督的評價：各種感覺承擔著罪人的重負。在違抗上帝旨意之前，亞當透過享樂、痛苦或不快受到警告，要為他身體所做的一切而受到懲罰。因為他早已對他身上表現的「肉體運動」有絕對控制，所以他不可能變成奴隸或不幸的人。但是，一旦他犯下錯誤，原來有禮有節地警告過他的各種感覺，則對他失去了尊敬，它們全都起來反抗他。自原罪起，人與上帝的聯繫就沒有那麼緊密。從此以後，人們沒有再接受上帝的力量以使自己保持自由和幸福。罪人把精神對身體的優勢顛倒過來，罪人現在講話聲音比上帝還要大，而且從來不講真話。因淫慾而心緒不寧的人類不

馬勒伯朗士。

伯舒哀。

再主宰自己的注意力，人類應該不斷地戰鬥以從感性無知的「黑暗」中走出來，達到「思想的光芒」。

十七世紀的靈修藉由「使苦修系統化」[7]，更強化了蔑視感覺的和仇恨慾望。天主教教士波舒哀（Bossuet）重新提出了馬勒伯朗士珍視的一種思想，即身體與靈魂合作，是為了向靈魂提供祭獻之物，並強調了與肉慾對抗的必要性：「所以，惡就在我們身上，它以某種陌生方式與我們的內心相連，或者我們屈從於感覺的快樂，或者我們以持之以恆的抵抗力與之爭鬥⋯⋯為了防止認同——它是惡的完結——應該持續不斷地抵抗慾望，它是惡的開始。」[8]因為混亂來自肉體，能獲得肉體快感的一切東西均應該受到有力的排斥。而嗅覺快樂看來不會公開地威脅聖潔，所以是一種更為可怕的陷阱。莫城（Meaux）主教嚴斥了普羅維爾泊市（Proverbes）的一位女人，這個女人津津有味地吸著床上的香氣，大聲叫道：「讓我們為快感陶醉吧，享受所期望的擁抱之樂吧！」這些話足以說明，「專門準備的香味，為的是使靈魂沉迷，並通過某種事情把它吸引到感官之樂上來。它似乎不是直接冒犯人的羞恥心，而是讓羞恥心不怎麼害怕地接受感官之樂，讓靈魂放鬆，把注意力轉移出來。」[9]

精神與肉體的分離成為不同人努力的目標，這些努力致力於抑制本能，拒絕本能所要求的滿足。達爾方斯·德利戈裏（Alphonse de Liguori）的《健康格言》（*maxime salutaire*）中可以找到十八世紀對身體苦行的終極表達方式：「在塵世受苦比享樂好」[10]。贖世主修會（congrégation des rédemptoristes）的創始人非常重視嗅覺的苦修，「嗅覺，不要因為你被琥珀或其他芬芳製劑的香味包圍，或者用了香水而產生出虛榮心。這些東西很少有人提倡，甚至上流社會的任何一個人也不會這樣做。你要以聖人為榜樣，更加習慣忍受病人周圍常有的討厭氣味。聖人受仁慈和苦修精神的鼓舞，在惡臭的醫療室裏，就像在開滿芬芳鮮花的花圃裏自得其樂一樣。」[11]

第十一章 十八世紀哲學家恢復嗅覺名譽

十八世紀，很多思想家與這種嚴守戒規的思潮和理性哲學針鋒相對，重新確立了感覺在認識中的重要性。譬如，拉美特里（Julien Onfray de La Mettrie）斷言，所有的思想來自感覺，而且只有感覺在追求真理時能夠照耀理性。人如果只是一個純粹的靈魂，他將什麼也不能認識：「靈魂主要依賴於身體器官，透過身體器官，靈魂成形、壯大和衰弱。」[1]這完全是在為嗅覺恢復名譽和地位：這位唯物論者認為，感覺是他可靠的嚮導，他的「哲學家」。愛爾維修（Claude-Adrien Helvétius）同樣也把精神的所有活動歸結為感覺，並用一個簡單扼要的公式來表述：「判斷就是感知。」[2]隨著身體在認識中被重新評價，古典的感覺等級開始產生混亂。一直被視為最理智的感受、並獲得重視的視覺，把威望讓給更具體的觸覺。這些調整讓重新受到青睞的嗅覺獲益不淺。孔狄亞克（Condillac）所想像的一個著名例證就象徵著這種對嗅覺所做的重新評價。

為了證明所有的能力可以由任何一種感覺產生，孔狄亞克建議將每一種感覺都分開來，分別賦與一尊雕像。首先賦予雕像的是最不適合參與科學活動的感覺：「我們曾經相信應該從嗅覺開始，因為它是所有感覺中看來對人類精神的認知貢獻最少的。」[3]只運用嗅覺的大理石雕像，漸漸擁有了所有的能力：「已經證明我們的雕像能集中注意力，能回憶、比較、區分、想像；已經證明，它有抽象的概念，有數字和時間觀念；它瞭解一般真理和特殊真理。它形成慾望，產生激情；它有愛，有恨，有要求；它懷有希望、害怕和驚奇。最後它與習慣進行比較：我們不得不得出結論，即使用一種感覺和使用五種感覺一樣有著相同的理解能力。」[4]

因此，嗅覺具有靈魂的所有能力，有關嗅覺的那些說法適用於其他感覺。但是，這些感覺雖說在能力的形成上不相上下，觸覺卻具有一種特殊作用，因為它是唯一能夠認識外部世界的感覺。沒有它的幫助，只有嗅覺並嗅著玫瑰花的雕像，「能聞到玫瑰花的氣味」，卻不知被聞的物

拉美特里。

愛爾維修。

體是什麼樣子：「因此它可能是玫瑰花的氣味，也可能是石竹、茉莉、香堇菜的氣味，這根據對其器官產生作用的物體而定。總而言之，從雕像這方面來看，氣味只是它自身的變化或者存在的方式。」[5]因此，嗅覺應該通過觸覺來獲得教益。透過它「探索式的活動」[6]，觸覺使雕像知道，氣味不只是它本身的簡單變化，而且是來自外界的物體。

從同一觀點出發，狄德羅（Diderot）建立了一種感覺等級。在這種等級中，視覺的高等地位在觸覺的高等地位面前蕩然無存。嗅覺從這種顛倒的價值觀念裏受益不淺。它可以在光天化日之下炫耀自己的感覺：「而且我發現，在所有感官中，眼睛是最膚淺的，耳朵是最傲慢的，嗅覺是最淫蕩的，味覺是最迷信和最無常的，觸覺是最深刻且最有哲理的。」[7]為最受人貶抑的感覺恢復名譽的一切，都寫入了一項唯物論的聲明之中。該聲明認為，身體和感覺在人的認知中起著首要作用。最具體的感覺易於進行抽象作用：視覺、嗅覺

和味覺在科學上能夠有相同的進步。「我們的感覺」被分配給同樣有思維的動物，因此可以進行算術和代數上最高級的思辯，並能探測分析的深度，可以在算術和代數中提出最複雜的方程式問題，並作出解答，「就像它們是丟番圖方程式（Diophantes，代數之父、希臘數學家丟圖番提出的方程式）一樣」[8]。

各種感覺也引起盧梭（Rousseau）同樣的考慮，因為它們的活動決定理性的發展。感覺教育和身體健康是培養一種智力成功的基本條件：「為了學會思考，必須訓練我們的四肢，我們的感覺，我們的器官，因為它們是我們理解力的工具。為了能更善用這些工具，作為這些工具根基的身體應該強健。所以，人真正理性的形成並非與身體無關，而是身體的優良成分使精神活動容易且可靠。」[9]感覺理性主義中相當重視感覺和情感，斷言肉體基質在理性形成中佔據首要地位，因為「進入人類理解力的一切東西都透過各種感覺產生理性」。在這種理性主義中，看不到對嗅

孔狄亞克。

狄德羅。

覺的任何蔑視。就像「我們的腳、手和眼睛」一樣，嗅覺是「我們最早的哲學老師」[10]之一，在孔狄亞克所啟迪的觀念中佔有一席之地。不過這種情況在布豐（Buffon）的啟發中更為明確。

實際上，布豐研究嗅覺時，對動物嗅覺和人的嗅覺做了非常明顯的區分。動物嗅覺是一種「奇妙的感覺」，甚至能夠取代所有其他感覺：「作為感覺的普遍性器官，眼睛看到物體，不僅能看到它們現在在哪裡，甚至能看到它們過去曾經在哪裡。藉由味覺器官，動物不僅能品味所接觸和逮住的東西，而且能品味很遠的、甚至遙不可及的東西。透過感覺，動物輕易得到最早、最頻繁和最安全的警告。透過感覺，動物可以行動、可以做決定，可以辨別適合和不適合它本性的東西。透過感覺，動物看、聞和選擇能滿足其慾望的東西。」[11]

人的嗅覺在高人一等的「判斷和理性」[12]原則指引下，被降到感覺等級中的最末一等。在這種不常見的感覺等級中，**觸覺**

位於首位，接著是味覺、視覺和聽覺。嗅覺在動物秩序和人類秩序中的重要性完全相反，體現了一個重要的目的論區別：「人做得更多的是認識事物，而不是追求慾望；動物多半都在追求慾望，而不是認識事物。」[13]

從那時起，作為布豐的讀者和仰慕者，盧梭受這種理論啟發，確立了兩種類型的嗅覺就一點也不令人驚奇了。第一種為原始嗅覺，為動物和野蠻人所共有；另一種為靈敏嗅覺，是文明人的特性。「自然人」和動物一樣，滿足於食慾，只發展了保護自己必不可少的能力。雖然這種嗅覺是本能的和「未經教化的」，卻仍然可臻完善的境界。正如布豐聲稱的那樣，「技藝和習慣」[14]非常有利於它的發展。野蠻人的嗅覺在「進攻和防衛」方面受到訓練，因而非常厲害。「美洲的印第安人根據足跡能聞到西班牙人的氣味，就像最優秀的狗或許能夠做到的那樣」[15]，因此不應該為這一點感到驚奇。在加拿大，野蠻人獲得了非常靈敏的嗅覺，他們不需要

Soo menich landt Soo mennighe manier Soo menich mens^{ch} soo menigher sin
Van aert Complexsion ende zier Met vyf ɟck te vreden ben

在狄德羅的感覺等級裏，「嗅覺是最淫蕩的」。圖為十六世紀的木刻版畫，花香即代表嗅覺。

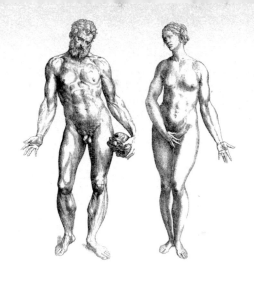

盧梭認為強健的體魄是理性思考
的基礎。

狗來幫助捕獵，他們「把自己當作狗來使
用」[16]。

　　但是，他們無比靈敏的嗅覺卻有一些
侷限，即使透過訓練也無法消除。自然人
跟動物一樣，「一切直覺天性表露無疑」
[17]，故不能從美學上享受氣味。他的嗅覺
僅僅用於功利目的，雖然非常發達，但沒
受過損害：「就像被花壇裏的花香所包圍
的人一樣，我們無所事事的感覺會讓人無
動於衷，應該就像行走太多以至於不喜歡
散步，和工作過度以至於不能享受休息樂
趣的人一樣。總是處在饑餓中的人大概不
可能從沒有透露任何食物資訊的香水中獲
得快樂。」[18]只有在另一種生活方式，即
以社會中一份子的身分生活，這種感覺才
能真正地得到發展。

　　從自然狀態過渡到社會成員狀態，實
際上伴隨著適應工具的一種改變：本能在
自然環境中指導自然人，理性在社會環境
中引導文明人，這種變化對嗅覺不是沒有
影響的。文明人在脫離動物生活後，嗅覺

變遲鈍了。相反地，由於能夠想像，他在
野蠻人不可企及的方面發展了嗅覺。自然
人依戀現在，「沒有預見性也沒有好奇心」
[19]。想像這種能力，在自然人那裏只是潛
藏，唯有在文明人那裏發揮作用。而且對
文明人來說，「氣味本身是一些微弱的感
覺」，因為它們「不再使想像受到震動，
只是使感覺受到震動；它們既不透過給
予，也不藉由期待的事物影響他人。」[20]
因此，這種變化不是消極的：嗅覺在力量
上所失去的東西，在想像的作用下將顯得
更精鍊。

　　在社會秩序中，想像這種能力以如此
特別的方式來要求嗅覺，以至於與嗅覺混
淆在一起了。想像和嗅覺兩者在愛情上都
有著決定性的作用。當想像「不與狂亂的
心說話」，「只滿足於愛情唯一的肉體」，
並在自然推動下毫無選擇地投身於「性格
熱情」[21]時，它與嗅覺的給合有利於產生
和維持文明人的慾望：「嗅覺是想像的感
覺；當嗅覺給神經更強的刺激時，它就更

盧梭。

使大腦激動。就是因為這個原因，它有時使一個人的性格充滿活力，然而久而久之卻讓人感到精疲力竭。它在愛情中的效果眾所周知，盥洗間裡的清香並不是人們所想像的溫柔陷阱；我不知道是否應該向聰明但感覺遲鈍的人道賀，還是為他們感到惋惜，因為情人乳房上的花香從來都無法使他們激動。」[22] 嗅覺在社會化的同時，也漸漸理智化：它有助於夢想和幻覺。然而，作為想像特徵的模糊性向嗅覺襲來：嗅覺和想像兩者都能夠讓人落入陷阱。實際上，不論是涉及愛情還是捕獵，嗅覺都是一種捕獲工具。但是在自然狀況下，它引導捕獵者追捕獵物，而在文明條件下，它引誘人們落入他人所設下的圈套。

嗅覺和想像這種特殊關係是嗅覺能力在質量上有重大差別的根源。女人比男人更富有想像力，並對所有氣味都很敏感。相反地，想像力相當豐富的小孩在這方面卻表現得冷漠。「不是他們的感覺與大人一樣細膩或許更加細膩，而是因為他們在感覺中沒有摻入任何想法，所以他們不易對快樂或者痛苦的感覺感到不安，他們也不會像我們那樣高興和不高興。」[23] 只有透過想像的刺激，才能使他們的嗅覺走出「遲鈍」。小孩的嗅覺遲鈍使盧梭在繼霍布斯（Hobbes）[24] 之後強調了「香」味和「臭」味的相對特性。如果小孩很早就能發現氣味間的強度差別，他們就不可能在質上對氣味做任何區別：「感覺源於天性；偏好或者厭惡卻並非如此。」[25]

同樣地，也是味覺與嗅覺之間的關係決定了對香味和臭味的評價。味覺本身隨生活方式而變化，味覺決定氣味，氣味彰顯味覺。野蠻人的嗅覺也許與我們的嗅覺受影響的方式不同，因此因嗅覺所產生的評價也截然不同：「一個韃靼人可能高興地嗅到一個因死馬而發臭的居住區的氣味；而我們的某個獵人可能因為聞到半腐爛的山鶉氣味而高興。」[26] 並且這兩種感

霍布斯。

覺之間的聯繫非常密切，應該禁止笨拙的欺騙。當有人想隱瞞「草藥難受的餘味」以便讓小孩把藥服下時：「這兩種感覺的差異太大了，以至於絕不能濫用……一種美妙的香味對他來說也許是討厭的氣味；我們這樣不慎重的預防措施使得不愉快的感覺總量提高，而使令人愉快的感覺總量降低了。」[27]

正如「用無法模仿的真實性描繪自然界」[28]的盧梭一樣，卡巴尼斯（P. J. G. Cabanis）揭示了嗅覺與味覺、愛情與想像間密切聯繫。作為「味覺的嚮導和哨兵」，嗅覺還是肉慾的感覺：「鮮花盛開的季節也是愛情享樂的季節，淫蕩的想法與花園或芳香樹蔭的想法聯繫在一起。詩人們理性地把靈魂擁有的溫柔陶醉歸結為香味。如果一個人，甚至最聰明的人，聞到鮮花盛開的樹林氣息而沒有造成想像力勃發，激情奔湧，那他還是個人嗎？」[29]

儘管在《愛彌兒》中可以找到一些論及嗅覺與感覺分裂的文字，但這種分裂的出現基於一種願望；不從氣味的「遙遠效果和精神效果來考慮氣味，也就是說，透過思想聯繫的唯一作用來揭示不直接依賴氣味固有作用的感覺」。與這種意圖相對應，人們則純粹從生理上解釋了嗅覺所引起的肉體激動。氣味藉由它自身對整個神經系統產生強烈作用，使它對所有的淫慾有所準備，並傳遞它「這種輕度看來與氣味無法分割的慌亂；所有這一切的發生是因為氣味對器官產生了特殊作用。」卡巴尼斯也把嗅覺與愛情慾望聯繫起來，但是他更明顯地強調嗅覺活動與性活動之間的關係。性活動這個生理過程大概很自然地引起醫生的注意，盧梭因為對愛情的想像力更敏感，所以對於此點只是帶過。

卡巴尼斯這位十八世紀的哲學家兼醫生，即使他的主要著作《論生理和道德的關係》（*Rapports du physique et du moral*）於一八〇二年已完成，他仍追隨孔狄亞克的

卡巴尼斯認為嗅覺——如花與草木之香氣——會激發起愛情的慾望。圖為十六世紀的木刻版畫。

「鮮花盛開的季節也是愛情享樂的季節」。

思想，他固守著孔狄亞克的傳統心理分析陣地。但是當他聲稱要把心理事實研究與生理學聯繫起來，並使理解力與有機體之間的聯繫成為本能的東西時，他就與傳統心理分析做了徹底決裂。「好的分析」或許不會人為地孤立那些同時作用並受到器官、內臟和神經系統影響的感覺活動，這正是為什麼要研究感覺的原因。感覺是「所有思想的根源，是人的道德習慣」[30]，它與生命之軀有所聯繫而非單獨存在。實際上，當孔狄亞克的雕像聞玫瑰氣味時，這尊雕像「就它自己而言，變成了玫瑰氣味，而不是任何別的氣味，並且這種既準確又機敏的表現，使大腦此刻經歷的簡單變化完美無缺。」[31] 但是，實際上嗅覺要複雜得多，遠不只侷限於嗅覺，也不會拒絕外來的感覺，因為嗅覺不僅與其他感覺相互協調，而且還對腸管和生殖器官顯出「特殊的好感」。這些聯繫正好用來理解某些氣味的作用，如引起噁心和可怕的嘔吐，激起或平息歇斯底里情緒。

在哺乳動物中，嗅覺是產生同情和厭惡的主要器官：「無疑地，每個物種，甚至每個個體，都發出一種特殊氣味：他周圍形成一種動物性的揮發性空氣，並常常因生命的規則而更新；當個體移動時，總是在路上留下一些粒子，這些粒子必定使同屬的或不同屬但嗅覺敏銳的動物跟著他走。」[32] 從那時起，人們開始理解那些身體強壯的動物的氣味所具有的誘惑力，因為它們引起了器官的樂趣，產生有益健康的效果。古代人類早就瞭解年輕強壯的身體的生命氣息，能使因性慾過度而筋疲力盡的虛弱老人和病人獲得好處。大衛儘管年事已高，仍與漂亮女孩同床共枕。蓋倫認為，希臘醫生在作肺病治療時，曾讓病人喝健康奶媽的奶開胃健體。依循同樣的理由，有人建議用打掃得乾乾淨淨的牲畜棚裏的空氣治療某些疾病治療。

賦予氣味治療興趣在貝克萊（George

充滿生命氣息的年輕肉體。〈擲鐵餅的人〉石雕（約西元前450年）。

古代醫學認為接近年輕的身體，其生命氣息能幫助衰老的人。圖為西元前六世紀的希臘瓶飾。

Berkeley）最後一部重要著作《關於焦油水的功效以及與之有關的、相互引發的其他課題的哲學反思和探討之鏈》（Siris ou Réflexions et recherches philosophiaues concernant les vertus de l'eau de goudron）中佔據核心地位。這位哲學家是愛爾蘭主教，也是《新編視覺史》（Nouvelle Histoire de la vision）一書的作者，他奇特的旅程因替一種芳香劑辯解而告終。這位優秀牧師非常關心基督徒的健康，一有機會就為他們治病。他試圖引進和推廣他在美洲發現，並已成功用於疾病防治的一種藥物。毬果植物經燃燒得到香脂，把香脂在水中簡單溶解就得到焦油水。在他看來，焦油水是上帝賜予的貨真價實的萬應靈藥：「這些從喬木和小灌木中提取的物質叫香脂，因其醫學價值而備受讚賞。在這些提取物中，焦油占了最重要的位置。焦油是貴重的香脂之一，其香味表明它具有活性品質……」[33] 當時，這位哲學家主教打算把可悲的堂區教民從愚昧和衰老中拯救出來，當時這些教民呼吸著濃稠的空氣，飲酒過度，且生活習慣極壞。

但是為了完成這項宏偉大業，應該使人信服這種藥劑產品的多種功效。貝克萊當時建構了一種真正的宇宙論，這種宇宙論不僅從柏拉圖那裏受到啟發，而且也從煉金術士們建構、布爾哈夫採納的理論中受到啟發：即「指導精靈」理論。「指導精靈」是一種非常細微敏銳的成分，它包含所有身體的氣味。焦油水在這種宇宙論中起著重要作用：「一根鏈條貫穿整個系統，在這根鏈條中，事物環環相套。最卑微的事物與最高等的事物連在一起。」[34] 然而，植物焦油的「指導精靈」是這串鏈條的第一個鏈環，是它引導眾事物走向主宰世界秩序的「神靈」。

第十二章　康德和黑格爾：
一種反社會且缺乏美感的感覺

不論是為了確定器官在精神生活中的重要性，還是確定感覺的認知作用，啟蒙時代的思想家毫無爭議地對嗅覺再次產生興趣。但是這種為嗅覺恢復名譽和地位的運動並沒有獲得一致的意見，特別是康德仍處於這種潮流的邊緣。

在康德所提出的，與經驗主義、又與理性主義有關的感覺等級中，嗅覺的地位是模糊的。嗅覺既是一種「最忘恩負義」的感覺，又是一種「最不可少」[1]的感覺。作為「味覺的近親」[2]，它也是一種透過接觸所產生的感覺。這兩種感覺相互訓練，其方式不像觸覺、聽覺和視覺那樣是機械的、表面的，反而是化學的、內在的。嗅覺和味覺作用於主體，不需要任何外在的媒介，從而是「主觀的」而不是「客觀的」[3]感覺。它們更多的是用以享樂，而不是用以求知，它們對外部客體的特性知之甚少。

嗅覺透過經驗吃力地參與認知活動，所以它與自由和社交性是對立的，此一情況更加深它的不光采。實際上，與味道和口腔吸收之間的接觸相比，進入肺部的氣味與肺部的接觸「更加親密」[4]。另外，與有意識的口腔吸收不同，嗅覺在大多數情況下是無意識的。因為嗅覺不能通過一個與嘔吐類似的拒絕過程來避免或取消，所以每個人都非得接受氣味。「嗅覺是一種遠距離的味覺；不管願意不願意，人們都被迫分享氣味；這就是與自由對立的它，為什麼不像味覺具社交性的原因。當賓客品嚐食物時，可以按照自己的意願選擇酒類和佳餚，而其他人不會被迫分享這樣的樂趣。」

因為「嗅覺能夠獲得的厭惡客體（尤其在人口稠密地方）[5]要比快樂客體多得多」，所以它的「不拘禮節」[6]更加令人生氣。各種氣味引起關於厭惡的無聲回憶，導致康德產生一種悲觀主義。這種感覺的種種煩惱掩蓋了它的短暫魅力，「培養它

康德。

黑格爾。

或者改變它以從中獲得樂趣,是毫無用處的」。它唯一的興趣是指出它該避免的東西:「作為相對於舒適的情況,當這種感覺涉及的是不能呼吸一種有害空氣(爐灶的各種氣味、沼澤和死屍的臭味)或者是不能食用一種變質食物時,它的重要性是顯而易見的。」

很少有哲學家對嗅覺做出這樣高傲的評價。難道從中可以看出這位每天喜歡與朋友在酒席上度過幾個小時,但也注意尊重他人(「從口袋裏掏出薰香手帕的人,也讓所有在他身邊的人沉浸在芳香裏,不顧他們的意願,如果這些人還想呼吸的話,就只能被迫同時享受這樣的歡悅。」[7])的倫理學家的態度,或者可以看出以對香味和鮮花無動於衷著稱的人的嗅覺反應嗎?[8]難道從中還可看出「哲人」不信任最具感性的感覺嗎?因此,這種最具感性的感覺應該如哲學家兼科學家拉梅特里(Jean-Claude de La Metherie)所建議,要

「格外關注氣味的使用」[9]。

這種勸說與嗅覺的哲學史若隱若現的一個主題相對應,即遠離能控制性誘惑的一種危險感覺。拉梅特里注意到,「社會人尚未能完全感受到嗅覺帶來的愉悅,正如這些人從其他感覺客體所享受到的。品嚐技藝已經很高超了,這些人周遭的佳餚和飲料品種是多麼豐富呀!音樂不停地變化,視覺樂趣的增加速度驚人,但在增加氣味樂趣方面,人們卻什麼也沒有做,儘管人們承認這些樂趣是些非常淫蕩的感覺。因為氣味的持續能導致肉體快感,所以人們不會原諒成年人如此運用氣味。」這些交給妓女和市場的香水和鮮花,只為少數正直女人所容忍。這位感覺論醫生在這點上同意柏拉圖和康德的質疑。

嗅覺是一種與消耗有關的慾望,而思想並沒有參與這種消耗。黑格爾比康德看得清楚,認為嗅覺是缺乏美感的,還認為鼻子在臉上所處的位置是嗅覺被拋棄的原

因。這種附屬器官作為聯繫器官，在二律背反的兩種部位中佔據戰略性的地位：一種是「理論的或精神的」[10]部位，如前額、眼睛、耳朵，是思維的場所；另一種是「實踐的」部位，主要由口腔器官組成，特別用於營養。黑格爾完全把鼻子放在功利的部位，認為它屬於「兩種系統」。嗅覺形象的整個模糊性就源於這種定位：跨坐於思辨和物質之間，鼻子不是君主，而是像附庸國一樣，依附在最強大的實體上。

從解剖學上可看出它與強大實體的合併。當前額與鼻子間被一個凹陷明顯分隔時，鼻子從上到下看起來都被營養器官吸引：「前額如此孤獨地安置在那裏，接受著自我精神僵硬且全神貫注的表情，這種表情無法通過已成為普通營養器官並把鼻子用作附屬器官的口腔表達出來。而鼻子聞各種氣味的目的在於產生或者刺激純粹肉慾的需求。」[11]另外，在動物身上，口鼻部位凸起，可以滿足基本需要，保證嗅覺的優越性，使口鼻部位的外形具有「脫離整個精神純粹簡單的功利表情」[12]。

相反地，希臘人的臉形，有著「人類完美的頭部形狀」[13]，其特徵是鼻子與前額之間的聯繫幾乎沒有中斷。它體現了思想對「被壓抑而完全處於次要位置」[14]的本性的勝利。鼻子在這裏代表著前額的一種延伸，一種「精神器官」[15]，因此具有非物質的特性和表現。這種鼻子形態學賦予嗅覺一種理論功能：「鼻子可以通過各種收縮，儘管微不足道，來表現精神秩序的評價和判斷。」[16]在那張高貴、安祥且和悅的臉上看不到任何斷裂，任何對立，任何缺陷。那張臉體現了美的理想，它「美麗的和諧源於從臉的上部到臉的下部難以察覺到，甚至是連續的過渡。」

因此，嗅覺在相互矛盾的利益之間搖擺不定，和味覺相比，它只有相對的自治性，它最終被劃為實用性的感覺，僅與物質有關。與僅僅關注客體形狀並不觸碰它們的視覺和聽覺不同，嗅覺具有毀壞的性質：「我們只能聞到那些自行消耗的物質的氣味。」[17]它與藝術和智力的興趣不相容，處於精神感覺和自然感覺的交合點上，它只有壓抑與身體的聯繫，從而放棄最基本的自然活動，即感覺，才能獲得某些尊嚴。在這些條件下，黑格爾賦予嗅覺的理論，除了作用在一具石雕的臉上，還能夠有別的想法嗎？

第十三章　兩位「嗅覺敏感」的哲學家：
費爾巴哈和尼采

費爾巴哈（Feuerbach）認為，康德和黑格爾對嗅覺的貶抑表現得如此明顯，可歸結為一種唯心主義，而黑格爾的哲學則構成這種唯心主義的「顛峰」。費爾巴哈對思辨的批判不僅針對黑格爾的絕對唯心主義，認為它不能真正地理解世界，而且只是違心地接受感覺的真實性；同時也針對基督教，因為它是一種「被閹割的、喪失肉體的、抽象的」[1] 理想製造者。不論是黑格爾的絕對唯心主義還是基督教造成了人的異化和分離，費爾巴哈嚴厲譴責了這種把身體與感覺分離開來的可憐殘缺思想：「我絕對且徹底地拒絕絕對的、非物質的且自鳴得意的思辨，拒絕那些自我封閉的思辨。我與這些鼓著眼珠，激烈爭吵以便獲得更好思維的哲學家之間隔著一個世界；我需要感覺來思考。」[2]

費爾巴哈是黑格爾的弟子，但他不是「正爾」[3] 黑格爾學說的信徒，因為他將逐步走向唯物主義。他將與導師的唯心論體系決裂，並且發現這種脫離肉體的哲學缺少一個「鼻子」：「但是，頭這個思維器官，不論它多麼萬能，總有一個確定的鼻子，不論這個鼻子是尖的還是塌的，小的還是大的，長的還是短的，直的還是彎曲的。」[4] 與這種毫無生氣的思想，即「重建因哲學而衰亡的基督教偉大學說」[5] 相反，他提出另一種有血有肉的思想。這種思想「不是建立在一種無存在、無顏色、無名字的哲學上，而是建立在一種浸透著人性的理性上」[6]。他對嗅覺的描述被納入一種全人的觀念中。這種全人觀念肯定了他與某些唯物論思潮的聯繫和分歧，不過拒絕別人為他貼上任何標籤。他從一八四三年起就提倡的「肉體和血」的人文主義，包括「眼睛和耳朵，手和腳」[7]。與唯心主義不同，他要求自己與身體有聯繫，與身體和諧共處，進行思考：「舊哲學始於這個命題：我是一個抽象的存在，一個純粹思考的存在，我的身體不屬於我

費爾巴哈。

的本質；而新的哲學始於另一個命題：我是一個現實的存在，一個感性的存在；因此，我的身體，它的全部就是我自身，我的本質。」[8]

基於人類特有的普遍性和自由不是獨一無二的理性事實，而是「全人」事實這個信念，費爾巴哈把「最低等的」感覺提高到最高層面增加它們的價值。於是，整個感覺等級被廢除。嗅覺和味覺看來跟視覺和聽覺一樣，也能擺脫動物性需要的束縛，上升到「一種具自主性與理論性的意義和神聖」。他替通常被視為最平庸的器官——胃所做的長長辯護，就是這種方法中最具特色的一項：「甚至人的胃，雖然我們強加在它身上種種蔑視，它也不是一種動物的存在，而是人的存在，因為它是普遍的，它不侷限於特定種類的食物。這正是人為什麼能擺脫貪食的狂熱，而不像野獸那般追逐獵物的原因。如果讓人保有原本的頭，卻把狼或者馬的胃給他：那他肯定不再是人了。一個有限的胃只能用一種有限的感性，也就是說動物的感性來理解。這就是為什麼，如果人與他的胃保持道德關係和理性關係，就不應該把它當作動物存在，而是作為人的存在來對待的原因。如果人性在胃這個出口就停止，就是把胃拋在動物的層次，就是允許人像動物那樣吃食。」

和胃一樣，嗅覺只是在不附屬於確定的客體時才被稱為「人的嗅覺」。這種確定性的缺乏有損它的敏感性，但是它在能力上的缺失，必將在自由和普遍性上有所得：人的嗅覺之所以不如狗，是因為人不會被幾種特定的氣味征服，而是對所有氣味都敏感。當費爾巴哈把黑格爾留作精神專用的特權擴展到嗅覺時，他使嗅覺擺脫了它有損名譽的獸性，為它恢復了人們拒絕給它的自治性。它遠不是一種只與客體間有著毀滅關係的感覺，它具有「精神的和科學的行為」，可以良好地為知識以及藝術服務。

更基本的工作是尼采所完成的。他為

費爾巴哈倡導一種「肉體與血」的人文主義：要求自己與身體有聯繫，與身體和諧共處，
進行思考。圖為杜勒所繪之男體（1526）。

尼采。

嗅覺恢復了價值，因為這種價值恢復是尼采批判唯心主義和基督教的工具。費爾巴哈力求使嗅覺精神化和理智化來拯救這種被唯心主義思想家和基督徒貶低的感覺。相反地，尼采拋棄了費爾巴哈的畏懼，要求一般人和個別的嗅覺恢復人們想奪走的動物性：「我們不再於『精神』中尋找人的起源，不再於『神聖的自然』中尋找人的起源，我們重新把人放到動物的行列中。對我們來說，人是最強大的動物，因為他最狡猾；他之所以有才智只是狡猾的結果。」[9]他保留智慧本能導致了他的死亡，並產生「內疚」。因為犯罪感，出現了最嚴重、最可怕，甚至人類至今仍未從中恢復過來的疾病，「人對他人造成痛苦，更將痛苦施加在人自身上：這是人與動物性過去粗暴分裂的結果，是突變的結果，是新環境與新的生存條件下墮落的結果。這是向原有本能宣戰的結果，直至那時，他的力量，他的快樂，他所害怕的一切都依賴於這些原有的本能。」[10]

宗教和唯心主義哲學受到尼采的猛烈攻擊，它們都是為了發展一些捏造的思想，如一種獨立於肉體軀殼的「純粹精神」。基督教被視為「人類最大的不幸」[11]，本能的病理學，及對生活的憎惡，受到了無情的譴責。如果說人是最不成功的動物，最多病的動物，最危險地脫離了本能的動物，那麼基督教的錯誤主要為「一種傳授有關對身體理解錯誤的宗教！……這種宗教對不充足的飲食『引以為傲』！這種宗教健壯地與敵人、魔鬼和誘惑作爭鬥！這種宗教相信人們可以領著『十全十美的』靈魂在死屍堆裏散步，因此這種宗教需要塑造一種新的『完美』觀念，即一種蒼白、體弱多病、模糊不清且遲鈍的存在——簡而言之，就是所謂的『神聖』，一種只是由貧窮、軟弱無力，不可救藥地遭到毀滅的身體綜合病症積累而成的神聖！」[12]

尼采眼中「由貧窮、軟弱無力，不可救藥地遭到毀滅的身體綜合病症積累而成的神聖！」圖為十六世紀苦行僧。

　　但是，尼采還向那些鄙視身體的哲學家們宣戰。這些哲學家無視身體的「偉大理性」，強制性地規定虛幻的道德觀念，否定身體包含未被人瞭解的智慧：「當個哲學家，當個木乃伊，通過裝殮埋屍工的摹擬手勢想像『一神教』吧！但願他們別來跟我們談論身體——這種可悲的關於感覺的固有觀念——因為他們犯下種種可以想得到、不能否認，甚至無法成立的邏輯錯誤，儘管他們煞有介事地為人行事。」[13]

　　這些批判的主要對象是叔本華。不過，尼采在堅持「意志」[14]至上，也就是說，身體優先於理智的同時，與力求把人描繪成與動物大不相同，並把人的本質放

在意識裏的傳統保持著距離。同樣地，他把嗅覺看作一種記憶感覺，「因為與任何其他感覺相比，它能更直接地勾起我們對時間久遠的某種情況或者某一環境的特定感覺」[15]。他因而與否定嗅覺的理智哲學流派一刀兩斷，但是他賦予最抽象的感覺以特權。視覺是所有感覺中最沒有肉慾、最理智的感覺：這是「知性」[16]的感覺。聽覺則被一種獨特的方式加以思考：儘管它是被動的，且總是與精神作對，但它侵犯了視覺的特權，是種「能思維和理解的」理性感覺。他尤其斷言，嗅覺和味覺作為最肉慾的感覺，是較低等的感覺。它們「不是客觀的，而是主觀的」（康德的遺產

叔本華。

赫拉克利特。

出現在這個甚至重新採用人類學術語的慣用語裏），它們服務於貪得無厭的慾望，即痛苦的源泉。必須通過對生活願望的否定，對「意志」的否定才能擺脫痛苦。痛苦是整個生活的本質，這種思想決定了一種悲觀主義的道德觀，它的主要辭彙是禁慾和貞潔。

基督教和唯心主義贊同這種對身體的厭惡，因此激起了尼采的責難：「無可爭議的是，自從有哲學家（從印度一直到英國，取哲學靈思的兩個極端）以來，就存在著對肉慾的一種真正的惱怒，一種仇恨──叔本華只是爆發了對肉慾最具說服力的論調，若人用耳朵去聽的話，這也是最具誘惑力和最迷人的爆發。」[17] 從這種憂鬱的哲學到轉而反對生活的「裝殮埋屍工的氣味」[18]，尼采決定採取「正確的反面」[19] 意見。

在「從事哲學的人」[20] 當中，赫拉克利特（Héraclite）是唯一透過自己的眼睛去發現世界的哲學家。這種評價在某種程度上可能讓人驚訝，因為這位希臘哲學家最終也探討說謊者的感覺。但他最大的優點在於不對這些人的無常提出既有的指責。當尼采斷言，「從來沒有一位哲學家懷著崇敬和感激的心情談論過鼻子⋯⋯鼻子甚至是暫時用來為我們服務最靈敏的工具：這種工具能夠記錄運動中最小，甚至連顯微鏡都不能記錄到的差別」[21] 時，他無疑記得赫拉克利特確立嗅覺與知識關係的那段話：「只要所有東西都冒煙，鼻腔就能認出它們。」[22]

儘管如此，這種為嗅覺的辯解很快地採用了隱喻的形式，因為這種辯解與本能的形式混淆，並擴展到直覺知識的形式中。不顧所有蔑視身體的人把身體視為最具動物性的感覺，他回答說，他的嗅覺蔑視理性。嗅覺與洞察力、精神穿透力與同情心間的聯繫讓這種感覺成為心理學家所專有的感覺。心理學家可以本能地引導自己，而整個藝術不在於思維，而在於覺察。尼采作為「新生的心理學家」[23]，為自己在這種關係下具有這種感覺而自誇：「從我是第一個感覺和嗅到謊言就是謊言

這個唯一事實來看，我是第一個發現真理的人」[24]。

作為心理和道德認知的工具，「嗅覺」可以檢測陷藏在最神秘的內心深處的怯懦、虛偽與墮落，連眼睛和理性都無法看穿它們。他把這種可怕的能洞悉心靈真理的盟友與傑出的哲學武器——辯證法（手中沒有其他武器的絕望者的應急武器）[25]相比：「在我與人打交道的過程中，我的本性根本不方便我做事，我又怎麼敢稍稍提及它的特徵呢？我與別人不同，對清潔本能地敏感，到了令人困惑的地步，以至於我感覺到，或者聞到——當我靠近他人時——我說的是什麼呢？——他人的整個內心、神秘的內心、「內心深處」……這種敏感，構成了我的心理觸角，使我能抓住和觸摸所有的秘密：隱藏在本性深處厚厚的污垢，我幾乎從第一次接觸就意識到它。這種本性可能來自有毒的血，但接受了教育的滋潤。如果我的觀察是準確的，這些與我的清潔感不那麼協調的本性就能感受到厭惡使我產生的謹慎：然而這些本性的氣味就並未因此變得好聞一些……」[26]

因為這種敏感的嗅覺工具，文明人的多病特性才顯現於光天化日之下。文明人被一種教他為本能而臉紅的倫理學閹割了。他既然不能自由地發展這些本能，就壓抑它們，也因此把自己戕殺了。從「野蠻人」轉變到「內疚的人」的過程發出一種臭味：一個正在失去動物性和權力意志的人的臭味。「在過渡成為一個天使（為了不使用更艱澀的詞語）時，人把被寵壞

的胃和滿是味道的舌頭拉到與自己同邊，它們不僅使他對動物的單純快樂生出厭惡，而且使他的生活乏味。以至於有時他捏住鼻子，低頭打量自身，並帶著憂鬱的神情，與教皇英諾森三世（Pape Innocent III）一起數落著人類的缺點：『不純潔的生育、母乳令人噁心的營養、人類賴以發展之物質的低劣、還有臭氣；唾液、尿液和糞便的分泌物。』[27]」

像靈敏的獵犬，尼采「從遠處聞到了」[28]使最牢固的倫理觀念發臭的腐敗，以及這些沒落的思想，逃離現實並轉向冥土的唯心主義和基督教的分解：「只要讀一讀任何一個基督教煽動家，如聖奧古斯丁（Saint Augustin）的作品，人們就會明白，就會聞到，哪些骯髒的傢伙們趁此機會佔了便宜。」[29]有許多次，「這種製造理想的場所」，「這種謊言撲面而來的場所」[30]的臭氣使他不得不「捏住」[31]鼻子。反對倫理學及其錯誤價值觀念的運動開始發展，「沒有一絲火藥味」[32]：他提倡為「各種相當敏銳的鼻腔」提供一些「大不相同、更宜人的香味」。

嗅覺是真理的感覺，因為它是從賦予身體偉大智慧的動物本能這一個可靠來源獲取真理的；嗅覺也是心理學家揭穿虛假和幻想的工具。嗅覺在探索真理的過程中，取代了壓制本能的鬥爭所產生的冷漠邏輯。除了它的基本功能外，嗅覺還保證了一種「第六感覺」，即直覺認知的功能。

第十四章　從哲學到詩歌：傅立葉和巴舍拉

　　實際上，嗅覺確實受到諸哲學家的冷落。柏拉圖和亞里斯多德指責它不敏感，缺乏論調，以及它獲得的快感有時沒有視覺和聽覺那麼純淨；康德視它為一種忘恩負義的感覺，是不愉快的根源；叔本華把它當作低等的感受，黑格爾將之驅逐於美感之外，齊美爾更認為它完全就是一種反社會的感覺。

　　然而，這種不重視嗅覺的論述，並不是上述這些哲學家與研究感官的哲學家的差異，即使是像傅立葉、費爾巴哈，甚至尼采都一樣。即使尼采曾做過一些辯護，但也並沒有引起許多迴響。二十世紀，休伯塔斯·特倫巴哈（Hubertus Tellenbach）和讓·諾蓋（Jean Nogue）把嗅覺視為接觸世界和不斷認識世界的一種感覺。除了這兩位有所企圖，為嗅覺恢復名譽和地位的嘗試沒有顯著進步。[1] 古典現象學對此根本不感興趣。梅洛－龐蒂（Merleau-Ponty）在其《知覺現象學》（*Phénoménologie de la perception*）一書中沒有討論嗅覺問題便是一例。而法國當代哲學家米榭兒·

塞爾（Michel Serres）在其《五種感覺》（*Les Cinq Sens*）中只注意到哲學對嗅覺的蔑視：「哲學多半關注視覺，很少關注聽覺，更不用說對觸覺和嗅覺賦予信任了。抽象分割被聞到的身體，刪除味覺、嗅覺和觸覺，只保留視覺、聽覺、直覺和理解力。抽象的意思不是離開身體，而是把身體撕成碎塊，即對身體進行分析。」[2]

　　賦予精神、理性特權的各種思想，趨於對嗅覺作出貶抑的評價；而頌揚身體重要性的各種思想，則提出了嗅覺具有價值的觀點。儘管這兩種流派之間建立了一些接觸點，但雙方的代表人物對嗅覺地位的思考方式則通常截然不同。嗅覺在知識和美學中的作用，在一方看來是可忽略，甚至是可以不存在的；但在另一方看來，嗅覺介入這兩個領域是無可爭議的，甚至是特別重要的。普拉迪納（Pradines）認為，嗅覺是一種「需求感覺」，它既「不能真正地認識世界，也不能真正地認識自我」[3]；而饒勒斯（Jaurés）則認為，嗅覺是一種「美學感覺」，它在「我們與我們

出生的這塊土地的生命之間建立了一種公平關係」[4]。所以，嗅覺實際上總是在感覺的價值分級上佔據了一種惹人爭議且不穩定的位置。嗅覺似乎常常構成一個讓人惱火的問題，好像它的物件如果逐漸消失將會影響把它納入這個系統的所有努力，而讓此種努力顯出一種相對無能。氣味很難用科學概念或者哲學概念來掌握，它借助的更多是詩歌的回想。

實際上，作家和詩人廣泛地使用氣味的能力來喚起記憶。「香味能產生思想和相對的回憶。」[5]波特萊爾寫道。從乳房的氣味，「出現了充滿帆船和桅的港口」[6]，從頭髮的氣味，出現了「一個遙遠、失蹤且幾乎消逝的世界」。于斯曼（Huysmans）筆下的主人公埃桑特，配置化學混合物，在氤氳香氣中顯現出逝去的年代。從其噴霧器逸出的氣體裡出現了飾物，用裙環撐開的連衣裙，人面粉紅而豐滿的維納斯，以及「滿是丁香與椴花的」[7]草地。在普魯斯特的作品裡，這種能引起聯想的嗅覺力量發揮得淋漓盡致，因為嗅覺是他寫作的源泉：他患有哮喘，對氣味敏感，不過，他卻是通過嗅覺和味覺建構了他的美學。

在這方面，嗅覺之所以優於其他感覺，或許在於它能更佳防止理智分析所形成的分解。嗅覺使過去的事物奇蹟般地清晰再現，重新找回人們以為不會再擁有的記憶，「就像魔術師從一頂大家以為是空的折疊大禮帽中掏出一長串色彩繽紛的手帕一樣」[8]。這種出色的能力，旨在形塑一些「傑出的符號」[9]，大概與氣味和記憶的特殊關係有關，與氣味缺乏語義場域有關。嗅覺沒有特定的辭彙，它不得不在其他感覺中註冊自己的語言。這就是為什麼香料師談到香料時，有「溫熱」香料、「陰暗」香料、「明亮」香料、「鋒利」香料、「尖銳」香料與「振動」香料之說法的原因。波特萊爾提及這些「香料清新的像小孩的肌膚，柔和的像雙簧管吹出的音符，翠綠的像草地」[10]。

另外，香料還在詩歌的道路上造就了各種不同的哲學家，如傅立葉是「現象夢幻者」[11]，巴舍拉是「辭彙夢想家」[12]。

在科學、哲學和詩歌的邊緣上，傅立葉試圖進行一種巧妙的結合。這位大膽捍衛慾望和激情的哲學家出身於一個經營被單和香料買賣的家庭，他夢想使「香味」成為一門真正的科學。他這樣迷戀香料和鮮花，是像他的母親嗎？他把一個房間改造成溫室，擁擠地擺放著一些芳香植物，「房間中央只有一條小道，用於讓人從門走到窗戶邊」[13]。正是在這個房間裏，他建立了他的「香料運動或者已知與未知的香味分類系統。這種系統引導著人和動物，培育風中所帶有的病菌和流行病，根據星辰決定性關係，提供被創造之物種的根基」[14]。他不怕冒犯這個自詡為科學昌明的時代，也不怕別人指責他不懂某些學科，並對其他學科只有一些錯誤知識。他向同時代的學者提出了一些應該面向新視野知識的研究課題。[15]在科學探索中存在一種「陌生的空白」：如在物質世界和諧

傅立葉。

巴舍拉。

中扮演著高人一等角色的香味機制從未成為任何研究的主題。「人們既不瞭解正常系統中的這些香味，也不瞭解這些香味所受到的影響，尤其是在結合天體受到香料親合性作用這一方面的影響。」

各種香味與誘惑和激情相連，「主動和被動地」作用於動物界、植物界和礦物界，最後贏得科學的尊嚴。香味之所以受到看重，主要是因為所有的創造物透過天體的「香料交配」[16] 而生成：萬物存在之初，各個星球透過射出香味而繁殖。對於這位注重慾望和情感的哲學家來說，享樂與香味的聯繫如此親密，以至於他以「香料體」的形式考察了靈魂在星際空間的旅行。這種「香料體」恍如以各種方式游移在一種「香料蛋殼」上，而這種蛋殼就像是環繞在各星球四周的肥皂泡。但是擔心在飯桌上找不到香料的驕奢淫逸者和美食家卻都感到放心：構成這些香料的靈敏元素比它們目前的土質與水質結構有更好的味道。因此，他們將在其他享樂中提取

「許多氣味，不僅要從其他星體，還要從地球內部」[17] 提取，同時還將從中汲取精華。

這種關於氣味是構成快樂的主要因素的宇宙觀，與戲劇人物西哈諾（Cyrano de Bergerac）想像的月球世界具有許多的相似性。在那個想像的月球世界裡，「頭腦簡單者看不見的靈魂」享受著旅行者鼻腔的樂趣，可看到縷縷芳煙冒出，因為「烹調藝術就在於將烹煮肉類時所散發出的氣味關閉在大型的烹煮鍋裡」[18]。在這裏，哲學家的理論與詩人的幻想結合在一起。

想像有時還會走在現實前面。「香味」實驗由國立科學研究中心（Centre national de la recherche scientifique）的好幾個實驗室發起，使用了國立航太研究中心（Centre national d'études spatiales）的同溫層球，其結論印證了傅立葉的幻想觀念。傅立葉早就預料到香味在宇宙形成中的重要性，各種香味分子可能是經常誕生星體的宇宙環境中主要成分之一。構成我們的

布爾哈夫。

修恩貝因。

原子以及各種行星和地球，幾乎都直接來自這種星際氣體。[19] 長期以來，烏托邦哲學家的直覺被視為微不足道的思辨，但比天體物理學家的種種探索超前了近兩個世紀。

巴舍拉對於缺乏各種「香味機制」研究並不覺得遺憾。他認為，氣味過去在科學研究領域中出現得太頻繁了。它們與味道一起，成為「粗俗的感覺」，在「實體論信念」[20] 中起著一種非比尋常的作用。當一種即時現象被當作實體質量的標誌，並被顯示為「窒息了所有問題」[21] 的前科學心理特徵時，這種實體論信念就產生了。氣味因其直接而內在的本性，被視為一些活性且有個性的實際存在，它們「為我們帶來有關物質實體的一種確切資訊」[22]，所以它們的作用表現得比我們所認為的更加有害。

十七世紀和十八世紀許多化學家和醫生所發展出的觀念，充分闡明了這種實體論思想。因此，對於馬凱（Pierre Macquer）來說，植物的藥效主要在它們的氣味當

中。由此可見，「保持氣味就是保住了藥效」[23]；一種物質「經一種特定氣味簽名」，就更讓人相信它的有效性。夏拉（Charas）之所以對那些要把蝰蛇鹽與其討厭氣味分離出去的人提出抗議，是因為這樣一來它的有效性就會被剝奪了。布爾哈夫特別發展的正統精神理論指出，每種植物或者每種動物含有一種固有的揮發氣，它只能透過味道，特別是透過氣味表現出來。氣味很具揮發性，消失在空氣中，但因它是不可毀滅的，所以在空氣中仍保持它固有的本性。雪、雨和露水讓氣味回到地面，使大地肥沃，又變成汁液：「某個春夜，玫瑰花散發的氣味隨晨露又回到玫瑰上。」[24]

使這樣多的人誤入遠離真正科學知識的歧途，氣味並不滿足，「它可以為實體論帶來一些最根本的保證，而後來這些保證為化學實驗形成一些真正的障礙」[25]。臭氧的發現為這種負面作用提供了一種典型事例。早在一七八五年，德國科學家范·馬魯姆（Van Marum）已認識到氧氣

普魯斯特。

通電後會產生氣味。他由此推論說，這是「一種電氣物質氣味」。這個結論長期以來「為研究工作提出了錯誤的實體論承諾」。這種偏差還因這種氣味被當作是雷電氣味這個事實而擴大。那是「夏天雷雨之後，空氣變得沒那麼混濁，更適於呼吸、更清新時」漂浮的氣味，「這給范·馬魯姆的實驗提供了一種宇宙價值」[26]。甚至當德國科學家修恩貝因（Schoenbein）隱約地發現「電氣味的真正原因」，並致力於一種化學物質的研究時，仍力圖把「氣味成分」與已知物質如氯和鉻作比較，並給它取了臭氧（ozone）的希臘名，意指感覺。這種物質受到過度的看重，甚至導致某些醫生把它的出現或消失與某些流行病，尤其是霍亂的發生和終結連結起來。經過近一世紀的摸索，並以漫長的「非感覺化」為代價，人們終於確定了臭氧的本質和特性。

如果說在前科學時代的觀念中，氣味被認為是一種認識論的障礙，那麼反過來，它在人的覺醒中起著積極作用：「如果按我的意思重寫在氣味中發現最早的宇宙和最早意識的孔迪亞克雕像的哲學神話，我就不會如雕像那樣說『我是玫瑰的氣味』，而會說『我首先是薄荷的氣味，即水薄荷的氣味』[27]。建立在植物氣息與被鑑定為一種簡單香味的生命之間的本體論，宣告了鳳凰的神話，即香料和復活的神話誕生。鳳凰在死亡門前展開最後未完成的事業。」[28]

巴舍拉作為「反傳統觀念的哲學家」，與「一個個陰險的敵人：直覺、視覺、形狀作鬥爭……讚美手的感覺……與烹調和嗅覺形成聯盟」[29]，並根據氣味與想像和記憶所保持的特殊關係，賦予氣味

普魯斯特親筆修訂
之《追憶似水年華》
前幾頁校稿。

極為重要的地位。夢想被視為「一個由氣味組成的世界，一種夢想者從事物中發掘的有味氣息」[30]，它能用來找到記憶所在的氣味。這種能力還可解釋尼采對香味的厭惡，對一位指責同行嗅覺緩慢減退的哲學家來說，這種態度真是令人驚訝。但是，在巴舍拉看來，他引以自豪的嗅覺僅僅為他清除紛雜的氣味，而不是讓他享受香味。只有冰冷空靈的空氣才使他獲得年輕自由的感覺：「尼采的想像在脫離過去的範圍裏拋棄了氣味。所有偏好古老的思想都夢想著那些不可毀滅的氣味。」[31]

巴舍拉論述了一個為普魯斯特所珍視的主題，因此使氣味成為過往的護衛，一個從深厚的生物層次掙脫出來、處於記憶極限，幾乎是無記憶的過往。他們兩人的思考方法具有驚人的相似性。一個冬天，普魯斯特把一塊蛋糕浸入一杯草藥茶中，於是整個孔布雷市及其周圍地區便從杯中顯現出來：「看到瑪德蓮小蛋糕我並沒有想起什麼……但是，人死後，事物毀滅之後，從遙遠的過去沒留下任何東西，只留下氣味和味道，它們更脆弱、但更有活力，更無肉慾，更持久，更忠誠，它們像一些精靈，長久地在其餘一切的廢墟上回想、等待、期望著搭建起記憶的大廈。」[32] 還有一次，木柴燒的火在他房子冰冷空氣中的氣味，就像「從一個遙遠的冬天落下來看不見的浮冰」，使他重新沉浸在「很久以來就拋棄了希望的喜悅之中」[33]。另外，嗅覺使我們有可能「追念我們的存在於過去所留下的東西。我們在不知不覺中散發出體味，只有聞到之後……我們才突然明白那是我們的氣味。」[34]

因此，以前聞到的氣味，現在憶起的東西，絕不是一種只描述事件、推定日期的歷史：它釋放了「事物常常被掩蓋的本質」[35]，對我們似乎已死亡且超越時間範圍的真實自我賦予活力。同樣地，對巴舍拉來說，氣味的回憶在我們身上喚醒的東

富克魯瓦。

西，是現實的、充滿活力的、「從詩的角度來看是有益的」[36] 兒童時代，它不是處於事實層面，而是處於夢想層面。不論在事實層面還是夢想層面，這些獨特的內心體驗都伴隨著快樂的感覺。巴舍拉借用了作家亨利·博斯科（Henri Bosco）的一種說法，寫道：「一種快樂的蒸氣」[37] 從記憶中冒出來。

不過，這兩人對待氣味的方式相當接近，但並不相同。對作家來說，內在性的價值是因為一種偶然感覺而不由自主地突然出現的，（「我們的過去也是如此。我們試圖回想這種偶然感覺，卻是白費氣力。我們所有的精神努力都是徒然的。它作為某種物質客體，隱藏在其領域和範圍之外⋯⋯這種客體依賴於我們死亡之前碰到或是沒碰到的偶然性」[38]）。而哲學家卻認為能夠通過想像隨心所欲地召喚這些內在性的價值。像「那些知道怎樣呼吸過去的偉大夢想者一樣」[39]，他進入內心，陷

入沉思：「啊，氣味！你是我們融入世界的第一個見證者。這些過去的氣味，人們閉上眼睛時又可再聞到它們。人們閉上眼睛是為了品味記憶的深度。人們閉上眼睛，立即做起夢來。只要夢得好，在一個安靜的夢境裡簡簡單單地做夢，就可重新聞到這些氣味。」[40] 如果想像與記憶緊密結合，「嗅覺圖像」[41] 會變得更加敏銳。

因此，在採取自願放棄描述和處於譫妄狀態之後，人們才再回到過去「休息」的夢境裏回想起出生的房子，夢和除了房子本身外的氣味：「例如，繪出確實是我房間的平面圖，描述頂樓的小房間，和從窗戶以及屋頂凹處可看到的山谷。我獨自一人，在我關於另一個世紀的回憶中，打開那個深邃的櫃子。僅僅為了我，櫃子保留著獨一無二的氣味，在篩子上乾燥的葡萄的氣味。啊，葡萄氣味！氣味是有極限的，應該多運用想像以便感受到它。」[42] 分析與抽象智力是無法重建過去真實的天

地，亦無法恢復內心的夢想空間，並引人走向它們的秘密。過分清晰的視覺圖像無法進入不確定的、「沒有專有名詞和歷史」[43]的童年。但是，「使語言互相追趕」的想像物，能夠「揭露」[44]各種消逝的世界，使香味從中釋放出來。

對於普魯斯特來說，感受對於回憶過去是必不可少的。這個詞用得很恰當，氣味就留在其中。對哲學家來說，這個詞具有相同的威力：「當人們讀詩人的作品會發現，整個童年被一種香味的回憶喚醒。如果可以這樣說的話，人們明白氣味在人的童年，在人的一生中，是一個沒有限制的細節。」[45]作為記憶的昇華者，「回憶之屋裡的哨兵」，「世界之根源，兒時之真理」，氣味比在《追憶似水年華》一書中更受重視。在這本書中，嗅覺出現的次數雖多，卻沒有享受引發回憶的特權。儘管如此，與夢想香味科學的傅立葉不同，嚮往科學的嚴謹和詩歌敏感性的巴舍拉，避免自己發生體裁上的混亂。儘管人們對於他有意在各種體裁間確立「最嚴格的界限」[46]，把它們彙集成一種「複調音樂」[47]，持有不同的看法。不過，退一步說，正是這些偉大的夢想家與詩人，「詩人中最具哲學頭腦，哲學家中最具詩歌才華的人」[48]來引出讓我們擁有「擴展中的兒童世界」的氣味。[49]

十八世紀末，著名化學家富克魯瓦在論述氣味時，認為「醫生就是在所有時代對該問題著書立說做得最好的人……對自然的觀察是各個時代的優秀醫生[50]研究該物質的唯一嚮導。這就是他們在這方面的著作明顯超越古代哲學家的原因」。

這是哲學思想的失敗，還是醫學思想的勝利？我認為，實際上，醫生與哲學家抱持的不同態度，可用他們對問題採取的不同方法來解釋。醫生較贊成一種具體的觀點，即強調氣味與身體、健康、疾病間的關係，而哲學家特別重視評價嗅覺的認識論、本體論、美學和倫理學價值。即使很多哲學家，例如亞里斯多德，對生物學感興趣，甚至很多哲學家就是醫生，但其中卻少有真正的實踐家。如柏拉圖、亞里斯多德、笛卡爾或康德等人，在已經有生理學方法時，卻鮮少有人嘗試將之運用於本體論和倫理學思考。如蒙田、貝克萊或者卡巴尼斯等人關注氣味對有機體的衛生和治療效應者更是鳳毛麟角。事實上，卡巴尼斯這位哲學家也是一位實踐家，蒙田一直關心著治療學，貝克萊則把大量時間與精力用來研究、實驗和改進一種萬靈丹。

第五部

精神分析學家的鼻子

「嗅覺的『器質性』抑制是文明的一個要素。」

佛洛伊德《早期的精神分析學家》（*Les Premiers Pshychanalystes*），

維也納精神分析學協會底稿（Ⅱ）

「氣味能無限制地對我們產生作用，也就是說，我們沉浸在氣味中。」

休伯塔斯・特倫巴哈《味覺與環境》（*Goût et Atmosphère*）

　　嗅覺在後佛洛伊德精神分析學文獻中佔著最不引人注意的地位。不過，在精神分析學初期，鼻子扮演著要角。在給威廉・弗里斯（Wilhelm Fliess）的一封信中，精神分析學之父佛洛伊德引證了他們倆在醫學上共同走過迂迴曲折的道路，承認在「其內心最深處」對以此達到他的最初目標——哲學抱著希望。「在完全明白我為什麼活在世上之前，我一開始就懷著這樣的渴望。」[1] 佛洛伊德把放棄本能與文明過程連結在一起，有一部分思想與尼采相符。但是他比尼采走得更遠，他在嗅覺壓抑和文明發展之間建立起緊密聯繫，因為嗅覺壓抑是文明發展必不可少的條件。實際上，尼采對這種文明與動物性的分裂感到遺憾，而佛洛伊德與這位哲學家不同，他把嗅覺壓抑看作是一個絕對必要的階段。在我看來，這種評價說明了嗅覺壓抑之後在精神分析學的舞臺上被人撇在一邊，受到冷落的原因。

第十五章　佛洛伊德、弗里斯與艾瑪：
精神分析學初期的三段鼻子故事

鼻的病理學與古柯鹼

　　我認為，嗅覺之於精神分析學誕生的重要性，應該歸結為佛洛伊德與威廉・弗里斯的相識。威廉・弗里斯是一位著名的耳鼻喉科專家，當時他把鼻子視為一種具主導地位的器官。或許他父親的鼻病理學，引導他朝著對科學的廣泛興趣中主要的一項——醫學這個專業。弗里斯相信自己發現了一種臨床病症：一種產生於鼻道的反射神經症。[1] 按照他的理論，鼻甲和鼻竇的疾病，以及鼻粘膜浮腫這兩者是所有綜合症的起因：偏頭痛、所有身體部位的神經疼痛、功能性障礙、心臟障礙、呼吸障礙、消化障礙和性障礙。這些疾病儘管多樣化，但有一個共同的特徵：用古柯鹼對鼻子的管轄區進行麻醉時，所有病症便立即消失。

　　弗里斯深信他的鼻子是造成他自己偏頭痛的原因。他為自己的鼻子做了好幾次外科手術，這讓佛洛伊德有時感到很困惑：「難道你要在我面前把自己徹底變成一個膿嗎？讓這些手術見鬼去吧！做一次手術就夠了。」[2] 一八九四年八月二十九日佛洛伊德給他的信上這樣說。然而，佛洛伊德自己也患有頭痛和心臟毛病，他終於相信他這位柏林朋友的高超醫術。作為使人極不舒服，引來眾多關心和大量評論的根源，兩個人的鼻病理學使他們更親近鼻子這種附屬器官。實際上，這兩個人「在某種程度上透過鼻子發生了聯繫，古柯鹼則強化了他們之間的這種聯繫。」[3]

　　有一個補充理由可以說明此種對鼻子幾乎是強迫性的關注。當代猶太文化學者傑伊・蓋勒（Jay Geller）認為，這個理由就是十九世紀和二十世紀初，關於嗅覺的想像中對於猶太人有許多否定性的參考資料。柏林和維也納大街上張貼的仇視猶太人漫畫，也可能導致這兩位朋友試圖改變種族偏見，而對鼻器官作出過高的評價。延續芝加哥大學教授桑德・吉爾曼（Sander Gilman）的說法，蓋勒認為，對佛洛伊德和弗里斯而言，猶太人的鼻子不

佛洛伊德（左）與威
廉·弗里斯（攝於
1890年）。

再是被嘲笑的物件，也不是衰退的男性氣概的標記，[4]而是能夠減輕人類苦難的科學真理源泉。

佛洛伊德和弗里斯在精神交流和日常思考中就已經關注鼻子的問題，艾瑪·埃克斯坦（Emma Eckstein）的鼻子所做的不幸外科手術更加強了這種關注。在這次手術中，威廉·弗里斯把五十公分長的含碘紗布忘在艾瑪的鼻子裏了。

一次失敗的手術

著名的夢「給伊瑪注射」（l'injection faite à Irma）就是受艾瑪這位患有歇斯底里症的年輕寡婦的故事啟發所寫出來的。關於她的故事，以及她對弗里斯和佛洛伊德之間的關係負有何種責任，都出現在佛洛伊德大量的信函中。為了確認這位女病人的腹部症狀不是由鼻子的器質性原因所引起，佛洛伊德請弗里斯替她進行檢查。一八九五年二月底，弗里斯來到維也納時，艾瑪的某些障礙已經得到診斷，弗里斯對她的鼻子做了手術。借這次走動的機會，他還對佛洛伊德的鼻甲進行了燒灼處理，當時佛洛伊德正患有化膿性鼻炎。但是弗里斯離開後，年輕婦女的鼻子疼痛起來，流膿出水並發出臭味。

佛洛伊德請來的第一位專家在治療女病人的鼻子上沒有獲得任何結果。請來的第二位專家眼光更敏銳，在艾瑪的鼻腔裏看到一根像紗線一樣的東西。使大家感到

二十九歲時的佛洛伊
德（攝於 1885 年）。

驚奇的是，這位專家從她的鼻腔裏取出一段長達五十釐米的外科用紗布。女病人大量流血，身體衰弱，眼球突出，臉色十分蒼白。雖然出血總算被止住了，佛洛伊德卻為弗里斯的職業疏忽以及女病人令人不安的狀況感到震驚，心情很不舒暢。於是他躲在一隅，喝白蘭地以振作精神。

三月八日，他在不安和憤怒之下，向弗里斯通報了女病人的情況。他們對艾瑪都不公平：女病人手術後鼻子大量出血，原因並不像他們兩人當初認為的那樣，是歇斯底里病症發作，而是留在鼻子裏十五天的紗布阻止了傷口癒合，引起鼻腔破裂性出血。不過，佛洛伊德仍不惜任何代價，為朋友辯解，因為他的朋友盡了最大努力，沒有人會想要譴責他。

後來幾個星期，艾瑪鼻子的悲喜劇插曲有了續集。她的鼻子重新出血，威脅到她的生命，需要進行其他手術。接下來的一段時期，佛洛伊德力圖不表露出他對那位外科醫生朋友的能力有任何懷疑。

他在信任和不信任之間搖擺不定，這從他一八九五年四月二十日的信中可以看得一清二楚。見證這位少婦又一次致命出血，他仍向弗里斯表示了他的全部尊重：他是個「醫治者」[5]，是人們可以毫不猶豫地把自己和家人的生命託付給他的人。一切責備都是「愚蠢的」和「無理的」。但佛洛伊德的懷疑則轉向與他自己的病理學有關的診斷：「至於我的疾病，我認為

你有理由要相信，鼻子在其中並沒有起什麼作用，而心臟卻產生了作用。如果我要上法庭的話，大概只有一位十分嚴厲的法官會對我懷恨在心，因為這種脈搏和機能不全常常讓我相信這種情況與你所想的相反。」

在信中的後一部分，他似乎打消了自己的猶豫，但是在最後幾行，他的情緒矛盾又再度出現。弗里斯是正確的：他的所有心臟障礙都源於他的鼻子，因為在鼻子裏使用古柯鹼阻止了心臟病痛苦的發作。在他看來，可以重新考慮對鼻子做一次手術；不過，「目前是不可能的」。

六天後，佛洛伊德告訴弗里斯說，用於鼻子的古柯鹼麻醉能引起鼻子強烈化膿，從而最終減輕他可怕的心臟疼痛，而蝶骨的積膿也使他「非常高興」。這些好消息又帶來了另一個消息：對他們兩人來說都是「很磨人的人」，即艾瑪·埃克斯坦的鼻子看起來好多了。五月二十五日傳來其他令人興奮的消息：著名生理學家約瑟夫·布羅伊爾（Joseph Breuer）非常信服弗里斯的鼻子理論，並為他在維也納贏得「響亮的」聲譽。佛洛伊德接著說：「我流了大量的膿，感覺相當好。現在化膿基本上已停止，我仍感覺很好。」[6] 至於艾瑪，她令他有些擔心，但她身體好極了。

總而言之，佛洛伊德鼻子痛得越厲害，他就越相信弗里斯關於鼻子是心臟病病因的診斷。他們的病人健康狀況得到改善，有助於滿足他的願望，即忘記這件事

裏讓他困惑不安的東西。他對自己疾病的良性症狀以及外科醫生的能力放心，最後他於六月二十二日向弗里斯宣佈，他將於九月初去柏林。

一個嗅覺夢：「給伊瑪注射」

做出上述決定一段時間後，佛洛伊德怡然自得地在他夏季宅院裡休假，一位來訪者重新勾起他的疑慮。來訪者奧斯卡·里（Oscar Rie）先生，是他小孩的醫生，告訴佛洛伊德他去看過鄉下的艾瑪及其家人。佛洛伊德詢問了這位少婦的近況，這位同事回答說：「她看來似乎不錯，但仍不見有多大起色。」[7] 佛洛伊德覺得在這種回答裏聽出了指責的意思。為了避免受到指責，特別是約瑟夫·布羅伊爾的批評，他立即為這位醫學權威記錄這名女病人的觀察報告。就在當晚，他做了一個夢：「一個大廳裏賓客雲集，伊瑪就在人群中，我立即把她拉到一旁，責問她為什麼迄今仍未接受我的『辦法』。我對她說『如果你仍感到痛苦的話，那只能怪你自己！』她回答道：『你可知道我最近喉嚨、胃、肚子都痛得要命！』這時我望著她才發現她臉色蒼白、浮腫。我感到有些害怕，於是自問：我該不會把一些器官性的症狀漏掉了吧？我把她帶到窗口，檢查她的喉嚨……我看到大量歪歪扭扭的形成物，看來很像鼻甲骨，其上有廣泛的灰白小斑。」[8]

正如佛洛伊德後來在《夢的解析》一書中提到的那樣，伊瑪／艾瑪出現鼻甲小

1893年佛洛伊德所開的古柯鹼處方。

斑,與她對自身健康的擔憂以及古柯鹼的有害相關。當時,他讓病人大量使用古柯鹼以減輕其鼻粘膜的腫脹痛苦。他輕率地開出這種麻醉劑招來同行們的嚴厲指責,並加速他的朋友厄恩斯特・馮・弗萊謝爾一馬克索(Ernst von Fleischl-Marxow)死亡。

嗅覺重新出現在夢的分析中,而且稍微深入一些。佛洛伊德描述說,當晚我記錄下我的女病人的治療經歷,「我的妻子打開一瓶酒,上面寫著『鳳梨』(ananas)一詞〈鳳梨與我的女病人伊瑪的姓迭韻〔半諧音〕〉,這是我們的朋友奧托送給我們的禮物……打開的酒瓶發出一種劣質燒酒的氣味,我拒絕品嘗它。」[9]由這種氣味提醒,佛洛伊德產生一系列聯想,他想起了弗里斯,想起他關於嗅覺和性慾的工作,想起他十分令人憂慮的鼻子化膿,以及他對這位好朋友提出為艾瑪作檢查以檢驗她的鼻子狀況的要求。

因此,一八九五年二月在維也納上演的這齣小戲有三位主角,其中鼻子在這個夢中佔據著重要地位。佛洛伊德認為,這個夢解除了他對艾瑪所負的責任,以及報復曾使他產生罪惡感的奧斯卡・里。

七月二十四日的短信只提到了一些微不足道的問題:「鼻子、月經、分娩的痛苦、神經症、你的愛妻和正在她腹中的孩子怎麼樣?」[10]

短信中所遺漏的部分說明了:他沒有提到那個重要的夢以及它的秘密意義。佛洛伊德剛剛發現夢是慾望的實現,但是他無法向自己和弗里斯承認,他的夢是用來宣告他的無罪的,是不惜一切代價使人們保持對他的欽佩。但是他的焦慮稍晚一些時候再度顯露出來;他準備接受治療,他還有足夠的精力介紹他的生理學理論嗎?不過,他還是如期於九月抵達柏林,進行手術。兩個月後,他沒出現任何手術後併發症,他對朋友的能力很放心,重新表示

佛洛伊德「歇斯底里的
結構」手稿（1897）。

了對他的全部信任：「我感覺很好，這實
在令人驚訝。自這件事發生以來，我從未
感覺這麼好。另外，我的鼻子不再化膿，
僅僅有一些粘膜性的分泌物。再說我對你
的小手術從不曾懷疑。」[11]

燒焦的氣味

這種壓抑過程，佛洛伊德已經在另一
個與嗅覺和氣味有關的故事裏碰到了。一
八九二年，一位同事為他介紹一位英國少
女露西‧R，她是維也納郊區一位工廠
廠長的家庭女教師，有一些反常的嗅覺障
礙。她有時感覺味道太強，有時又覺得聞
不到味道，由於化膿性鼻炎，她變成了嗅
覺減退的人。同時，還有相當痛苦的嗅覺
幻影伴隨著她；她同時也抱怨疲勞、憂
鬱、頭腦遲鈍和缺乏食慾。

困擾露西‧R的第一種氣味是甜食
燒焦的氣味。當她與老闆的兩位女孩玩扮
家家酒燒飯時，郵差送來一封她母親寄來

的信，她母親住在格拉斯哥市。她想打開
它，但兩位女孩阻止她打開。「孩子在我
身邊玩耍時，忽然一股濃烈的燒焦氣味撲
鼻而來。孩子們把甜食放在火上燒烤，甜
食燒焦了。從此這種氣味一直跟隨我，我
時常聞到它，尤其是虛弱無力的時候，這
種氣味更加濃烈。」[12]

因此，氣味實際上是第一次出現在情
感衝突中：是回到母親那裏，還是繼續留
在她看管的孩子身邊。在這兩個矛盾的要
求之間徘徊不定，使這件小事具有讓人受
創傷的特性。但是，她甚至患了感冒，幾
乎喪失嗅覺，為什麼還要選擇氣味作為情
景的記憶象徵呢？

佛洛伊德推測，單憑這個小故事不能
引起她的歇斯底里症。這位少女應該愛戀
—— 也許連她自己都不知道 —— 她的老
闆。她願意承認這一點，但是另一種氣
味，即雪茄的煙味，不但沒有像預期那樣
得到減輕，後來還使她感到困擾。「這種

佛洛伊德的工作室。

氣味過去應該有，但被燒焦甜食的氣味掩蓋了，現在它則單獨出現了。」[13]

當雪茄的氣味出現時，露西‧R一無所知。佛洛伊德堅持把手壓在她的前額，一個圖像在她腦海出現了：那是吃中飯的時間，所有人都圍在飯廳飯桌旁邊。還有一位客人，即會計總管，是一位老先生，非常喜歡那兩個小女孩，就像她們是他的孩子一樣。「當孩子們跟他說再見時，會計總管想擁抱她們。老闆突然站起來，向他喊道：『不要擁抱孩子們。』這句話使我的心受到打擊，因為當時先生們正在吸煙，所以雪茄氣味在我的記憶中留下深刻印象。」[14]

回憶繼續進行，一個更遙遠的回憶，是關於一位女訪客親吻孩子們的嘴的事

情。女訪客離開後，兩個女孩的父親強烈地、不公平地指責了家庭女教師，同時破壞了她的愛情期望。真正的創傷被發現了！兩天後，露西‧R像變了一個人似的，性情快樂；鼻子的靈敏嗅覺和反應幾乎完全恢復了；她又能辨別氣味了。

壓抑

正如佛洛伊德在記錄露西‧R的愛戀情感時所寫的那樣：「主體能在無意識中明白一切，針對這種奇特的狀態，我從未做過別的或更好的描述。」他自己也回憶起一次相似的經歷：「我當時發現看見事情與我期待的相反，可是我並未因此放棄某些確定的計畫。按理說，這種感覺本應使我完全放棄它們的……我患了非盲人

的盲眼症。這種毛病,人們會在做母親的身上發現,當事關她們的女兒的時候;也會在做丈夫的身上發現,當事關他們妻子的時候;更會在君主身上發現,當事關他們的寵臣的時候。」[15]

不過,這些回憶和中肯分析沒有使他懷疑自己對弗里斯的態度。正如他後來所說的,他對弗里斯的友情包含著同性戀的因素,妨礙了頭腦清醒。

一八九六年二月十三日,佛洛伊德不耐煩地期盼著他朋友關於鼻子與性慾之間關係的工作結果,希望從中找到他們關於性慾的某些共同思想。弗里斯寄給他一份原稿《鼻子與女性性器官之間的關係》(Les Relations entre le nez et les organes sexuels féminins)。他以前曾研究過鼻子與女性生殖器間的關聯,在這本書中,他發展了早期研究所提出的理論。女性在月經、生殖活動、懷孕、分娩時鼻子會受到影響。在這些確定的時間會發生鼻腫脹、鼻靈敏度增加與流鼻血。「鼻子甚至會像月經一般流血。之所以相像,不僅是因為在子宮流血時鼻子也流血,而且是因為在正常經期子宮停止流血的情況下,如懷孕期,鼻子也停止流血」[16]。

鼻子與女性生殖器的相似性遠不止這些:鼻器官「生殖部分」的勃起物,是種海綿狀的構造,可與會勃起的陰蒂相似,並與交感系統有關。對鼻子進行古柯鹼麻醉和外科手術,可以治療月經失調,對月經週期和分娩疼痛有著良好作用。這種療法在與手淫和更年期有關的障礙中也取得很好的效果。他為所得的結果感到欣慰,作出結論說,鼻子的重要性不僅僅在於它的呼吸功能和嗅覺功能,更在於它與性慾的聯繫。鼻子與性慾之間的這種關係在女性身上表現特別明顯,在男性身上也存在。有一個五十歲的醫生,多年來一直流鼻血,朋友稱他的鼻血為「月經」。這個病例使弗里斯深受鼓舞,他得出結論說,這個男人「曾直接由鼻子行月經」[17]。

當時,佛洛伊德與弗里斯友情深厚,佛洛伊德對弗里斯這些有爭議的理論未做任何指責:「我一口氣讀完了你的手稿,它使我非常高興,不僅因為你表達思想的方式輕鬆自信,而且各種觀點清晰連貫,一目了然……我沒有任何需要修改的地方。」[18]因此,佛洛伊德能夠繼續研究艾瑪的病例,並為弗里斯恢復名譽。四月底,佛洛伊德向弗里斯證實,他們的女病人流鼻血有歇斯底里的起因:弗利斯的看法是對的。顯然,她流鼻血是為了得到他人疼愛。當她還是孩子的時候,她的鼻子就常常流血。十五歲那年,她用這種方法來引起一位年輕醫生注意。佛洛伊德目擊過她的鼻子一次大出血。當她看到他為此深感不安時,比任何時候都覺得高興,因為她想藉由疾病被人疼愛的慾望實現了,儘管這要冒很大的危險。

六月四日,佛洛伊德給弗里斯寫信說,現在身體「狀況最佳」的艾瑪·埃克斯坦的情況變得越來越清楚。毫無疑問地,她的出血的確與慾望有關。有一個嗅覺的隱語被他用來表達對朋友真知灼見的

理查·范·克拉
夫特—埃賓。

哈夫洛克。

敬意，並給那個超乎尋常的病例歸類：「你的鼻子又能重新找到線索了。」[19]

一八九六年十二月四日，在一切懷疑受到「壓抑」後，他終於寫信給弗里斯說：「我在考慮某種安排，它保證我們共同的工作能相互配合，並能使我的理論奠基在你的論點上。」[20]

幾個月以後，佛洛伊德在嗅覺和壓抑之間建立一種直接的聯繫：「為了更直截了當地表達我們的情緒，回憶現在也發出和現實客體一樣的臭味。如同在惡臭的客體面前我們厭惡地把感覺器官（頭和鼻）轉過去一樣，潛意識和我們有意識的理解力也繞開記憶。人們把這稱為壓抑。」[21]

時間空氣

壓抑這個主題是在一位弄不清楚狀況的鼻子專家的移情關係情況下發展出來的。這位鼻子專家曾迷失在一個「氣味難聞」的故事中，而在我看來，這個主題與

當時科學演說中傳遞的嗅覺形象，主要是消極的嗅覺形象相當吻合。偉大的博物學家達爾文早在一八七一年就斷言，嗅覺對於大多數哺乳動物來說是極為重要的器官，而對人類來說只是一種殘餘的能力，是大量使用嗅覺的某個祖先留下的遺產，歷史源遠流長。奧地利精神病科醫生理查·范·克拉夫特—埃賓（Richard von Krafft-Ebing）一八八六年出版的名著《性心理病態》（*Psychopathia Sexualis*）一書中認為，嗅覺在動物性慾中起著主要作用，而在人類性慾中卻極少產生作用，至少在正常的情況下是如此。當時精神病科醫生和性學家一致認為，靈敏度高的嗅覺是動物性行為和反常性行為的症狀。[22]

佛洛伊德同意這些觀點，並透過在壓抑和排斥嗅覺感官之間建立起明確的關係，而且有別於同行：「我常常懷疑有一種器質性成分在抑制中起作用，有一天我對你說，這是被遺棄的原有性慾區發揮作

佛洛伊德與弗里斯書信往返不斷，討論彼此研究的各種問題與心得。圖為佛洛伊德於 1896 年 11 月 2 日寫給弗

用⋯⋯對我來說，這種假設與各種嗅覺的作用發生變化有關：在垂直的開放器官中，遠離地面的鼻腔裏，甚至因此讓從前引起興趣、從地面發出的感覺變得令人厭惡——這一切透過的是一種我仍不清楚的過程⋯⋯」[23]

奇怪的是，無論佛洛伊德還是當時對嗅覺感興趣的任何研究者，都沒有提到當時發現了一種附屬嗅覺器官，證明了嗅覺超出動物狀態就會退化的觀點。該器官於一八〇九年呂德維希・勒萬・雅各布松在動物身上，特別是哺乳動物中得到證實。整個十九世紀，許多著作（多是以德文發表的，尤其是默克爾〔Merkel〕、杜西〔Dursy〕、克利克〔Kolliker〕、施瓦布〔Schwalbe〕、朱克坎德爾〔Zuckerkandl〕的研究[24]）都致力於研究人類的這種器官。它們得出的一般性結論是，這種器官在成年人身上還存在，只是處於退化狀態，或者說是萎縮狀態。

一九〇五年，英國醫師哈夫洛克（Henry Havelock）給佛洛伊德寄來他的《人類的性選擇》（La Sélection sexuelle chez l'Homme）一書。在這本書中，他廣泛地討論了嗅覺這種原始感覺，這種人類過往動物性的歷史見證出現衰落。不管怎樣，即使「理智」得多的視覺在性選擇中取代了嗅覺，但嗅覺這種過去無比強大的感覺具有的各種誘人潛力不會完全被人排除。這些潛力在與我們的動物祖先傳下來的神經結構結合後，隨時準備發揮作用，不時地出現在反常或異常的個體身上。神經衰弱患者、同性戀者、詩人、作家，所有敏感的和相對失衡的人，同樣也容易受到由氣味產生的性誘惑。炎熱氣候條件下，所有氣味都變得濃烈，這樣可使人的嗅覺具有更強的接受能力，甚至連正常的人也是如此。但是英國醫師艾利斯（Havelock Ellis）發現，對於歐洲一般的文明人來說，氣味儘管繼續在日常生活中起著重要作用，但對性慾的影響卻不大。靠著產生同情或厭惡的嗅覺來確定人際關係的「嗅覺型」人，和對身體氣味無動於衷的人之外，還存在著第三類人，即高雅文明的男人和女人。他們對氣味的表現適度，他們的嗅覺只是為了加強已有的興奮。

被禁止的快感⋯⋯

佛洛伊德沒有他的通信者那麼樂觀，他對文明人這種嗅覺限制的種種後果（尼采曾揭露它是危險的）提出質疑。一九〇九年，他思考「人直立行走引起的衰退」，以及由此產生的嗅覺快感之器質性壓抑是否是引發神經官能症的重要原因。」他接著說，「人們也許可以理解，隨著人類文明程度的提高，確切地講，性慾應該成為壓抑的中心話題。因為人們很久以來就知道，在動物組織中，性本能與嗅覺的聯繫是多麼緊密。」[25]

對不得不放棄某些被禁止的嗅覺快感的嗅覺過敏者來說，教化壓力所要求的代價看來相當昂貴。被人稱做「鼠人」的那個強迫性病人就是一個證明。「鼠人」年輕時就有十分明顯的嗜糞傾向，不由得讓

佛洛伊德「鼠人研究」手稿（1919年）。

阿爾弗雷德・比內。

人想起「逐臭者」，「糞蟲」，以及使當時的醫學感到困擾的骯髒行為。佛洛伊德吐露隱情說，「我們的病人是一個嗅覺敏感的人，在孩提時代，就像狗一樣能根據氣味辨人；成年後，他的嗅覺比其他感覺重要得多。」

接著他聲稱「在其他神經症患者、著魔者和歇斯底里症患者中」找到了「相似的事實」，並「已學會考慮自孩提時代起就喪失的嗅覺快感在神經病症發作中所起的作用。」

法國心理學家阿爾弗雷德・比內（Alfred Binet）早在一八八七年就關注嗅覺的物戀，並描述說，由於嗅覺的誘惑，這些「氣味情人」能與「屬於奴僕階層的下等女人」[26] 聯姻。繼阿爾弗雷德・比內之後，佛洛伊德對嗅覺的物戀以及被禁止的嗜糞樂趣的轉移感興趣。一九〇九年二月十八日給卡爾・亞伯拉罕（Karl Abraham）的信中提到了「由聞起來臭的腳所產生的原始嗅覺快感」的作用。由於被稱為部分壓抑的一種特定方式，「這種

嗅覺快感被排除了；作為交換，過去被剝奪樂趣的腳被當作崇拜對象。」然而，佛洛伊德確切指出，「從那時起，問題不再是它的氣味。」[27]

一九〇九年二月二十四日，他在維也納精神分析學協會做了一篇關於《物戀的成因》（La Genèse du fétichisme）的報告，闡述了以下的想法：「患者在童年就有擦腳趾的習慣，他的腳趾發出一股濃烈氣味。對人來說摳腳顯然是一種快樂，一種嗅覺快感，這種快感一直持續到他感到厭惡才結束。」[28]

佛洛伊德提出，其他做法，如「把手指插入肛門，然後放到鼻子下嗅」，也具有肛門性慾（論文的後半部分與肛門性慾有關）的特性。所有小孩非常敏感的嗅覺快感屬於一種通常被壓抑的性倒錯運動。但是，當人只是部分壓抑時，就會發生戀物癖。人們觀察到，在過去那些喜歡腳臭味，並盲目迷戀鞋的個人身上，「氣味的快感被壓抑，而沒有氣味的腳則被理想化。理想的問題不再是氣味，即使是從否

（左）佛洛伊德
「戀物癖研究」手
稿（1919 年）；
（右）佛洛伊德在
工作室。

定的角度來看也是如此。」

　　希契曼（Hitschmann）參加了每週三在佛洛伊德家中舉行的會議，承認他也是鞋的迷戀者，並提到過去他的女管家的皮靴氣味以及他侄女「惡臭的木鞋」[29] 曾使他勃起。巴斯（Bass）吐露隱情說，他對鞋有輕度崇拜，父系遺傳下來的靈敏鼻子是其原因。薩德格爾（Isidor Isaak Sadger）引證一個病例，那位患者只戴栗色、黃色與紅色的山羊皮手套，因為這些顏色使他想起「糞便很美妙」[30]。阿德勒（Alfred Adler）斷言，所有戀腳癖的人，其嗅覺特別發達，這是對各種氣味具有強烈興趣的標記。

　　一九〇九年十二月一日佛洛伊德在維也納精神分析學協會上所做的一次講演：「達文西的一種幻覺」（Un fantasme de Léonard de Vinci），使戀物和陰莖之間的關係第一次得到確立。佛洛伊德重新考慮了「某些嗜糞衝動的壓抑」[31] 在戀腳癖中

的作用。一九一〇年二月十三日，他寫信給義大利心理分析學家桑多爾·費倫齊（Sandor Ferenczi）說，他已「在害怕臉紅的狀況下發現了意想不到的原始嗜糞衝動……這些衝動就像戀物癖中的嗅覺快感一樣重要」[32]。幾天後，為了幫助準備闡述這個問題的卡爾·亞伯拉罕，他重新描述了一位二十五歲有戀衣戀鞋癖的男子的症狀，但這次他強調了嗜糞症的重要性。這個病例，他在一年前曾向維也納精神分析學協會介紹過：「他的童年充滿了格外緊張的嗜糞活動。譬如，十八歲那年，他成功地把一根硬香腸塞進直腸，因此整整一天，他忙著把那根香腸一截截剪下來。他還有過度敏感的嗅覺。」[33]

　　佛洛伊德對通信者吐露說，他已透過其他病例瞭解到「髒而臭的腳使戀靴癖產生的一種原始快感」。他認為「嗜糞症的感覺快感就是對大多數戀腳癖和戀靴癖病例的支持」。

佛洛伊德於 1909 — 1910 年間，做過一連串關於達文西的研究。圖為達文西之畫作〈聖母、聖嬰與聖安娜〉，
佛洛伊德曾經分析這幅畫，並提出論文來剖析達文西的性格。

最後，同一年，在《性學三論》（*Trois Essais sur la théorie sexuelle*）的補注中，他記錄了嗜糞症因壓抑而喪失的嗅覺快感在戀物選擇中的重要性：「腳和頭髮能發出強烈氣味，並在放棄已變得討厭的嗅覺後能晉升為戀物。因此，在與戀腳癖對應的性倒錯中，只有骯髒難聞的腳才是性物。」[34]

接下來，他在美學層面上把放棄嗅覺與人的直立行走做了比較：「看來自從我們直立行走後，我們嗅覺器官抬起並遠離地面，嗜糞症的衝動因子首先顯得與我們文明的美學要求不相容。」

接著，氣味的壓抑亦達到了人類美學的同一層面：「畢竟對糞便衝動的因子與我們的文明美學顯得格格不入。似乎人類達到直立行走的這一階段，嗅覺器官便遠離了地面發展。」[35]

當時，衛生習慣和氣味壓抑得到進一步發展。這種對肛門性慾的興趣，反映了時代的精神。約翰·葛列格里·布林克（John Gregory Bourke）上尉的著作《各民族的糞便儀式》（*Scatologic Rites of all Nations*）一書指出了許多民族賦予糞便的價值，反映出這種對廢物和臭味的重視是特別有意義的。當這部著作於一九一三年在德國翻譯出版時，佛洛伊德為它作了序，並對這種「勇敢的」、「值得稱讚」[36]的舉動表示慶賀。一年後，他表達了在系統發育和個體發育之間，要優先考慮個體發育的期望，因為「系統發育的天賦在個體發育過程之後才顯現出來。」[37]這種期望導致佛洛伊德把這些糞便儀式和習俗與兒童的嗜糞症表現聯繫起來。

在兒童發展的最初階段，如物種發展階段一樣，對性的興趣和對排泄物的興趣還沒被區分開來，兒童對排泄物有過高的評價。佛洛伊德說，兒童在「被迫重複……人類對排泄物的態度發生變化，這些排泄物在人類離地直立行走後看來已經找到它們的出發點。」[38]與布林克上尉提到的某些部落不同，他們喝自己的尿，吃自己的糞便，兒童對這些氣味很強的東西一點也不厭惡。恰恰相反，他們以這些東西為榮，喜歡玩弄它們。不過，教育很快使兒童懂得應對這些事物感到羞恥，感受到不愉快。對糞便的興趣於是轉移到無氣味的物體上，例如錢。

不論如何，精神分析學和民俗學都證明了嗜糞症傾向的壓抑沒有完全實現。精神分析學指出，這類衝動有一部分繼續在成人生活中發揮作用，表現為性倒錯、神經症和「壞習慣」。至於民俗學，它闡明排泄物的處理隨民族、時代和文化水平而變化。它「還透過向愚昧眼光展示原始嗜糞症興趣豐富多樣的運用，來表明它的持久性；確切地說，這是根絕不了的性質。透過它在巫術儀式中，在民族風俗——祭祀儀式和治病方法——中的運用，原本對人類糞便的過高評價被賦予一種新的表現力」[39]。

系統發育演化和個體發育演化對照，導致佛洛伊德於一九二九年進行了最後的理論綜合。人們在其中發現了許多遺產，

佛洛伊德 1918 年 11
月的工作日誌。

如回顧生殖與嗅覺之間的聯繫，強調嗅覺
的遠離與肛門性慾的壓抑，以及整個性慾
的壓抑之間的關係。

《文明的苦惱》（*Malaise dans la civilisa-
tion*）實際上把一系列結果歸咎於人的直
立行走：嗅覺的減弱，「通過嗅覺的調
解，月經對男性思想產生作用」[40]；視覺
的加強（能產生持久作用的視覺刺激，使
斷續的嗅覺重新發揮作用），經期婦女的
孤獨（「作為反對回到一種更高發展階段
措施的月經期禁忌，源於『器質性的壓抑』
[41]」），羞恥心的出現（四肢行走時暴露的
生殖器受到保護和掩蓋），家庭的建立
（不固定的性行為將變得更有規律，有利
於對伴侶的依戀），文明和衛生的發展。

其中好幾個假設並沒有新意。盧梭曾
思考過人從自然狀態過度到社會人狀態時
嗅覺的改變和性慾的改變。繼盧梭之後，
亞伯特・莫爾（Albert Moll）一八九八年
在其《Libido 性慾》（*Libido Sexualis*）一書
中對上述好幾個主題都進行了研究。他認
為，性氣味，過去曾能激起誘惑，但在文

明出現時被降到次要地位。我們的嗅覺目
前大大衰退，不再發揮它在遠古時代所發
揮的作用，不得不讓位給視覺。衛生和衣
著窒息了興奮性的氣味，也加速了嗅覺的
退化。哈夫洛克回應莫爾的觀點，在《人
類的性選擇》中回顧了自視覺佔據首要地
位以來身體氣味所引起的厭惡。一九二三
年，喬治・格羅德克（Georg Groddeck）
在其《氣味之書》（*Le Livre du ça*）中花了
很長篇幅研究月經氣味的興奮功能以及這
種氣味的壓抑。這種氣味增強了小孩的亂
倫慾望，並讓人想到閹割。四年後，曾被
佛洛伊德引證過的加拿大心理醫師戴利
（Martin Daly）認為，作為防禦亂倫而建
立的月經禁忌，源於這種女性血液的誘惑
力。在對神話進行精神分析研究之後，這
位美國的精神分析學家甚至斷言，月經期
間「發情女性」[42]的性氣味能對男性產生
一種真正的催眠功能，成了讓男性違反亂
倫禁忌的最大誘惑之一。

對於精神分析學的創立者來說，月經
氣味讓人產生的興奮與靠四肢行走的遠古

祖先的原始性慾密不可分。嗅覺器官的退化是脫離動物階段必不可少的條件，或許從那時起，嗅覺器官的退化就是針對女性氣味退化這種威脅而形成的一種保護。另外，女性這種消極作用在文明發展後期階段得到延伸。「她們產生的影響趨向於減慢和制止這種作用，她們支持家庭的利益和性生活。而文明活動越來越成為男人的事情。擺在男人面前總是很困難的任務，這使他們昇華自己的本能。只是這種昇華不怎麼適合女人……女人看到文明的要求把自己擱置於次要地位，也就對文明採取一種敵視態度。」[43]

但是個體發育再次表明，嗅覺的貶值與另一種氣味，即糞便的氣味有關；而教育能有效地讓對糞便毫不厭惡的兒童體會到這一點。「人直立行走之後，糞便強烈的氣味不可能不使人體排泄物分享嗅覺的命運。因此肛門性慾首先屈服於這種為文明鋪路的『器質性壓抑』。對肛門性慾所遭受的一些新轉變負有責任的社會因素，在這個事實中得到體現：儘管人類在其發展過程中取得種種進步，他對自己的糞便氣味一點也不反感，只有別人的糞便氣味會讓人產生反感。」[44]

……無力獲取幸福

不過，反思文明及文明強加給本能的種種限制，使佛洛伊德產生了一些悲觀主義看法。有得必有失，文明過程必不可少的嗅覺貶值，嚴重損害了我們獲得幸福的能力；因為不僅肛門性慾，整個性慾都可能受到器質性壓抑。他甚至提出，我們對性功能的抵觸，已成為我們充分滿足的障礙，迫使我們尋求其他途徑。實際上，這種抵觸在某些方面出現，是因為所有神經病症和許多非神經病症因我們出生在糞尿之間而產生衝突。儘管這種發現有些例外，但生殖器的強烈氣味是大多數人不能容忍的，它會讓人厭惡性關係：「因此可以證明，與文明進步總是並存的性壓抑，其最深刻的根源在於它的器質性機制。人類在直立行走階段借助這些器質性機制，以保護靠這種新姿勢而建立起來的生活方式，不回到原來的動物性生存方式。」[45]

尼采在其《道德家譜》（*La Généalogie de la morale*）一書中認為，佛洛伊德並不為人從「野蠻人」到「意識不良人」的轉變感到悲歎，也不反對與性最有關係的感官受到蔑視；即使佛洛伊德果真如此，他也考慮到放棄衝動和嗅覺衰退包含一些負面問題，因為社會生活就是建立在放棄衝動和嗅覺衰退這兩者上面。康德認為，在動物、原始人、兒童、神經症患者、性倒錯患者身上有一種十分發達的古老能力，它有可能把文明的進步置於危險境地。康德已經有言在先，開發這種能力是毫無益處的。但是，康德的繼承者接受的卻是他關於這種古老能力的想法。

第十六章　佛洛伊德的繼承者

除了喬治・格羅德克、戴利、露絲・麥克・布倫斯威克（Ruth Mack Brybswick），在某種程度上還包括桑多爾・費倫齊和盧・安德莉亞斯－薩洛梅（Lou Andreas-Salome）幾個人外，最初對嗅覺感興趣的精神分析學家都特別強調了嗅覺與肛門性慾的關係。

卡爾・亞伯拉罕

一九一二年，卡爾・亞伯拉罕對戀腳癖和戀胸衣癖病例的精神分析，證實了佛洛伊德告訴他關於「嗜糞症快感壓抑在戀腳癖的系統發育中之特定作用」[1]。一位二十二歲的年輕小夥子，沒有性慾望，但看到女人胸衣和漂亮鞋子卻十分激動。童年，他從自己糞便氣味所獲得的快感使他的自我肛門性慾行為得到加強。實際上，這種自我肛門性慾行為的影響是很強烈的。病人能記起很多嗅覺上的往事，以及各種具有肛門性慾特徵、良好地表現他嗜糞症的夢，因為他有很多夢「發生在廁所，或者透過一種透明的象徵物，能很好

地滿足他的肛門性慾」[2]。

靜靜地凝視胸衣櫥窗和穿著高跟鞋、緊身衣的人體，這是病人最大的慾望之一。佛洛伊德的分析最終向公眾提示了「腳的生殖替代物意義」（佛洛伊德已在他的演講中和著作《達文西》（Léonard de Vinci）中暗示了這種意義）以及這種被稱為「部分的」壓抑過程；因為這種壓抑過程只達到（一九〇九年二月十八日佛洛伊德給亞伯拉罕的信中提到的）兩種衝動之一。亞伯拉罕注意到，「主要指向排泄物的觀淫癖和感覺衝動，經受了並不平等的變化。感覺衝動受到主要的壓抑，而視覺衝動被過分強調，但因偏離其最初範圍而被理想化」[3]。

桑多爾・費倫齊

一九一〇年出版的《淫詞錄》（Mots obscènes）中，有一個章節談到一位年輕的同性戀者，有相當靈敏的嗅覺和極端的嗜糞症。若把這個章節看作例外的話，那麼正是在一九一三年至一九一四年間，桑多

爾‧費倫齊開始發展他關於嗅覺的思想。當時他甚至患有鼻病，需要做外科手術。在此研究期間，他發表了一篇題名為〈腸道氣體：成人的特權〉（Les gaz intestinaux: privilège des adultes）的短小文章，揭示了嗅覺轉到肛門性慾的觀念：「正在進行精神分析治療的病人，每次治療都在抵抗產生腸道氣體的誘惑，因此種氣體的產生能讓嗅覺感受到；當他對醫生不滿時，他更是特別地感受到這種抵抗。不過，這種症狀並不是以侮辱醫生為唯一目的；它還意味著，病人想讓自己做從前父親禁止他做的事情。」[4]費倫齊聲稱，這個放肆的人「在這裏的確得到了父母賦予他們自己、但對小孩嚴格禁止的特權」。

一九一四年發表的第二篇文章，更加揭示了從肛門性慾到金錢依戀這種轉變。在教育和某種實踐影響下，當小孩嘗試用兩隻腳站立時，通過排泄物氣味所獲得的快感經歷了最初的變化：他不喜歡，甚至厭惡那種氣味了。隨著清潔感的發展，他的興趣開始發生轉移，轉移到經過多次除臭處理和脫水的其他物體，如泥、沙和小石塊上。當他對泥土的興趣完全消失以後，就對製成品發生了興趣。他貪婪地收集玻璃球、扣子，將之作為生命中最早的錢幣。

當兒童渴望擁有某種更加清潔的東西時，就開始收集、堆積和凝視閃閃發光的硬幣，把糞便和金錢完全看作同一種東西。但是在關注這些光滑的小圓塊的感覺中，只有嗅覺「一無所獲」。因為眼睛喜歡它們的光澤，耳朵喜歡它們的叮噹聲，觸覺喜歡它們的觸感，味覺喜歡它們淡淡的金屬味道，而它們沒有一點氣味。費倫齊指出，「發展到最後，金錢的象徵物成了兒童最感興趣的東西。與腸道物有關的樂趣變成了因金錢而獲得的快感。我們已經看到，這些錢幣只是經過除臭處理、脫水並發光的一些糞便。但是金錢不是糞便（Pecunia non olet）。」[5]

這種個體發育的演化同樣在系統發育中存在，文明史使個體金錢象徵物的發展與人類金錢象徵物的發展之間出現某種相似性。資本的「衝動」不僅遵循用於實際目標的現實原則，而且還遵循肛門性慾成分的快樂原則。

尋找各種氣味時將出現嗜糞症傾向的壓抑。馬廄的氣味，照明氣體的氣味，瀝青的氣味，松節油的氣味是一系列昇華的出發點，其中對好聞香味的偏愛以及對香水的喜愛則是這種昇華最完善的階段。

他得出結論說：「毫無疑問地，美學最深的根源通常存在於被壓抑的肛門性慾中。」[6]

關於金錢依戀和嗅覺依戀的研究課題在一九一七年時完成。一位年輕商人有強迫症和焦慮的症狀，在精神分析治療中吐露隱情說，在他訂婚不久，當他與未婚妻親密時，她的氣息突然向他襲來，他感到很不舒服，便匆忙離開她，並打算解除婚約。但是，一旦聞不到那種致命的氣味，兩人還是如期舉行了婚禮。關於這種嗅覺回憶，費倫齊提出了下面的解釋：「未婚

妻難聞的氣息本身並不重要，只是與病人的原始肛門性慾有關，病人對金錢的迷戀就源於這種原始肛門性慾；他不願意承認自己是為了金錢才結婚的；他懷著與過去只受到稍稍壓抑的肛門性慾衝動同樣的焦慮逃離結婚這種可能性……一時之間，無意識的幻覺能把未婚妻的嘴變成肛門。」[7]

金錢與糞便的無意識聯繫藉由另一個女病人的情況得到證實。她認為自己喜歡丈夫，當她回憶起曾經愛戀的一位年輕男子吻她的手時，她感到極度不適：「我閃過一個念頭：不久前我上過洗手間，但沒有洗手，他或許聞到我手指上的糞便氣味。我的焦慮如此強烈，以至於我不得不立即把鼻子湊近手指聞它們的氣味。那時，我還覺得在場的一位女友似乎在用嘲笑的神色看著我。」[8]費倫齊揭示說，實際上，她害怕的是年輕男人在她身上「嗅出」這種關聯的真正原因。格言「金錢沒有氣味」（l'argent n'a pas d'odeur）是一種「倒裝的委婉說法。在無意識中，無疑可用下面這句拉丁語表達：Pecunia olet，也就是說：金錢即糞便」[9]。

把生物學和自然科學納入精神分析學的願望使費倫齊於一九二四年進行新的思考。對嗅覺進行「精神分析」，除了可以重新發現嗅覺與生殖性慾的關係之外，還可以重新發現嗅覺與思維間更隱秘的關係。人類在直立行走並成為「用眼睛看世界的動物」之前，為了走路和行動，他不得不使用自己的鼻子。正如布豐在匈牙利精神分析學家曾引證過的動物學家澤爾（Zell）之前已說的那樣：動物嗅覺是一種「令人欽佩的感覺」，能替代所有其他感覺，能看、能品嘗和接觸物體，能辨別哪些物體合適。作為實踐的智力，它知道選擇同屬和互補的物體。費倫齊的生物分析再次向前邁進了一步，認為「嗅覺功能和觀念的形成存在著如此深刻的相似性，以至於人們可以真正地把嗅覺視為觀念形成的生物原型。有嗅覺的動物在決定攝取食物之前，可以『品嚐』微量的食物；同樣，公狗在把陰莖插入母狗體內之前，先要嗅一嗅母狗的性器官……總之，不論是為利己功能還是為情慾功能，觀念器官和嗅覺器官都在為現實功能服務。」[10]

在生命晚期，這位「精神分析學的搗蛋分子」在日記（他死後五十年才發表）裏發展了他對嗅覺與「神秘」關係的研究。他對嗅覺在移情、反移情以及偏執狂中的作用做了十分原始的觀察，以此為基礎，在不謹守傳統的道路上冒險前進。

有一位女病人，名字被縮寫為 Dm，還算溫順聽話。當她處於被壓抑的瘋狂狀態時，會發出一些難聞的氣味，「好像某些動物一樣，沒有其他武器，只能透過這些仇恨的氣味來嚇人，使人遠離她。」[11]精神分析治療顯示，她指望治療專家是個英雄，不致被她這種挑釁行為嚇倒。為了使她放棄這些侵犯性和防衛性的氣味，這個英雄明白他應該放棄「虛偽的冷漠」[12]，承認他的反感和厭惡，然後，在進行精神分析治療之後，克服所有的厭惡。

當 Dm 與她認為是「精力過分充沛的」

1912年佛洛伊德集合幾位精神分析學科學家組成一個名為「委員會」的討論聚會，成員包括佛洛伊德（左二）、亞伯拉罕（左三）、費倫齊（右三）、瓊斯（右二）等。

一位女性老朋友重逢時，她感到害怕，又開始「發出臭味」。這位老朋友也病了，但具有察覺別人情感的能力（患有被迫害妄想症的個人，就像某些動物，具有「覺察被隱藏的或被壓抑的情感和傾向」的天賦）[13]，於是覺得自己受到一種「屍體氣味」的東西迫害。當她無法躲避 Dm 時，就用酒精來麻醉自己。費倫齊問道，為什麼她把侵犯她的臭味稱為屍體氣味呢？假如一種情緒的反應（很多神經症患者的抱怨就是由此產生的。至於他們自身的這個部分，已經泯滅或者死亡了）不能再表達

出來，因此我們身上的某種東西變得虛無、腐爛然後分解，那麼能夠「感覺他人最細膩的情感，甚至能感覺慾望的心理內容，也就是觀念」的高靈敏度的感覺，也許能聞到這種腐爛的氣味。一種特別敏銳的嗅覺和一種有力的嗅覺想像，可能還是招魂術與通靈術形成的原因。這些招魂術與通靈術都「對人的氣味」敏感，「人故去以後，人的氣味在空間某處繼續存在，甚至經久不散」。由於嗅覺，它們或許能重建人類最遙遠的過去。「迄今被理解為神秘的或者形上學的超能力，因為費倫齊

的大膽行事，很大一部分東西將獲得到精神生理分析的解釋。」

歐尼斯特‧瓊斯

費倫齊關於嗅覺的第一部著作發表時，嗅覺與肛門性慾的這種聯繫儘管遙遠，但仍然是最常見的。德國作家歐尼斯特‧瓊斯（Ernest Jones）承認這種聯繫，一九一四年他說：「嗅覺器官與嗜糞症的基本關係已為嗅覺學家和精神分析學家所熟悉。」「人們已經公開揭示，兒童和原始人對好聞香味的興趣大多是取代了他們對糞便氣味的興趣。」[14] 他補充道，對惡臭的反感總是隱藏著對肛門性慾的巨大壓抑。一些民間諺語和信仰，尤其像「在羅馬，人們認為雞姦者的嘴巴是臭的」這種信仰，就證明了這種思想。不過，瓊斯想不惜任何代價，把嗅覺與肛門性慾聯繫起來，這種願望使他進行了一些有時很費力，並有點煩人的論證。因此，「氣味的神秘情感功能」以及氣味使過去在其深處突然再現的獨特能力，不再準確地歸結為這種「隱秘的聯繫」。在氣味「更接近腸道氣體，而不是呼出的氣息」這種思想支配下，他對香料進行了反思，不過他是從神話、宗教、醫學和哲學的角度來進行這項研究的。確切地說，這種反思沒有考慮到的是，在古代醫學和哲學思想裏，香料常常被視為有熱度或者不會腐爛的。這種堅定的主意導致他宣稱，「呼吸行為」被「無意識地與放屁行為」[15] 等同。他斷然把氣味與「上體氣息」的聯繫拉開，使氣味返回到「源於腸分解的內在氣體」，返回到「下體氣體」[16] 時，依憑的就是這種堅定的主意。

盧‧安德莉亞斯－薩洛梅

盧‧安德莉亞斯－薩洛梅在一九一五年發現，嗅覺雖然「在肛門快感區獲得它的性慾意義」[17]，它仍然參與了生殖器的興奮，並且有決定性作用。她對嗅覺這種最具動物性的器官，這種因人類進化而受到最多虐待並已完全萎縮的器官的思考，成為她對「肛門性慾」和「性慾」研究的組成部分。由佛洛伊德發起的這種研究，早已闡明了嗅覺內在的矛盾。肛門區和生殖器區保持的胚胎相鄰和功能相似的關係決定了在成年文明人身上嗅覺器官的模糊和複雜地位。她繼佛洛伊德之後提醒說[18]，在動物和原始人身上，肛門性慾和生殖器性慾沒有任何真正的區分，教育迫使我們「把嬰兒的肛門生活關係與骯髒和排泄物的象徵 ── 肛門性慾區分開來」[19]（「生殖器一直被視為是一種泄殖器，在女人身上，這個器官更是沒有定位」[20]）。作為穢物和死亡象徵的肛門性慾受到蔑視連累了嗅覺，使它此後更被用來當作厭惡肛門的工具，而非為肛門快感進行服務。唯有提出一種敏銳的辨證，才能對生殖器性慾成功有所幫助。實際上，嗅覺只有剝去其粗俗的物質性，保持肛門性慾裏非常珍貴的成分，即「世界和自我的原始統一」[21]，才會有助於「在人的成長過程中最遙遠、最模糊的過去」進行的仔細探索。

喬治・格羅德克

人來到世上最先聞到的氣味，就是女人的內臟以及在其中流動的血的氣味。與糞便臭味的壓抑相比，這種氣味的壓抑在一九二三年引起喬治・格羅德克更大的關注。他說，他的右鼻孔有時會堵塞，促使他研究被壓抑的嗅覺，因為，「當我的鼻子表現自己時，我能做的只是尋找我不應該感覺到的東西」[22]。他想起與妹妹琳達月經有關的一個情景可使他鼻腔通暢，這使他得到了線索。他驚奇地發覺，他對妹妹有強烈的嗅覺回憶，而對母親卻沒有任何嗅覺回憶。於是他專門調查這種遺忘症形成的原因。

首先是成人禁止小孩學習性生活。多年來，小孩一直把鼻子「塞入」母親的懷抱，嗅著她腹部發生的一切事情，感覺那裏每隔四個星期的氣味變化，現在，人們卻要求他忘記這些曾讓他產生和強化亂倫慾望的氣味。格羅德克諷刺說：「大家想想，有些人說他們直到成年的年紀，卻什麼事情都不明白……可是他們的鼻子到哪裡去了呢？人的記憶究竟發生了什麼以至於他忘記了，或被迫忘記這些經驗？接著，人們感到驚奇的是，自己的嗅覺竟是如此不靈！但是，如果他不借助無意識的力量來麻木嗅覺的話，他又能做什麼呢？」[23]

然後是對分娩的否定。它還促使我們否認「我們最有人性的裝飾品——鼻子」[24]。他說，我們逃離血的氣味，因為它使我們想起弒母的行為：母親的肚子孕育了我們，我們出生時卻把它撕裂了。

第三個原因就是對閹割的恐懼。它迫使我們「泯滅最高貴的感覺」[25]。嬰兒的觀念是，女人是一個被閹割的男人，而當他聞到月經期間血的氣味時，女人的生殖器是一個傷口就變得確定無疑了。「這種流血，這種出血使我們恐慌：它使我們想起變成女人的擔心。為了避免想起什麼事情，我們被迫使嗅覺變得遲鈍，直到它想不起這種血的氣味。」[26]

在格羅德克看來，如同器質性和功能性疾病，身體難聞的氣味源於壓抑行為。他的一位女友頭髮漂亮，但她總是覺得自己頭髮的氣味難聞。他說：「目前，就是最敏感的鼻子也無法對這些頭髮的氣味說些什麼。當安妮意識到她的頭髮氣味特別淫蕩，並因此使她的頭髮別具魅力時，她很快地而且相當容易地從這種混雜著不吉利的美的魅力和恐懼的情緒中解脫出來……在這種氣味的基礎上，生活引入第二種氣味，即道德和恐懼的氣味，它創造了以厭惡來抵消美的魅力這種做法。」[27]

「男人是靠這種氣味而活的」這個信念促使他聲稱：「這種氣味根本不關心人的各種可笑想法。他想發出臭味時就發出臭味；想把臭味變成甜味時就把臭味變成甜味。」[28]

另外，關於氣味的唯意志論和功利觀念導致這位精神生理醫學創始人認為，一切都來自無意識，並導致他排斥壓抑的概念。[29]

食糞症。

露絲・麥克・布倫斯威克

在傑伊・蓋勒看來，佛洛伊德關於戀物癖的報告是「經過除臭」的報告，「但是鼻子在報告中還是佔據了中心地位，因為報告提到」的是一位將「鼻子引起注意」[30]而視其為物戀條件的年輕人。在佛洛伊德關於戀物癖的最終報告發表後一年，露絲・麥克・布倫斯威克發表了他關於狼人分析報告的續篇。狼人去她那裏就診，是因為被鼻子的形狀所困擾。他深感絕望，指責醫生為他治皮膚病時把鼻子的和諧永遠破壞了。「在他看來，這個損失在不同時期是一塊痂、一個洞眼或者一個小疤。」[31]其實，「病人鼻子上看不見任何東西，那是一個小鼻子，翹鼻子，典型的俄羅斯鼻子」。

這位病人過去為自己有「一個沒有斑點的鼻子」感到高興，現在他卻氣急敗壞地從一個商店櫥窗跑到另一個商店櫥窗，「察看自己的鼻子毛孔是否擴大」[32]，每隔五分鐘就從口袋裏掏出一塊小鏡子給大鼻頭搽粉。從這位病人身上，布倫斯威克揭示了所謂殘缺的鼻子與受過割禮的陰莖之間的關係。第一位給狼人做精神分析的醫生是佛洛伊德，與猶太人並無血緣關係的狼人對佛洛伊德十分憤恨，這種瘋狂狀態使他做了一個夢，夢見得自父親遺傳的鼻子發生了改變。「因為鼻子總是生殖器官的一種象徵，所以得自父親的鼻子突然改變，變成了一個猶太人的鼻子，意味著割禮，閹割。」[33]

亞伯拉罕・布里爾

為了彌補關於嗅覺的精神分析學文獻之貧乏，美國心理分析學者亞伯拉罕・布里爾（Abraham Brill）於一九三二年交出了一篇研究嗅覺的長篇文章，想證實佛洛伊德關於童年起就消失的嗅覺快感在神經症病因中作用的假設。他接觸的病人顯示出性成熟症狀，抱怨他們被自己或者外界

一些現實或虛幻的氣味所困擾。在這些病人背後，總是隱藏著一個「聞氣味的人」。而這個人非常依戀嗅覺滿足，喜歡糞便氣味。沒有得到昇華的嗅覺敏感顯然是致病原因。

害怕身上的惡臭氣息引來厭惡，構成了從母體氣味獲得快感的個體的主要症狀。典型的例子是一位同性戀者，他能藉由氣味辨別人。他經常淋浴，大量使用除口臭劑，抽煙一根接著一根，期望用煙香來薰染呼出的氣息。他對生活的態度是「一種典型的對待肛門氣味的態度」[34]。另一位病人，被自己的氣息困擾，被自己的嗅覺所支配，對談話和交往的對象發出強烈的香味，以掩蓋使他想起一位終生患有鼻炎和鼻竇炎的母親的氣味。

母親的怪味甚至能引起一些職業愛好。身為一位肥胖、患有臭汗症的母親的兒子，這位戀鞋症患者後來成了園藝家。呼吸母親有病且令人噁心的氣味還可使人從事香水製造商或者花匠的職業。所有這些與嗅覺有關的職業，代表著與母親的最後聯繫，在這種聯繫中，嗅覺感官發揮了首要作用。布里爾繼續說，人們可以猜想，這些患者是在竭力用香水、鮮花和香味來掩蓋或者替代母親的臭味，但是他們與有氣味的母親還是聯繫在一起。嗅覺與肛門性慾的關係同樣可以在精神病例中碰到。人們發現很多早發性癡呆是一些嗜糞症患者。

這篇文章可以當作臨床教材，只是有時語焉不詳，連布里爾都說它過於簡略。

其中有一位三十二歲的盲人病例最引人注目。這位盲人完全無法控制屬於幼兒期倒錯和各種型態的性慾，他同時還被殺死某人以從此人的氣味中獲取快樂的想法困擾；該病例完美地證明了壓抑不充分的嗅覺所引起的各種錯亂。這位病人的視覺有缺陷，十分發達的嗅覺則彌補了這個不足，並被賦予性的功能，恢復到動物和原始人的嗅覺水平。不僅糞便的氣味，而且鮮花、綠草和香水氣味都刺激他生出食用屍體的慾望。

他在孩童的年紀，就掙脫家庭的監督，出去尋找糞肥、垃圾、小家鼠和死老鼠。他還把鼻子貼近小女孩的鼻子，嗅她們的氣息，並對她們的的鼻孔呼氣。他需要死屍，特別是女性死屍。儘管他能夠從容不迫地壓抑和表現這種需要，但隨著時間推移，這種需要增長，因為他不僅是個嗜糞症患者，而且是位食糞症患者。當他對母親承認他老是想聞動物腐屍的臭味時，他母親同情他，提供他一隻死雞。他把死雞弄得殘缺不全，以加速腐爛過程，產生「好聞氣味」，他從這件事中獲得了快感。「不管我到哪裡，做什麼，總聞得到這種頑固的氣味。這讓我感到愉快，又使我害怕被人發現。」[35]病人向他的精神分析醫生吐露隱情說。

這位病人由於受到部分壓抑，他與眾不同的感覺既不是由器官所支配，也不是與之正常地結合，而是滯留在幼兒階段，不受支配地發揮作用。因為嗅覺佔據首要地位，所以他的 Libido（性慾）在嗅

1909年佛洛伊德（前排左一）受邀至美國克拉克大學演講，同行包括幾位精神分析學者：布里爾、瓊斯、費倫齊（後排左起）與容格（前排右一）。居中者為克拉克大學的校長。

覺快感和味覺快感中獲得最大滿足。把自己和一位女人或者一個大動物的屍體關在一起，「懶散地躺在粘糊糊的腐屍上」，品嘗它，呼吸它，直至生命的最後一刻，這就是食屍者的心願。布里爾提醒說，但願對此反感的人記住，我們的捕獵者更喜歡略微發臭的獵物，最昂貴的香水也有一些不怎麼討人喜歡的來源，如灰琥珀、麝香和麝貓……他得出結論說：「因此，就嗅覺而言，看來存在著一種矛盾的標準。」[36]

不過，他強調了肛門性慾和嗅覺的關係。他的美國同行戴利以充分的理由表示，有一些易於感受的氣味，能直接為生殖服務，應該把它們與糞便氣味區別開來。他之所以贊同這個觀點是為了能夠立刻補充一點，即目前這一切已經無法做任何區別了。

沃爾特·布朗伯格、保羅·希爾德、奧托·費尼切爾

所有這些臨床病例，只能證明嗅覺在肛門性慾階段和嗜糞症傾向上與性心理固著的傳統結合。即使美國精神分析學家沃

爾特・布朗伯格（Walter Bromberg）和保羅・希爾德（Paul Shilder）認為，這種感覺的功能之一就是導致異性戀的滿足。他們觀察四十位精神病患者，最後於一九三二年宣佈，嗅覺敏感性、肛門性慾和同性戀之間存在著一種關係，甚至是一種等同關係。一九四五年，美國精神分析學家奧托・費尼切爾（Otto Fenichel）還說，嗅覺性慾現象與肛門性慾是同時發生的。他列舉了一位少婦的例子，這位少婦迷上了「性慾的肛門觀念」，對香水表現出強烈喜好：「先決的害怕發出臭味是這種症狀的原因。她不僅害怕她原有的肛門手淫可能被發現，而且她害怕表現性慾，因為她的性慾有著性虐待狂和閹割的色彩。她向男孩發出的氣味表現了她的性虐待狂和閹割傾向。」[37]

嗅覺與肛門性慾的這種關係，在哮喘患者中表現得特別突出。哮喘患者通常表現出引人注意的肛門性虐待狂傾向的所有特徵，這促使他們發展出對感覺的興趣，然後發展成一種對呼吸的興趣：「每當肛門和呼吸情慾趨向退化時，受到壓抑的嗅覺情慾就會重新活躍。」[38]

嗅覺與口舌性慾

一九五○年代，嗅覺的精神分析觀念出現變化。美國醫生保羅・弗德曼（Paul Friedmann）注意到嗅覺壓抑通常被視為對肛門性慾的一種反應，提出一個引人注目的厭食症病例來證明這種感覺與口舌之間的關係。他的女病人三十歲，十分敏感，卓具才華，只是完全被嗅覺控制了，出現了深刻的退化，回到了肛門性慾和口舌性慾階段。她的體重下降，但並不是因為節食的緣故，為了享受香味，她吃了大量蛋糕和甜食。她每次做精神分析治療都感到奇怪：總是說感覺到一種很強烈的氣味，然後就出現很多與小時候情景有關的聯想。因此，她對粗暴的父親最清晰的回憶與一些嗅覺想像間有著密切關係：「看，」父親曾對她說，「櫥窗中擺著精美菜肴，就像放在你的乾麵包上似的。」她告訴醫生說：「我記得飽過眼福之後，並不需要那些菜來充填我的口腹。我在陳列架上看到水果和香腸，不免垂涎欲滴。我能夠毫不費力地想像那些刺激我食慾的誘人香味。」[39]

後來，她對氣味如此迷戀，以至於一遍又一遍地閱讀波特萊爾、於斯曼（Joris Karl Huysmans）、左拉和普魯斯特這些對世界特別敏感的作家的作品，並開始寫一本《香味大全》（Cantate des senteurs），描述各種香味的細微差別以及它們調動記憶的能力。弗德曼注意到，這種嗅覺敏感的病例是很少見的，尤其是這種嗅覺敏感是隨著厭食情形加重而增強。隨著病情變化和中斷精神分析治療，嗅覺的過敏退隱一旁，讓位給口舌性慾和原始性慾的回歸。

嗅覺與性認同

但是，為嗅覺研究開闢新前景的，特別是美國心理學家歐文・比伯（Irving Bieber）關於嗅覺在性慾結構發展至伊底

有學者認為雞姦與手淫者的行為與嗅覺有著密切的關聯。圖繪於十九世紀中。

帕斯階段擔任要角的研究。一九六〇年，他提出嗅覺是兒童異性戀反應發展的第一種感覺方式。三年後，米蓋爾·卡洛傑拉基斯（Michael Kalogerakis）更強調嗅覺對於伊底帕斯情結的演化和性認同建立的重要性。參考了法國生理學家雅克·勒馬尼昂（Jaques Le Magnen）與嗅覺有關的性激素現象的研究，他提出成年人發出一些特定的、與個體變化有關的性氣味。自兩歲半起，兒童能夠察覺與性激素有聯繫的這些氣味物質，特別是來自性交的氣味物質。而當他進入伊底帕斯階段時，他會對異性戀的雙親產生正面反應，而對同性戀的雙親產生負面反應。這些嗅覺反應將在現有各種解剖學上增添一種生理學成分，「構成他的性認同發展以及與男女兩性成年人之間關係的生物基質基礎」[40]。

同一時代，珍·羅森堡（Jean Rosenbaum）也證明嗅覺在移情作用中的重要性。人們在伊底帕斯移情素材中碰到的嗅覺經驗可以主動地或被動地（感覺和被感覺）表現出來，並具有一些生殖器性慾特徵。某些病人的嗅覺敏感性，與生殖器性慾的衝突和衝動有關。在病人的治療過程中，他們的嗅覺敏感性可能提高或降低，亦可能出現或消失。

所以，對於一位總是抱怨生活過得憂鬱沮喪的三十九歲婦女來說，偷一瓶香水與回憶當年她希望能像弟弟那樣擁有陰莖的強烈願望是一致的。她給自己灑香水，甚至在衣物很小的褶皺處灑香水，以掩蓋身體氣味，否認她的「閹割身份」，並使自己變得有魅力。然後，她宣佈說，「沒有一個男人能夠忍受女人的氣味」；「她們內部在腐爛」[41]。

在這種情況出現後幾個月，她的治療取得了進展：她體驗到了早期的陰道感覺，拋棄了因為母親而生活不幸福的想法，以及收集黑色與白色衣服的習慣。她開始有了「生殖器興趣」（從她購買帶玫瑰圖案的裙子就可看出來，以及她毫不掩飾地影射治療者的名字），並渴望結婚，或收到玫瑰花。她種下了第一顆玫瑰。她聲稱，使她產生肉慾的不是無香味的幼嫩玫瑰花，而是氣味濃烈、有點枯萎和凋零的玫瑰花。不久，她在大白天也表現對父親的性愛，從而為她生活中出現新的男人開闢道路。

對於那位三十六歲，深受強烈焦慮折磨、有著恐懼症和強迫症的男人來說，使他人感覺到自己，則是一種伊底帕斯移情的被動嗅覺表現。他說他喜歡自己的氣味，從來不帶體香劑，他聞自己的腋窩，嗅聞搔過頭皮的手指甲。對他進行精神分析治療的某一時期，治療室的通風變得困難，他於是開始洗澡，就診前使用各種香味產品。羅森堡說，這種濃烈氣味構成了他對父親的被動性愛戀的一種移情表現。在治療過程中，嗅覺經驗的出現，標誌著退化階段開始。

羅森堡認為，不管嗅覺形式是主動還是被動的，嗅覺不像人們過去所認為，只能單獨地跟與肛門性慾有關的積極經驗發生聯繫。嗅覺的實際經驗與性心理發展的

所有層次皆有關，能夠成為表現衝突的特定素材。同樣的意義也被用於「感覺母親，母親的奶汁，母親準備的食物以及被父母貶低的糞尿」。它還在手淫和同性戀的活動中發揮作用，且「假如生殖器性慾被建立的話⋯⋯在戀愛遊戲中使用異性戀的物品」[42]。

費洛蒙與精神分裂症

　　一九六〇年代人們發現了費洛蒙在動物溝通中所扮演的重要角色[43]，因而產生了新的研究。

　　哈利・威納（Harry Wiener）一九六六年從人無意識地發出和接受費洛蒙的假設出發，尋思精神分裂症和異常費洛蒙交流之間是否存在關聯。某些有精神分裂症的小孩早已對氣味十分敏感（他們感覺一切，談論他們的嗅覺，喜歡香水），易於接受費洛蒙，並能對一般人不能感覺的氣味作出反應，這種嗅覺過敏使美國心理分析師布魯諾・貝特蘭（Bruno Bettelheim）也感到驚訝。這些病人還具有另一個與自身氣味有關的特點。他們油膩的頭髮和大量汗液發出惡臭，引得一些精神分析醫生對此進行診斷。[44]

　　十九世紀便致力於對病理氣味進行詳細分類的嗅覺學家，就已對「精神病氣味」感興趣。這種氣味使人想到褐毛獸，有時甚至是老鼠。與僅僅只將鼻子當作科學工具的先輩們相比，凱瑟琳・史密斯（Kathleen Smith）與雅各・賽恩斯（Jacob Sines）則是有備而來。一九六〇年，他們

提出一個很複雜的實驗模型，以證明在精神病院裡某些病房擴散的「不討人喜歡的奇怪氣味」[45]，可在某些精神分裂症病人皮膚上聞到。結果證明，實驗室裡的老鼠，一種嗅覺敏感的動物，只需要萬分之一的濃度便能區別精神分裂症病人的汗液與不是精神分裂症病人的汗液，而人類需要千分之五濃度的汗液才能夠區分出來。威納甚至提出假設，即精神分裂症病人嗅覺過敏的部分秘密，就在這種被鎮定劑消除、且很獨特的氣味裏。其他精神分析醫生，如布蘭得利（Bradler），把該秘密歸結為需要探討嗅覺在正常和反常的人類交流中的作用，特別是費洛蒙在精神分裂症中有可能產生的作用。

嗅覺幻覺

　　嗅覺幻覺自上古時代起就為人所知，在十九世紀獲得一些重要貢獻，並成為醫學關注的焦點。一九六五年，哈伯克（Habeck）介紹了四位病人的案例，他們患有妄想症，並且抱怨自己發出各種令人作嘔的氣味。他們發出的酒精味、氨味、陳腐的乾酪味、腳臭、尿臊味、糞便味，肯定使周遭的人感到厭煩，於是他們覺得自己的肉體變了，從而憂思綿綿，其中有一人甚至為此而自殺。同年和接下來的一年，波普拉（Popella）、葛列格（Greger）、基馬（Kimura）、莫特（Mott）、迪梅約（Dimaio）、維德貝克特（Videbecht）和卡特里尼克（Kateryniuk）也發表了關於該主題的臨床材料。一九六

「伊底帕斯情結」一詞最早由佛洛伊德提出，用以說明人格發展裡的「戀母弒父情結」。

圖為＜伊底帕斯與斯克芬斯＞

七年，克拉格斯（Klages）及其合作者強調了精神分裂症病人中嗅覺幻覺的比例提高，以及嗅覺幻覺一向令人不悅的特色與總是讓人痛苦的效果。這些研究者認為，應該進一步證明嗅覺在心理學和精神病理學中的重要性。[46]

現象學的貢獻：休伯塔斯·特倫巴哈

準確地說，這正是休伯塔斯·特倫巴哈在隔年最終進行的主題。在哲學、現象學和精神病學的交接點上，特倫巴哈從佛洛伊德關於壓抑、性成熟前的性器構造、性慾固著、情感成熟不足的概念之外，對嗅覺障礙進行了重新思考，真正更新了嗅覺障礙體系。他不僅指出嗅覺在診斷中佔據首要地位，還與對抗蔑視嗅覺的整個傳統恢復了連結。此一傳統從德尼·拉雷奧帕吉特（Denys l'Aréopagite，某位以希臘文寫作的作家筆名，約出現在第五或第六世紀）到讓·諾蓋，都一直肯定嗅覺的認識論價值。作為一種敏銳的認知工具，它應該讓受教於古代學派的治療家覺察到，在自我與融入世界這兩方面所產生的改變。與一般的看法相反，特倫巴哈還證明嗅覺沒有被人廢棄，仍在日常生活中發揮著極其重要的作用。因為嗅覺和味覺離身體太近，故無法思考，康德把它們視為低級能力。與康德相反，特倫巴哈認為，在與他人交往以及經常接觸現實的過程中，嗅覺發揮著主要的作用。

嗅覺和味覺這兩種感覺和碰觸感官具有互補性，他因此把它們合併，用「口鼻感官」這個術語來定義。他認為它們是獲取細微的、前理性的材料：即從一個人、一件事、一個地點和一種境況所產生無法表達的材料，所不可缺少的。嗅覺與味覺一樣，透過與世界建立融合一體的關係，不僅釋放物質，而且還釋放氣氛、氣候和現有的實際經驗。總而言之，所有與「環境」有關的東西，透過它與呼吸、氣壓和空氣的關係，嗅覺對「氣氛」有一種相當特別的傾向，這也是嗅覺引起臨床興趣的由來。有經驗的醫生應該能夠從病人的氣味中察覺個體存在（Dasein）型態完全地改變。我們要記住精神科醫生拉姆克（Henry C Rumke）的一段話，他「承認他受到被研究者身上早熟的實際經驗所導引，對真正的精神分裂症進行診斷……」特倫巴哈確切地說，他所說的東西是「從某些精神分裂症病人專門的氣氛嗅覺中釋放出來的」[47]。

這種對嗅覺本能、直覺和前語言（嗅覺是一種無語言的感覺）的理解，得到「嗅覺」的核准，它使人不能不想到尼采對心理學家的要求：喜歡「嗅覺」勝過喜歡理性。這是對嗅覺的重新評價，它最終讓人肯定一種能探測靈魂和心靈之嗅覺至上的地位。

特倫巴哈還認為，嗅覺從一種善於嗅出世界及其退化的感覺中獲得整個價值。他把《卡拉馬佐夫兄弟》中阿萊莎精神病發作解釋為對環境變化可能引致人體關鍵性進化的特殊反映。當一種惡臭的氣味，而非人們期望的神聖香味從佐齊姆的屍體

發出時，懷疑和仇恨的氣味便浸入信徒心中。斯塔雷茲生前散發純淨、清新、信任和理想的氣味，之後的惡臭把杜斯妥也夫斯基筆下的主人公扔進絕望和不安的深淵。

如果說特倫巴哈的《味覺與環境》（*Goût et Atmosphère*）一書算得上「寫人的大書」，這是為了強調嗅覺和味覺的實際經驗在感知自我和世界改變中的興趣。因此，人憂鬱時味覺和嗅覺會突然衰退，甚至完全喪失，這種機能減退的原動力應歸結為人格解體綜合症。人患了其他更嚴重的疾病，一些嗅覺幻覺會突然出現，於是人們便抱怨體內產生的難聞氣味。於是各種等級的錯誤和腐敗貫穿和支配了人的生活。「人一感知到自己的腐爛墮落氣味，會立即感到噁心。憂鬱症患者對自己感到厭惡，但由於自我越來越萎縮，卻不得不與這個自我共處。」[48]

在恐懼症的嗅覺幻覺中，病人同樣被自己噁心的氣味俘虜，不能再「感覺自己」，無法進行任何交流。假想的臭氣和污染象徵著私生活有可能淨化，有可能脫離它未來的方向。這樣一些妄想在日本成為特別新聞，在那裏，它們取代了接觸性神經症。特倫巴哈問道：「這是羞恥表現中的神秘變化嗎？」[49]

自身氣味的類妄想性精神病的特徵是能虛幻來自體表的臭味。在這類精神病中，以氣味作為載體的憎惡徹底改變了人與現實的關係。生性敏感、害羞、保守的病人生活在屈辱之中……「被他們身體假想氣味的發散所打動」[50]，卻又為無法讓四周的人接受自己而苦惱。他們無奈地認為，他們的痛苦是一種沉重負擔，「一種擴張至恐怖的困境，一種懲罰」。在除臭傾向增長的環境裏，嗅覺偏執狂病人掉進他氣味光暈的陷阱，總是擔心別人聞到自己的體味。他把自己當作受人厭惡的物體，認為別人嘲笑他的氣味，從他身邊走過時，甚至會捏起鼻子。「嗅覺在這裏接近了周圍世界的評價，周圍世界把下列態度視為有病：傲慢、拋棄、蔑視、歧視。」[51]

與憂鬱症病人和偏執狂病人的氣味不同，精神分裂症病人抱怨的氣味要複雜得多，甚至常常超出人的經驗。一位銀行女職員，三十八歲，表現出身體上獨特的錯亂，聲稱發出一些奇怪的臭味；她呼出的氣息裏有一種老舊鞍轡的氣味，她的皮膚聞起來有蛇的氣味，她每天洗滌幾次還是不能減弱她那使人噁心的氣味。那是一種難以言說，但「似乎是含有性內涵的氣味」。它從她胳膊上，手上逸出來，使糕點變酸，使與她交談的人厭煩。「所有人都躲避她，她哪裡也不能去，她的上司能聞到她想像的氣味。她散發氣味有一定的節奏；她雖然不明白是什麼原因，但也不願意裝傻。我的存在使所有人發狂，她喃喃自語……沒有人會再聞到我的氣味；我自己也不會了。」[52]

特倫巴哈認為，自由喪失的程度，自我異化的程度，都可以在這種環境的破壞裡，「崩潰中」，悲劇般地表現出來。

「這種環境適於用作保護範圍，它的消失將無情地打擊內在性，使之被外部抓住」[53]。這個病人的病史實際上表明她缺乏溫暖的家庭生活，而溫暖的家庭生活可使兒童形成一種保護光環，保證他慢慢長大懂事，能夠管理自己。特倫巴哈還指出了母親的氣息對新生嬰兒的重要性，它能使嬰兒安靜。嬰兒一旦脫離這種安全的母性保護，就成為赤裸裸的，毫無遮蓋及掩護，有嚴重的關係障礙危險，可導致抑鬱和死亡。

他說，精神分裂症患者的實際經驗證明了讓人恐怖的環境存在。這些病人毫無防範地就成了不斷表示敵意的世界的犧牲品，這個世界抓住它的獵物，而讓他們體內任何一個角落折磨。這些病人不僅發出難聞氣味，而且也是這些氣味浸透淹沒的受害者。這位婦女聲稱，晚上魔鬼把一些氣味難聞的動物屍體塞入她的鼻子和喉嚨。早晨，她醒過來，感覺到一種糞肥氣味。一周以來，一個小孩不停地把一根抽水肥管塞入她嘴。她認為「她會因這根彎彎曲曲的管子而喪失理智」[54]。

儘管精神病醫生、神經學家和生物學家也發表了其他研究成果，[55] 但特倫巴哈為探索這種感覺所做的辯護，以及他揭示這種感覺與現實接觸過程中的「真實性」信念，看來並沒有激起精神分析學家對嗅覺產生更大的興趣。拉岡幾年前不是說，「嗅覺的器質性退化，對許多人來說，是使他進入另一維度的途徑」[56] 嗎？

這種太接近獸性的原始能力，成為人類社會化的一種障礙。

一種不討人喜歡的感覺

法國精神分析學家封索娃斯·多爾托（Françoise Dolto）於一九七六年接受《巫婆》（Sorcières）雜誌採訪時表達了這種想法：「我認為人的氣味太貼近人的動物性。他們因此對彼此的氣味加以防範。再者，人的氣味也是廢氣。可能也因為這件可悲的事情，人們才對彼此的氣味加以防範，尤其是大家被糞便包圍的時候。」[57]

這件可悲事情主要目的是禁止嬰兒玩耍自己的糞便，或對它們產生特別的興趣。這個問題實際上有一個悖論，「嬰兒身上某些東西返回他與母親間共有的精神關係的價值取向受到衝擊。好像因為這種部分客體，使他本人和他的言語突然被禁止像過去一樣認同母親。他必須吸收一種語言和一種道德觀，以否定其自身存在的價值，而在這之前他一直都是自戀的」[58]。

在格羅德克之後，這位女精神分析學家指出，嗅覺還有遠古遺留的成分，那就是亂倫。有一位病人，表面看來一切正常，但總是抱怨孤獨，而他又不能肯定自己願意從孤獨中走出來，因為他希望呆在自己的氣味中。這位病人對她說：「你要知道，我的屁的氣味對我來說，就是神奇，幸福。」[59] 他在亂倫氣味裏保存了排糞快感的古老共謀關係。「他母親常來他家，就住在他那裏。他與母親住在一起。」

母親若有焦慮感，孩子也會想辦法讓

封索娃斯·多爾托。

自己融入這種焦慮氣味裏。這種焦慮氣味是小孩們不能擺脫的母性語言，因為它沒有辭彙。封索娃斯思考歸納的結論是：「我自問焦慮性的自戀是否必要，人們把這種自戀叫做受虐狂型的神經症。這大概不是為了留在母性的嗅覺語言中，這種母性的嗅覺語言是人與焦慮的母親的最初關係，尤其是在母子間精神關係非常密切的時候。」[60]

在各個工業社會裏，人們對身體除臭便證明了嗅覺的最初特性：「為了使男人女人的氣味不致打消他人的性交慾望；為了使男人女人在大眾運輸交通工具中不致陷於只有身體的情色慾望中，而缺乏心靈的參與」[61]。或許應該發明作為「廉價的人道化」工具的除臭劑。但是，儘管為控制嗅覺做了很多努力，嗅覺仍在性慾中發揮著最主要的作用。「很多夫妻性生活不和諧，主要是因為鼻子的問題，氣味問

題。」[62]

封索娃斯·多爾托舉了一位老太太為例：她與一位有教養但性格怪異的音樂家結了婚，但她不喜歡他的氣味：「為什麼不告誡戀人：首先要瞭解你們的氣味是否和諧？」

不過，這位偉大的女臨床醫生後來重申「嗅覺在兒童生活中意義特別重大」[63]，人們還是不無遺憾，在發表過關於嬰兒嗅覺敏感性的實驗結果的時代，封索娃斯沒有發展出嗅覺在母親嬰兒關係產生作用的觀察。她甚至承認她對肛門性慾期的研究不足，肛門性慾期在她看來是特別重要的反常時期。難道在她看來，過於「原始的」能力的防範性的反應無法起作用？在說明「身體就是客體，主體就是精神」[64] 以及常常把嗅覺和動物性連結在一起的同時，她把二元論、唯心論和理智論的哲學信念結合起來。這些信念在身體和精神

之間建立起一種等級，並認為過於具有肉體特點的嗅覺是一種低等的感覺方式，因而是可以忽視的。儘管封索娃斯・多爾托認為不應該過早地剝奪嬰兒與母親的這種「動物性」的嗅覺交流，可她得到的證明卻是：「文化就是言語。它顯然不是嗅覺。」[65]

從這個角度來看，她在接受採訪時提到的「為達到語言而壓抑文化的必要性」[66]，似乎是將此觀念強加在這種「動物性的」、無語言的感覺上。這種感覺正如馬庫色（Herbert Marcuse）早先指出的那樣，它「在一般性、常規化的意識、道德和美感形式之外，直接地把個體與個體」[67]作了連結和分離。

這位哲學家和社會學家雖然採納了佛洛伊德的論點，但還是在嗅覺退化的分析中引入一種附加區分，試圖做出一種妥協。嗅覺是雙重壓抑的犧牲品，一種壓抑是主要的、基本的，是文明合法目的所必須的，指的是嗜糞症的本能成分；另一種壓抑是次要的、無用的，與嗅覺快感有關，有利於社會統治利益。嗅覺，還有味覺，比其他感覺更受抑制，因為它們給予的強烈生理樂趣成了個體加入團體以及個體自身發展的障礙：「嗅覺和味覺自身產生了一種可說沒有得到昇華的快感（和一種未受壓抑的癖好）……由親近所產生的快感對身體的性感區產生作用，而這種快感將是純粹的快感。此種未受壓抑的發展能使個體產生性慾，並到達一種不會喪失性慾的狀況。而社會上將此種性慾喪失視

為必要的，因為個體在工作中不應產生此種慾望。」

嗅覺是威脅部分衝動的堤壩，又是威脅一種特定社會組織迫切需要的顛覆性感覺，它為「原始壓抑和超壓抑之間的關係」提供了「一個好的範例」。這種超壓抑無益地限制了個體，而不是有益地達到文明的目標。佛洛伊德的悲觀主義認為壓抑是文明的本質，相對地，馬庫色努力思考一種由於消除過分壓抑而有一種不那麼具強制性的文明。嗅覺的附屬壓抑被取消了，這樣一來，它也就參與這種解放運動。不過，馬庫色忘記指出，當可能促使人類進化的嗅覺原始壓抑沒有碰到危險時，這種嗅覺附屬壓抑是怎樣被取消的。

建議

隨著嗅覺研究的發展以及嗅覺史研究某些成果公開，逐漸受到關注的社會壓抑得到闡明。不過，十多年以來，與這些研究工作同時存在、並影響著精神分析學的嗅覺研究禁忌在今日看來已被取消。某些精神分析學家開始揭示嗅覺這種一直被人忽略的感覺，並力圖證明它在理論和治療中的重要性。法國當代重量級精神分析學家保羅－羅宏・亞舜（Paul-Laurant Assoun）注意到呈現在弗里斯面前的「嗅覺模型」，而精神分析學的創始人佛洛伊德當時對於此項模型的運用亦不明確。將近二十年後，保羅－羅宏・亞舜則藉此來替壓抑進行定義：「藉由嗅覺本身，無意識開始在精神分析實踐中表現自己，好像

它具有成分價值，或者至少具有類似價值。另外，這個主題難道從來沒有徹底從佛洛伊德的心理學背景，也就是精神分析學的理論中心和概念中心消失嗎？」[68]

原本耳鼻喉科醫生弗里斯只是讓人嗅到東西，而佛洛伊德以關於嗅覺和性慾之間的不同思考，使之結出碩果。「可以說，最初是覺察到症狀的各種跡象」，而在這些症狀中「發現慾望被壓抑的隱喻物件，而這種壓抑與否是有選擇性的」[69]。

保羅—羅宏·亞舜特別強調這種「嗅覺成為慾望主客體間媒介的趨向」，他鼓勵精神分析學家關注嗅覺問題：「這並非只是五種感覺之一，是無意識在體內留下的這種『性的東西』，而這是精神分析家在分析時假設與操縱的東西。」[70]

但是在他的論點中，如同在尼采和特倫巴哈的論述一樣，對嗅覺的重新評價採取隱喻的形式。如他閱讀露西·R的案例所陳述的：「人們在這裏看到的不是嗅覺能力，而是透過嗅覺本身的隱喻與慾望客體間的關係受到質疑。」[71]

法國精神分析學家迪迪埃·安齊厄（Didier Anzieu）也體驗到人們對嗅覺缺乏重視。注意到嗅覺信號在精神分析中的作用後，他感到遺憾的是，用以學習、培訓和閱讀的精神分析學著作「除美國精神分析學家勒內·施皮茨（René Spitz）描述的嬰兒口鼻原始腔概念之外，沒有教給他任何有關嗅覺移情方式的知識」[72]。他有一位病人，他取名叫「熱特塞馬尼」（Gethsémani），意為耶穌曾留過血汗的橄欖園。這位病人很會流汗，發出臭味。被這種氣味侵襲和麻痺，為了掩蓋臭味，他便使用了一種香水，可是香水味與汗臭混合的氣味更加讓人討厭。而精神分析學家只知道思考這種特別強烈的氣味表現。他一開始就不肯採用這種未見記錄但在治療中常見的材料，認為這種材料缺乏「交流價值」、不屬於精神分析範疇。安齊厄由於忽略了對這種材料進行分析破解，治療毫無進展，他也因此覺得煩惱，而熱特塞馬尼的侵犯性情感繼續外露，氣味越來越強烈。

有一天，一位女病人對房間裏的臭氣提出抗議。這一來把醫生從麻木中喚醒過來，他馬上意識到「事實上」他很快就聞不到熱特塞馬尼的氣味了。「移情神經症難道不是透過這些難聞、偷偷侵犯他人的氣味來隱藏自己和表現自己嗎？」他再三問自己。但是如何對這個人談論他的氣味而不致冒犯他或者不使他惱火呢？任何精神分析理論都無法回答這個問題。這位精神分析學家大膽提出了一個「相當普遍的中間詮釋」[73]，這個詮釋以感覺器官為核心，其效果在幾次治療後能引起有關氣味的回憶。

熱特塞馬尼出生時很痛苦，身上有好幾處都破了皮，血跡斑斑，多虧一個邊邊的教母把他抱在懷裏悉心照顧，他才倖存下來。他希望與這種惡臭、具有拯救作用的皮膚進行融入性的接觸，這種追求促使他後來偷偷地去聞女保護人氣味很濃的內衣，這些內衣在洗滌之前幾周內都堆放在

拉岡手稿。　　　　　馬庫色。

一起。這是「當時為他帶來自戀情感的一項活動，能確保他預防一切，甚至死亡」。相反地，他的母親非常講究，大量使用香水。迪迪耶・安齊厄指出，「因此，每次他帶著汗臭和香水味闖入我的辦公室，這兩種相互矛盾的氣味就代表著他企圖把教母的皮膚和母親的皮膚集中到他一個人身上的幻覺。難道他就沒有自己的皮膚嗎？」

這位精神分析學家當時從病人身上揭示了一種「我－嗅覺皮膚」的現象。這種現象依賴的是小男孩及其恩人共有、並繼續使小男孩免於死亡的皮膚幻覺。這種嗅覺外殼「完全沒有把皮膚和性感區區分開來。它還彙集了一些對立的衝動特性：與其教母的身體接觸，一方面從自戀角度來看是使人放心的，從性慾角度來看又是誘人的；另一方面它又具有支配性、侵略性且惹人生氣」[74]。

這種氣味外殼是模糊不清且多孔的，它上面「有大量的洞眼，與皮膚毛孔對應，沒有可控制的括約肌……那正是我－皮膚分泌器」。透過這種自動的身體排氣閥，熱特塞馬尼因此可以不聲不響地「顯示出」他的好鬥性，並區分出他身體的我與精神的我。迪迪耶・安齊厄注意到，「在治療時散發臭氣有一種直接好鬥的特性，而且有誘惑的特性，沒有任何象徵性的變化：它挑逗我，撩撥我，玷污我。但正因為這不是『有意的』，就使他一方面避免了思維的辛勞，另一方面又免除了過分強烈的犯罪感」。

正是意識到他的好鬥性，而非無意識地排除他的好鬥性，以及他藉由出汗避免承受好鬥性的痛苦，安齊厄的治療才取得重大進展，熱特塞馬尼開始聞起來沒有那麼臭了。

在這位精神分析學家的反移情治療過程中，可能有三種阻力發揮作用。第一種阻力源於他童年時鼻子動過手術導致嗅覺

衰退，因此是無法受到刺激的。第二種阻力是認識論，與或許能對反移情有所幫助的「嗅覺世界的精神分析學理論缺乏」[75]有關。第三種阻力就是無意識地拒絕把自己放在非常過分骯髒的鄉下女人的位置。安齊厄說，在我被他的氣味侵犯時，熱特塞馬尼「用性誘惑的氣味包圍我，這種氣味與他所稱的教母內衣氣味以及在教母床上時他自己的氣味相同。我明白了，由於這種氣味，反移情的治療尚未結束；我還發現，當我閉上眼睛時，智慧與這種過分具體的感覺信號，拒絕讓一位年輕人，我厭惡的年輕人的形象闖入我的意識裡，這位年輕人力求在可疑的氣味下擁抱我，並讓我接受淫蕩老處女的角色」[76]。

正是由於建立了他所缺少的精神分析學概念，即「我－嗅覺皮膚」，一種多孔、具侵略性與矛盾性，且有分泌物的外衣，安齊厄才相信為他的反移情問題找到了答案。他證實嗅覺和氣味在治療中的重要性，甚至促使他在筆記中大膽提出一個極有可能並與費倫齊的某些直覺相吻合的假設：「可能的情況是，精神分析學家特別會將直覺與情感歸向建立在難以研究的嗅覺基礎之上。」[77]

一九八七年，法國精神分析學家吉塞勒‧阿呂－雷維迪（Gisèle Harrus-Révidi）強調嗅覺在精神分析治療中的作用是完全消極的，即使這種感覺在人類交流中無意識地起著最根本的作用。在英國精神分析學家唐納德‧威尼科特（Donald Winnicott）的觀點基礎上，她認為所有進入這種「幻覺中間層」的氣味，也就是精神分析治療的空間，是一種必須知道如何詮釋的「過渡性物體」：「在治療報告中，很少談起從病人發出的汩汩聲、打嗝聲和身體噪音（精神分析醫生的聲音我們就不說了！），即表現身體存在的所有聲音。病人可能傾向於保持僅僅屬於他自己的過渡性氣味空間，以便把這種過渡性氣味空間占為己有。『退化』能使他力圖喚起以糞便為基礎的，自己與母親間關係的氣味氛圍。」[78]

精神分析醫生的氣味與接受精神分析治療的病人氣味一樣重要。他的氣味，以及他房間的氣味，他在房間裏製作的食物氣味，他買的鮮花氣味都可以在移情中發生作用。因此，一位二十二歲的瑞士女孩以前從不知道其他護膚產品，只知道水和肥皂，因為在她家禁止使用香水；有一天她羞怯地對吉塞勒‧阿呂－雷維迪說她喜歡聞他的香味。這位年輕女孩追求比她母親更完美的女性典範，很少關心自己的外貌。後來她買了一瓶香水，就是在這種芬芳的過渡性物體裏，童年與母親缺乏平靜交流的她試圖尋找「虛幻的母親氣味」[79]。四個感到呼吸困難的病例證明了嗅覺在移情中的價值。在揭示精神分析醫生的嗅覺全面減退，以及把嚴格的正統觀念簡化為佛洛伊德的思想，使嗅覺面臨僅僅求助於肛門性慾的危險之後，吉塞勒‧阿呂－雷維迪肯定而有力地說：「精神分析學針對嗅覺以及與之有關一切所做的辯護是非常徹底的：一切進行得那樣自然，就像

一件古物，一件沒有太多加工的原始作品擺在那裏，也許在語言範圍內難以接近它，沒法做出標注。精神分析學中科學研究的理想化辯護，只是製造出來自大腦鼻腔的疫氣和有氣味的廢物，然後把它們當成不可告人的肛門後遺症隨後清除它們。」[80]

人們或許能夠期待，對病人的性慾如此關注的精神分析學家也會對一種與性慾密切相關的感覺感興趣，不過這不是問題所在。在我看來，這種情況可藉由下列理由來解釋：精神分析學中的嗅覺史烙有壓抑的原始印記。在人們對衛生和除臭工作日益關注以及關於這種感覺的學術性言論根本不受重視的年代，佛洛伊德的嗅覺主題就已經出現，並在與弗里斯的移情關係中得到發展。在弗里斯的移情關係裏，經常化膿的鼻子，以及關於嗅覺實際經驗的疑慮的壓抑，兩者皆起了重要的作用，而佛洛伊德的觀念也與本世紀末普遍流行的嗅覺思想一致。這種嗅覺思想不僅繼承了布豐和達爾文的思想，也繼承了康德的思想；康德認為這種反社會的感覺是「最忘恩負義的」，且是「最不可缺少的」。我在佛洛伊德那裏重新發現了同樣的矛盾性。嗅覺是動物的能力，是古老的能力，必須保存，因為它深入到生命的根源。它與食慾、慾望和整個性慾保持的緊密聯繫註定它要受到壓抑，因為嗅覺與獸性相似。

佛洛伊德的第一批繼承者主要研究了嗅覺與肛門性慾的關係，後來嗅覺研究逐漸延伸到嗅覺與性慾（libido）所有階段的關係。許多證明顯示嗅覺仍然受到不少否定。嗅覺是一種衰落的感覺，但它特別與動物性和肛門性慾有關，這種思想看來令人失望。為此擔憂的一些精神分析學家常常為該領域裏精神分析學文獻的貧乏感到震驚。關於費洛蒙和嗅覺幻覺，特倫巴哈提高了這種向世界開放的情感感官的價值，闡明嗅覺的認識論價值以及它在日常生活中的作用，卻只引起很小的迴響。嗅覺是可以合併的，沒有語言可言，儘管試驗證明它在母嬰關係中的重要性，但它在精神分析學的舞臺上一直扮演著微不足道的角色。然而，隨著眾多學科對嗅覺的研究工作取得引人注目的進展，嗅覺被隔離的傾向正在減弱。

費倫齊的《臨床日記》（*le Journal clinique*）闡明了氣味在精神病、移情和反移情中的重要性；迪迪耶・安齊厄對我一嗅覺皮膚概念做了研究，兩者均於一九八五年發表，至今仍引來一些爭議。一九八九年，珀爾・隆巴德（Pearl Lombard）一個以嗅覺影響治療病人的實例：精神分析醫生與女病人的父親具有相同的香味。小說家徐四金作品《香水》（*Le Parfum*）中沒有氣味的主人公，在一九八七年啟發希爾維・富爾（Sylvie Faure）對嗅覺缺乏和嗅覺性慾進行反思。最近，法國心理學家勒內・魯西隆（René Roussillon）藉由一個試圖尋找童年氣味回憶未果的臨床病例，對這個「不能被描繪的」概念提出疑問。研究了佛洛伊德提過的戀物症，保羅一羅

有學者認為同
性戀情結也和
嗅覺的發展關
係密切。

布豐。

宏‧亞舜以及亨利‧雷－弗洛德闡明了嗅
覺在戀物癖中所起的重要作用。[81] 正是艾
瑪和狼人受損的長鼻頭，引起傑伊‧蓋倫
對戀物癖、閹割和猶太男子性身份的思
考。佛洛伊德給弗里斯的信函中提到，
「像覆蓋在艾瑪被切除的鼻子上的傷疤一
樣」[82]，在他看來構成了一種戀物癖邏輯
的發展。佛洛伊德思考戀物癖的方式與閹
割的概念，以及猶太人顯示差異的身體標
記相關的文化象徵概念是不可分割的。臉
這個部分在一九二七年的論文中佔據著崇
拜物的位置，這個事實說明了鼻子作為男
性生殖器的替代品被賦予的重要性。與桑
德‧吉爾曼相比，蓋倫甚至聲稱，猶太人
的鼻子「代表著猶太人性差異的這種隱藏
標誌，即割了包皮的陰莖」[83]。

　　因此，即使法國精神分析學家與人類
學家伯里斯‧隆勒尼克（Boris Cyrulnik）

在一九九一年還企圖揭示圍繞著嗅覺的禁
忌，他的研究工作雖然沒有被「真正禁
止」，但也沒有得到大力「提倡」，人們還
是覺察到有關嗅覺的態度正在改變。對於
精神分析學家來說，此時若不更加關注鼻
子，更待何時？

結　論

氣味使人厭煩，但不再讓人害怕。它總是愉快和煩惱的載體，但已失去生與死的古老功能。這種重大變化在二十世紀一個接一個的法規文本中可以讀到。在這些文本中，氣味具危害性的概念已經消失，換上氣味具有令人不適、或僅僅讓人不快的概念。這種變化的結果之一是，一九九六年十二月三十日的「空氣法」（la loi sur l'air），清楚地區分嗅覺污染與有害人類健康的污染。[1]

數個世紀以來，人們為抵禦瘟疫這個可怕災難而進行的鬥爭，反映出古代與近代思想之間的真正鴻溝。這個鴻溝不該讓我們把氣味和嗅覺的歷史歸結成一個過於簡化的看法。我認為，應該拋棄嗅覺在過去大獲全勝的想法。過去的所有因素：環境、感覺的完善、智力水準和氣味功能，自近代就陷入了同樣的衰落。我還認為應該放棄摩尼教的觀念，不應該將捕捉與消除氣味、「厭惡氣味的」現代社會，與破解氣味的秘密、「喜歡氣味的」[2]古代社會兩相對立。

因此，我發現哲學家，甚至精神分析學家對嗅覺的懷疑有著數百年的根源，這些根源植根於這種感覺的動物性。

至於我們現代人遭受到「嗅覺喪失」的痛苦，是一個十分複雜的現象，並且也不是近來人們才津津樂道的。亞里斯多德早已抱怨嗅覺的平庸以及無能為力！但是，這種生命能力使我們與環境融合在一起，儘管教育不重視它，嗅覺仍常常在我們不知情的狀況下有著重要的作用。

法國當代作家卡賓（Alain Corbin）所提到的「嗅覺沉默」[3]，這遠非是種漠不關心的表現，實際上此一用語表達出對氣味的過分敏感，而此種狀況對我們已發展的社會是個重擔。精神科醫生在先進國家中發現的嗅覺恐懼症增多，這就是一種嗅覺綜合症。不過應該承認的是，這種敏感性通常多半是消極的。它的對立面不是一種嗅覺文化，其首要條件是嗅覺的訓練以及豐富多樣的嗅覺環境。

化妝品製造商和葡萄酒工藝學家早就證明，透過正常訓練，可能改善人們嗅覺

的敏銳度和嗅覺記憶。另外，香水創造者正是從這種完美性出發，要求從智力和美學上提高嗅覺的價值。著名的化妝品製造商艾德蒙‧魯德尼特斯卡（Edmon Roundnitska）斷言，嗅覺具有支撐一門藝術的能力。一種高貴的香水就是一件藝術作品，如同貝多芬的一段奏鳴曲，哥雅的一幅油畫，或是羅丹的一座雕像，這種說法指的自然是對精神創作給予合法保護。但是這種訓練有素的嗅覺，仍然是某些有限的職業環境中的特權。

然而近幾年來，種種跡象表明，發展這種感覺的興趣不斷增加。譬如，在法國，大力推廣氣味遊戲，在學校中進行大量試驗喚醒嗅覺。開放給大眾的葡萄酒工藝課程蓬勃發展，拉維萊特（La Villette）科學城中的嗅覺館（Odorama）[4] 結合了圖像投影和氣味散發；所有這一切都具有嗅覺訓練的性質，大大超出專家的想像範圍。這種努力還可以依靠一些既有的成果，如凡爾賽的嗅覺博物館（Osmothèque）[5]，它彙集了現有的各種香水，但其目的是發掘並再現已失傳的、偉大的經典香水作品，從而建構對香水真正的鮮活回憶。

有意義的是，氣味在一些文化表演中同樣找到了它們的位置，重現有氣味的空氣成為博物館展覽和歷史性演出中的一部分。一些「香味雕塑家」[6] 矢志重建各種嗅覺環境，如哥倫布當時所發現的美洲，弗朗索瓦一世（François Ier）統治下的布盧瓦城堡（château de Blois），一七八九年七月十四日的巴士底廣場，諾曼第人溯羅亞爾河而上的龍頭船，或者是工業時代的第一批蒸汽機。亞維農第五十屆藝術節時，上演一齣芭蕾舞劇《第五元素》（Quintessence），[7] 其中以一部回顧香料發展史的總譜，把音樂、舞蹈、圖像和氣味結合起來。

其他國家也明顯地出現類似的方向。尤其是日本，這種傾向表現於恢復「科多」（Kodo，又名鼓童，日本著名的擊鼓表演藝術之一）的聲響，或者焚燒乳香儀式。這種十分講究的娛樂活動結合文學主題，從燃燒的芳香木材和其他香料中辨識香氣。這種娛樂活動於十七世紀引入，十八世紀在貴族之間達到鼎盛，消失了很長一段時間後，於今日又引起人們的迷戀。其他跡象還包括：一些大型日本企業根據需要，在公司裡使用越來越多特製的香水，以刺激或者放鬆工作人員和參觀者的情緒。一九九六年三月，皇家旅館（Hôtel Impérial）在大阪開幕，天花板發出的香味使人想起地中海的氣味。

教育、藝術、傳播、工業和商業領域裏的這些表現，象徵著一種新的精神狀態，和對於仍處在萌芽期但充滿潛力的嗅覺文化的渴望。

隨著研究工作的增加，如美國著名的莫內爾化學感覺中心（Monell Chemical Senses Center）[8]，這些嗅覺文化的潛力應運而生，讓人更有希望。莫內爾化學感覺中心是關於味覺和嗅覺的跨學科研究中心。直到目前為止，歐洲仍沒有能與美國相提並論的研究機構，但位於第戎

（Dijon）、以研究香味為主的歐洲味覺學院（Institut européen du goût）[9]，正野心勃勃地填補這片空白。

嗅覺的再發現也發生在衛生領域裏。目前，好幾家日本和美國的實驗室借助現代技術（掃描器、腦波圖、血壓計），測定氣味對各類主體的心理影響，所得的結果可望治療焦慮以及穩定嚴重的精神病患者。

義大利的一些研究者與嗅覺診斷的古老傳統重新建立聯繫，目前正在試驗「電子鼻」。這些感測器最初用來分析食物和酒香，現在能比人的嗅覺更有效地辨別出每種疾病的特有氣味。首先試驗的是糖尿病人和肝病患者，之後將擴及患有心臟病、腎臟病和癌症的自願者。過去曾有人提起一種能預示死亡的特定氣味，如果這種氣味確實存在，那麼試驗的最後階段，大概就是確認這種氣味了。此類儀器也將用於檢測人體對某些藥物或者麻醉品的氣味反應。身體氣味的分析，有一天將像驗血一樣，成為具有教育意義並有助於拯救生命[10]的活動。

氣味經歷了長期的衰落，人們也重新發現用芳香植物治療疾病的力量，從而「誕生一種新的希波克拉底理論」[11]，希望理性地利用自然界提供的武器。另外，科學研究的發展傾向增加透過鼻子服用的藥物。充滿血管的鼻粘膜實際上可讓血液直接攜帶藥物，而不用通過肝臟；肝臟會讓很大一部分活性物質損壞、分解和消失。試驗的有避孕藥、抗利尿藥與針對子宮內膜炎、纖維瘤或者依賴賀爾蒙的癌症病患等治療。

這類特別是與嚴重的病理學有關的發現，使今日的精神科醫生和神經病專家的興趣集中於嗅覺。在精神分裂症、幻覺神經症、精神混亂狀態和神經病變性疾病中可察覺到一些嗅覺紊亂[12]。阿茲海默症是六十歲以上的人出現癡呆的首要原因。在這種疾病中，氣味檢測和確定能力過早衰退，標誌出早期認知紊亂的開端；嗅球和嗅覺作用的其他區域出現嚴重的反常。患有帕金森症和杭廷頓症或者多發性硬化的病人，同樣也有嗅覺紊亂。甚至可能的是，某些病狀是由進入鼻腔的病毒和毒素，藉由嗅覺神經攜帶直至中央神經系統所引起的。[13]

最近一些研究還想證明人類就像其他哺乳動物一樣，擁有一種次要功能的嗅覺器官。在動物溝通中扮演重大作用的犁鼻器，或許在人類身上發揮第六感的作用。雖然此種第六感的活動空間還有待探索，但已引起熱烈的爭論。尼采甚至表示：「我的全部天才就在鼻孔裏。」[14]

註釋

前言

[1] Cf. B. Schaal, <<Olfaction et processus sociaux chez l'homme: bref bilan>>, in *Revue internationale de psychopathologie, Passions des odeurs*, PUF, 1996, n° 22, p. 288-392.

[2] P. Camporesi, *La Chair impassible* (1983), traduit de l'italien par M. Aymard, Paris, Flammarion, 1986, p. 139.

Première partie

第一部
第一章

[1] Lucien, *Lucius ou l'âne*, traduit du grec par E. Talbot, Paris, éditions J.-C. Lattès, 1979, p. 28-29. Apulée, *Les Métamorphoses*, traduit du latin par P. Valette, Paris, Les Belles Lettres, 1940, t. I, p. 76-77.

[2] <<Relation du père du Pont>>, in M. de Certeau, *La Possession de Loudun*, Paris, Gallimard, 1980, p. 50.

[3] F. de Rosset, *Les Histoires tragiques de notre temps...* (1620), Lyon, 1685, p. 56.

[4] P. de Lancre, *L'Incrédulité et Mescréance du sortilege...*, Paris, 1622, p. 73.

[5] L. Catelan, *Rare et curieux discourse de la Plante appelée Mandragore; de ses espèces, vertus et usages. Et particulièrement de celle qui produit une Racine représentant la figure, le corps d'un home: qu'aucuns croyent celle que Josephe appelle Baaras; et d'autres, les Teraphins de Laban, en l'Escriture Sainte*, Paris (s.d.), P. 31.

[6] P. de Lancre, *op cit.*, p. 72.

[7] F. Azouvi, <<La peste, la mélancolie et le diable, ou l'imaginaire rérlé>>, *Diogène*, Paris, octobre-décembre 1979, n° 108, p. 130-131.

[8] J. Bodin, <<Jean Bodin au lecteur salut>> (non paginé), in *De la démonomanie des sorciers* (1580).

[9] H. C. Agrippa, *La Philosophie occulte* (1531), La Haye, 1727, vol. I, p.111.

[10] Cf. L. A. Roubin, <<Perspectives générales de l'exposition Hommes, parfums et dieux>>, in *Le Courrier du muse de l'Homme*, novembre 1980, n° 6 (non paginé).

[11] Cf. E. Schoffeniels, *Physiologie des regulations*, Paris, Masson, 1986, p. 74-75.

Cf. aussi P. Langley-Danysz, <<La truffe, un aphrodisiaque>>, *La Recherche*, septembre 1982, n° 136, p. 1059.

[12] Y. Leroy, *L'Univers odorant de l'animal*, Paris, Boubée, 1987, p. 97.

[13] Cf. J.-P. Signoret, <<Olfaction et sexualité des mammiféres>>, in *Revue internationale de psychopathologie, Passions des odeurs*, PUF, 1996, n° 22, p. 425.

Voir aussi: U. W. Huck, E. B. Banks, S. C. Wang, <<Discrimination of the social status in the brown Lemming>>, in *Behavioural and Neuronal Biology*, 1981, 33, p. 364-371; Yamaguchi et al., <<Distinctive urinary odors governed by the major histocompatibility locus in the mouse>>, in *Proceedings of the National Academy of Sciences of the USA*, 1981, 78, p. 5817-5820.

[14] Cf. M. McClintock, <<Menstrual synchrony and suppression>>, in *Nature*, 1971, 229, p. 244-245.

C. A. Graham, W. C. Mc Grew, <<Menstrual synchrony in female undergraduates living on a co-educational campus>>, in *Psychoneuroendocrinology*, 1980, 5, p. 245-252.

A. Weller, L. Weller, <<Menstrual synchrony between mothers and daughters and between roommates>>, in *Physiology and Behavior*, 1993, 53, p. 943-949.

[15] B. Schaal, *op. cit.*, p. 409.

Cf. aussi: G. Preti G., W.B. Cutler, C. R. Garcia, G. R., Huggins, H. J. Lawley, <<Human axillary secretion influence women's menstrual cycles: The role of donor extract from females>>, in *Hormones and Behavior*, 1986, 20, p. 474-482.

[16] W. B. Cutler, C. R. Garcia, A. M. Krieger, <<Luteal phase defects: Sporadic sexual behavior in women>>, in *Hormones and Behavior*, 1979, 13, p. 214-218.

[17] 費洛蒙這個觀念意味著能回應許多標準的嗅覺媒介可以運用在身為哺乳動物的人類身上：「運用簡單的化學合成物，對於不同物種有不同的回應，確切的功能性反應，一種進入門檻要求不高的刺激物。」參考 B.Schaal，出處同前，p. 413。

[18] Ibid.

[19] 美國解剖學家 David Berliner 與其工作團隊意圖在重新定義費洛蒙的觀念時，對犁鼻器官採用了刺激物。也就是從他們對人類所作的實驗開始，證明了人類有一種完全不同的犁鼻器官，會對化學刺激物產生反應。

（參考 L. Monti-Bloch, C.Jennings-White, D.S.Dolberg, D.L. Berliner,《The human vomeronasal system》，*Psychoneuroendocrinology*，1994，vol.19，N.5-7，p.683）然而其他科學家則不同意 Berliner，並認為這個定義過份簡化，因為此一觀念來自於昆蟲，它們是沒有犁鼻器官與嗅覺上皮組織的。（參考例如 G.Preti, A.Spielman, C.Wysocki,《Vomeronasal organ and human chemical communication》，*Encyclopedia of Human Biology*，1997，V16，1-15。）

[20] D. Trotier, communication privée.

[21] Cf. A. Holley, <<L'information olfactive et son traitement neuronal>>, in *Revue internationale de psychopathologie, Passions des odeurs, op. cit.*, p. 305-317. Cf. aussi dans la meme revue l'article de J. G. Brand, N. E. Rawson, D. Restrepo, <<Signla transduction in olfaction and symptomatology of olfactory dysfunction>>, p. 281-303.

Cf. également: D. Trotier et K. B. Doving, <<Functional role of receptor neurons in encoding olfactory information>>, *Journal of Neurobiology*, 1996, vol. 30, n° 1, p. 58-66.

[22] Cf. D. Trotier, K. B. Doving, C. Eloit, <<Vomeronasale-et gjenoppdaget sanseorgan>>, in *Tidsskr Nor Laegeforen*, nr. 1, 1996, 47-51. Cf. aussi D. Trotier, K. B. Doving, C. Eloit, <<The vomeronasal organ, a rediscovered sensory organ in man>>, à paraître.

[23] D. Trotier, communication privée.

[24] Cf. D. L. Berliner, <<Steroidal substances active in the human vomeronasal organ affect hypothalamic function>>, *Journal of Steroïd Biochemistry and Molecular Biology*, 1996, vol. 58, n° 1, p.1.

[25] A. Galopin, *Le Parfum de la femme et le sens olfactif dans l'amour*, Paris, 1886, p. 157.

[26] S. Freud, *Malaise dans la civilization* (1929), traduit de l'allemand par Ch. et J. Odier, Paris, Paris, PUF, 1971, p. 59. Voir aussi: W. Fliess, *Les Relations entre le nez et les organs génitaux de la femme* (1897), Paris, Seuil, 1977; Dr Collet, L'Odorat et ses troubles, Paris, 1904, p. 51; R. Jouet, <<Troubles de l'odorat>>, *Bulletin d'oto-rhino-laryngologie*, Paris, Bailliére, 1912.

[27] Cf. J. Le Magnen, *Odeurs et parfums* (1949), Paris, PUF, 1961, p. 54.

F. J. Kallmann, W. A. Schoenfeld, S. E. Barrera, <<The genetic aspects of primary ennuchoidisme>>, in *American Journal of Mental Deficits*, 1944, vol. 48, p. 203-236.

F. J. Kallmann, <<Genetic aspects of sexual determination and sexual maturation potentials in man>>, in *Determinants of Human Sexual Behavior*, édité par G. Winokur, Springfield, Ill., Charles G. Thomas, 1963.

[28] M. Proust, *Sodome et Gomorrhe* (1992), in *A la recherche du temps perdu*, vol. 10, p. 707.

[29] Pétrone, *Le Satiricon*, traduction et notes de P. Grimal, Gallimard, 1959, p. 194.

[30] G. Dumézil, *Le Crime des Lemniennes*, Paris, 1924, p. 13 et suiv.

[31] Rois, I, 10, 10-12: <<Elle avait apporté au roi une abondance d'aromates telle qu'il n'en vint jamais plus pareille quantité à Jérusalem.>>

[32] E. G. Gobert, <<Tunis et les parfums>>, in *La Revue africaine*, Alger, 1961-1962, p. 61.

[33] Esther, 2, 12.

[34] W. Shakespeare, *Antoine et Cléopâtre*, traduction par A. Rivoallan, Paris, Aubier-Montaigne, 1977, p. 89.

[35] S. Petit-Skinner, <<Nauru ou la civilisation de l'odorat>>, in *Objets et mondes*, Paris, Objets et mondes, Fr., 1976, vol. 16. n° 3 (non paginé).

[36] C. Jennings-White, <<Perfumery and the sixth sense>>, in *Perfumer & Flavonst*, 1995, 20, p. 7.

[37] Cf. par exemple: G. Pretti, A. Spielman, C. Wysocki: <<Human pheromones: Releasers or primers – fact or myth>>, in *International Symposium on Olfaction and Taste XII/Association for Chemoreception Sciences XIX*, San Diego, CA, USA, 7-12 juillet 1997. Pour ces chercheurs: <<Malgré l'absence de prevue concernant l'existence de changements comportementaux rapides médiatisés par des odeurs, des parfums ou des additifs aux parfums ont été ou sont vendus, perpétuant le mythe qu'une odeur peut rendre sexuellement attirant, voire irrésistible... La plupart des produits vendus comme phéromones apparaissent en fait contenir principalement des substances chimiques provenant de deux categories d'odeurs humaines: les acides aliphatiques C2-C5 et les substances stéroïdiennes C19.>>

[38] Cf. L. Lévy-Bruhl, *La Mentalité primitive*, Paris, 1992, p. 352.

A. G. Haudricourt, <<Note d'ethnozoologie: le role des excrétats dans la domestication>>, in *L'Homme*, avril-septembre 1977, XVII (2,3), p. 125.

[39] B. Jullierat, <<Mélanésie>>, in *Le Courrier du muse de l'Homme*, Paris, novembre 1980, n° 6 (non paginé).

[40] L. Bouquiaux, <<L'arbre ngbè et les relations amoureuses chez les Ngbaka>>, in *Langage et culture africaine*, Paris, Maspero, 1977, p. 106.

[41] Aristote, *Problems*, Londres, Heinemann, Loeb Classical Library, vol. I, liv. XIII, 4, 907b35, p. 307-308.

[42] Théophraste, *De causis plantarum*, Leipzig, 1821, VI. 5. 2., p. 363.

[43] Élien, *On the Characteristics of Animals*, traduit du grec en anglais par A. F. Scholfield, Londres, Loeb Classical Library, 1958, V. 40, p. 335. La traduction francaise donnée ici est celle de Festugière (of. A. J. Festugière, op. cit., p. 82).

[44] 參考 M.Detienne, *Les Jardins d'Adonis*, Paris, Gallimard, 1972, p.164-165 。

「iunx」這個字既是專有名稱也是一般名詞，在希臘文中有三種意思：一、一種具有相當活力的鳥啄木鳥；二、魔術中所使用的活動金屬片；三、製造過濾愛情濾網的魔術師。

[45] *Physiologus* édité par F.Sbordone, Milan-Rome, 1936, p.61 。

自第五世紀起，便存在著不同希臘文版本的《博物學家》（*Physiologus*）的拉丁翻譯本，而這本書在古基督教世界中相當盛行。此一文件最古老的彩色手稿可回溯至西元八世紀中葉的卡洛琳珍時代（l'époque cqrolingienne）。

[46] *Le Bestiaire Ashmole* (du nom du célèbre collectionneur anglais Elias Ashmole, 1617-1692), conserve à la Bodleian Library d'Oxford, peut être date de la fin du XIIe ou du début du xIII° siècle. Une traduction en a été donnée par Marie-France Dupuis et Sylvain Louis, Club du Livre, 1984.

第二章

[1] J.-P. Sartre, *Baudelaire*, Paris, Gallimard, 1963, p. 221.

[2] F. A. Beach, <<Sexual attractivity, proceptivity, and receptivity in female mammals>>, in *Hormones and Behavior*, 1976, 7, p. 105-138.

[3] H. Montagner, *L'Attachement. Les débuts de la tendresse*, Paris, Odile Jacob, 1988, p. 130.

Cf. aussi: A. Holley, <<La perception des odeurs>>, in *La Recherche*, juillet-août 1975, n° 58, p. 630; B. Schaal, e. Hertling, H. Montagner, R. Quichon, <<Le rôle des odeurs dans la genèse de l'attachement mutual entre la mère et l'enfant>>, in *L'Aube des sens*, Paris, Stock, coll. <<Les Cahiers du nouveau-né>> n° 5, 1981, p. 359-377; R. Diatikine, <<Fécondation in vitro, congélation d'embryons et mère de substitution>>, in *Actes du colloque génétique, procréation et droit*, Arles, Actes Sud, Hubert Nyssen éditeur, 1985, p. 282; B. Schaal, <<Déterminants prénatals des préférences chimiosensorielles du nouveau-né>>, in *Cahiers de nutrition et de diététique*, 1995, 30, 2, 84-89; B. Schaal, L. Marlier, R. Soussignan, <<Responsivness to the odour of amniotic fluid in the

human neonate>>, in *Biology of the Neonate*, 1995, 67, 397-407.

[4] Cf. R. Chauvin, *Le Comportement social chez les animaux*, Paris, PUF, 1973, p. 113-114.

Cf. aussi: H. Piéron, <<Contribution à l'étude du problème de la reconnaissance chez les fourmis>>, in *Extrait des comptes rendus du 6ᵉ congerès international de zoologie*, session de Berne, 1904, p. 483-490.

可參照蜜蜂與昆蟲等更普遍的嗅覺機制：C.Linster, C.Masson, 《Odor processing in the honeybee's antennal lobe glomeruli: modeling sensory memory》, *The Neurobiology of Computation*, 1995, p.263-268。

C. Masson et al. <<Recent advances in the concept of adaptation to natural odour signals in the honeybee Apis mellifera L.>>, in *Apidologie*, 1993, 24, p. 169-194.

J. Gascuel, J.-M. Devaud, B. Quenet, C. Masson, <<Développement du système olfactif des insectes: aspects cellulaires et moléculaires>>, *Bulletin de la Société zoologique de France*, 1995, 120 (3), p. 257-267.

C. Masson, C. Linster, <<Towards a cognitive understanding of odor discrimination: Combining experimental and theoretical approaches>>, in *Behevioural Processes*, 1996, 35, p. 63-82.

[5] Cf. G. P. Largey et D. R. Watson, <<The Sociology of Odors>>, in American Journal of Sociology, 1972, vol. 77, p. 1027.

Cf. aussi: R. Winter, *Le Livre des odeurs*, Paris, Seuil, 1978, p. 50.

[6] A. Galopin, *op. cit.*, p. 111.

[7] B Prus, *Lalka*, Varsovie Governmental Publishing House, 1969 p. 68.

[8] G. Simmel, *Mélanges de philosophie relativiste*, Paris, F. Alcan, 1912, p. 36.

[9] E. Bloch, <<Le temps de la peste, mensurations politiques, le Vormä>>, in *Change (Allemagne en esquisse)*, Paris, éd. Seghers/Laffont, mars 1978, nᵒ37, p. 96-97.

[10] Dr Bérillon, <<La bromidrose fétide des Allemands>>, in *Bulletin et mémoires de la Société de médecine de Paris*, Paris, 1915, p. 142-145.

[11] G. Deschamps, <<Dégoûts et des couleurs>>, in *Sporting*, 31 janvier 1917.

[12] Idem.

[13] G. Simmel, *op. cit.*, p. 34.

[14] L. Speleers, *Traduction, index et vocabulaire des texts des pyramides égyptiennes*, Bruxelles, 1934, p. 89, Pyr. 643.

[15] Job, 19, 17-18.

[16] L. Golding, *The Jewish Problem*, Londres, 1938, p. 59; C Klineberg, Race Differences, New York, 1935, p. 130.

[17] Guillaume de Nangis, *Chronique latine de 1113 à 1300, avec la continuation de cette chronique de 1300 à 1368*, publiée par H. Géraud, Paris, 1843, p. 31-35.

[18] Cf. P.-L. Sarlat, <<Un des premiers règlements sur la peste (Gap, 1565)>>, in *Contribution à l'histoire de la thérapeutique de la peste*, Marseille, 1936, p. 57.

[19] *Traité de la peste avec remèdes certains et approuvés pour s'en préserver et garantir. Nouvellement faict par le collège des maistres chirurgiens de Paris*, Paris, 1606, p. 13.

[20] A. Sala, *Traité de la peste*, Leyde, 1617, p. 33.

[21] R. P. Maurice de Toulon, *Le Capucin charitable enseignant la méthode pour remédier aux grandes misères que la peste a coustume de causer parmi les peoples*, Paris, 1662, p. 115.

[22] P. Hecquet, *Traité de la peste où, en répondant aux questions d'un mèdecin de Province sur les moiens de s'en préserver ou d'en guérir, on fait voir le danger des barraques et des infirmeries forcées...* Paris, 1722, p. 73.

[23] J. Garnier, *Une visite à la voirie de Montfaucon*, Paris, 1844, p. I.

[24] L. Roux, *De Montfaucon, de l'insalubrité de ses établissements et de la nécessité de leur suppression immédiate*, Paris, 1841, p. 18 et suiv.

[25] *Idem*, p. 25.

[26] D. Champault, <<Maghreb et Proche-Orient>>, in *Le Courrier du musée de l'Homme, op. cit.* (non paginé).

[27] Cf. J. Dollard, *Casts and Class in a Southern Town*, New York, Doubleday, 1957, p. 381.

Cf. aussi: W. Brink et L. Harris, *The Negro Revolution in America*, New York, Simon and Schuster, 1969, p. 141.

[28] G. Simmel, *Mélanges de philosophie relativiste*, Paris, F. Alcan, 1912, op. cit., p. 34.

[29] E. Gobert, *op. cit.*, p. 58.

[30] M. Leennard, *Do Kamo*, Paris, Gallimard, 1947, p. 68.

第二部

[1] J. Ruffié et J.-C. Sournia, *Les Épidémies dans l'histoire de l'homme*, Paris, Flammarion, 1984, p. 81.

[2] Cf. H. Mollaret et J. Brossollet, *Yersin ou le vainqueur de la peste*, Paris, Fayard, 1985, p. 144-145.

第三章

[1] Cf. Hippocrate, *De la nature de l'homme*, in *Œuvres complètes*, trad. et notes par É. Littré, Paris, 1839-1861, t. 6, p. 55. Cf. aussi Hippocrate, *Des vents, in Œuvres complètes, op. cit.*, 1840, vol. 6, p. 97.

[2] Thucydide, *La Guerre du Péloponnèse*, trad. J. de Romilly, Paris, Les Belles Lettres, 1962, liv. II, LI, p. 35.

[3] Ovide, *Les Métamorphoses*, traduction G. Lafaye, Paris, Les Belles Lettres, 1928, liv. VII, p. 47. Voir aussi Aristote, *Problems*, traduction anglaise de W. S. Hett, Londres, Loeb Classical Library, 1970, II, 8-9, p. 177.

[4] Lucrèce, *De la nature*, trad. A Ernout, Paris, Les Belles Lettres, 1924, vol. 2, liv. VI, p. 318.

[5] Sénèque, *Questions naturelles*, trad. P. Oltamare, Paris, Les Belles Lettres, 1929, t. I, liv. II, LIII, p. 99.

[6] *Idem*, liv. VI, XXVIII, p. 285.

[7] Philon d'Alexandrie, *De aeternitate mundi*, introduction et notes par R. Arnaldez, trad. J. Pouilloux, Paris, Cerf, 1969, p. 161.

[8] C. Galien, *De febrium diferentiis*, éd. C.G. Kuhn, Leipzig, 1833, in Galeni Opera, t. VII, p. 292.

[9] *Idem*, p. 279.

[10] *Consultation sur l'épidémie faite par le collège de la faculté de médecine de Paris en 1348*, in H. E. Rébouis, *Étude historique et critique de la peste*, Paris, 1888, p. 77.

[11] 同上，p130-131。忠於蓋倫的學說，此文認為流行病起於腐敗的空氣，然而卻有著人們常常犯的錯誤，認定在這樣的情況下疾病是不會傳染的。對 M.D.Grmek 來說，如果「感染的觀念在隔絕措施以及醫學文獻中產生一種新的面向，那麼這種解釋將變得讓人困惑，通常都變成理性與奇幻想法間衝突的犧牲品。為了理解這一點，只需要看看《綜論流行病》（*Compendium de epidemia*），其中沒有一個字談到瘟疫的傳染性。」（M.D.Grmek，《Le concept d'infection dans l'Antiquité et au Moyen Age: Les anciennes measures socials contre les maladies contagieuses et la foundation de la première quarantaine à Dubrovnik.（1377）》，in *Rad. Jug. Akad.*, Zagreb,1980, vol.384, p.26）

[12] O. de La Haye, *Poème de la grande peste de 1348*, publié d'après le manuscrit de la bibliothèque du palais Saint-Pierre par G. Guigne, Lyon, 1888, p. 140.

[13] Cf. L. A. J. Michon, in *Documents inédits sur la grande peste de 1348*, Paris, 1860, p. 93.

[14] G. Boccace, *Le Décaméron*, traduction de l'italien par J. Bourciez, Paris, Garnier, 1952, p. 9.

[15] 一腕尺（coudée）相當於五十公分。

[16] J.-N.Biraben, 《L'épidémiologie n'est plus ce qu'elle était》, *Traverses*, septembre 1984, N.32, p.75. 需要進一步解釋，Fracastor 是以一種酵素產生的方式來構思這些有生命力的病源的。

[17] J. Fracastor, *Les Trois Livres sur la contagion, les maladies contagieuses et leurs remèdes, trad. et notes par L. Meunier*, Paris, 1893, p. 94.

[18] *Idem*, p. 31-32.

[19] A. Paré, *Le Vingt-quatrième Livre traitant de la peste*, in *Œuvres complètes*, revues et collationnèes par J. F. Malgaigne, Paris, J. B.

Baillière, p. 351. Voir aussi N. Goddin, *La Chirurgie militaire à tous les chirurgiens et à tous ceux qui veulent suyvre un camp en temps de guerre. Avec un recueil d'aucuns erreurs des chirurgiens vulgaires adjousté par ledit Goddin*, trad. du latin par J. Blondel, Anvers, 1558, p. 2.

[20] *Idem*, p. 380-381.

[21] *Idem*, p. 378.

[22] A. Kircher, *Scrutinium physico-medicum contagiosae luis, quae dicitur pestis*, Rome, 1658, cité in J.-J. Manget, *Traité de la peste recueilli des meilleurs auteurs anciens et modernes et enrichi de remarques et observations théoriques et pratiques*, Genève, 1721, p. 44-45.

[23] N. Hodges, *Loimologia or an account of the plague in London in 1665 with precautionary direction against the like contagion, to which is added an essay on the different causes of pestilential diseases, and how they become contagious with remarks on the infection now in France, and the most probable means to prevent its spreading here by J. Quincy*, Londres, 1721, p. 64.

[24] D. Jouysse, *Examen du livre de Lampérière sur le sujet de la peste*, Rouen, 1622, p. 290.

[25] D.Defoe, *Journal de l'année de la peste*, Paris, Gallimard, 1982, p.303.此一故事由丹尼爾‧狄福於一七二二年根據觀察者對一六六五年發生的瘟疫提出的證詞所寫的，作者在這一場瘟疫發生時只有五歲。

[26] *Idem*, p. 286.

[27] *Idem*, p. 310.

[28] *Idem*, p. 309.

[29] *Idem*, p. 303-304.

[30] Cf. P. Rainssant, *Advis pour se préserver et pour se guérir de la peste de ceste année 1668*, Reims, 1668, p. 5; T. Sydenham, *Médecine pratique*, traduite par A.F. Jault, Parlt, Paris, 1835, p. 66 (1ʳ édition anglaise: 1676).

[31] F. Chicoyneau, *Lettre à M. de la Monière, doyen du collège des médecins de Lyon*, Lyon, 1721, p. 22.

[32] J. Fournier, *Observations sur la nature et le traitement de la fièvre pestilentielle ou la peste avec les moyens d'en prévenir ou en arrêter le progrés*, Dijon, 1777, p. 104.

[33] J.-B. Bertrand, *Relation historique de la peste de Marseille en 1720, nouvelle édition corrigée de plusieurs fautes*, Amsterdam, 1779, p. 22 (première édition: Cologne, 1721).

[34] *Idem*, p. 94.

[35] R. Mead, op. cit., p. 249.

[36] *Idem*, p. 250.

[37] *Idem*, p. 294.

[38] R. Mead, op. cit., p. 309.

[39] Astruc, *Dissertation sur la contagion de la peste où l'on prouve que cette maladie est véritablement contagieuse et où l'on répond aux difficultés qu'on oppose contre ce sentiment*, Toulouse, 1724, p. 127; P. Hecquet, *Traité de la peste où, en répondant aux questions d'un médecin de Province sur les moiens de s'en préserver ou d'en guérir, on fait voir le danger des barraques et des infirmaries forcées avec un problème sur la peste pour un médecin de la Faculté de Paris*, Paris, 1722, p. 73; R. Mead, *Traité de la peste* (1720), in J. Howard, *Histoire des principaux lazarets de l'Europe, accompagnée de différens mémoires relatifs à la peste, aux moyens de se préserver de ce fléau destructeur et aux différens modes de traitement employés pour en arrêter les ravages*, trad. par T. P. Bertin, Paris, an IX, p. 284.

[40] J.-B. Goiffon, *Relation et dissertation sur la peste de Gevaudan*, Lyon, 1722, p. 96-97.

[41] A. L. de Lavoisier, <<Expériences sur la respiration des animaux et sur les changements qui arrivent à l'air en passant par leur poumon>> (1777), in *L'Air et l'Eau, Mémoires de Lavoisier*, Paris, 1923, p. 62.

[42] J.-J. Ménuret de Chambaud, *Essai sur l'action de l'air dans les maladies contagieuses qui a remporté le prix proposé par la Sociétéroyale de médecine*, Paris, 1781, p. 17.

[43] *Idem*, p. 25.

[44] J.-J. Ménuret de Chambaud, *Essai sur l'histoire médicotopographique de Paris ou Lettres à M. d'Aumont, professeur en médecine à Valence, sur le climat de Paris, sur l'état de la médecine, sur le caractère et le traitement des maladies et particulièrement sur la petite vérole et l'inoculation*, Paris, 1786, p. 31.

[45] M. D. Samoïlowitz, *Mémoire sur la peste qui, en 1771, ravagea l'Empire de Russie, surtout Moscou, la capitale et où sont indiqués des remèdes pour la guérir et les moyens de s'en préserver*, Paris (1783), p. XIX.

[46] J.-N. Hallé, *Recherches sur la nature et les effets du méphitisme des fosses d'aisances*, Paris, 1785, p. 11.

[47] <<Rapport fait à l'Académie royale des Sciences le 17 mars 1780 parMM. Duhamel, de Montigny, Le Roy, Tenon, Tillet et Lavoisier, rapporteur>>, *Mémoires de l'Académie des Sciences*, 1780, Lavoisier, Œuvres, t. III, p. 492-493.

[48] <<Rapport des commissaries chargés, par l'Académie, de l'examen du projet d'un nouvel Hôtel-Dieu>>Par MM. de Lassone, Daubenton, Tenon, Lavoisier, Laplace, Coulomb, d'Arcet, Bailly, rapporteur, *Mémoires de l'Académie des Sciences*, 1786, Lavoisier, Œuvres, t. III, p. 647.

[49] P. A. Garros, *Défense du gymnase devant la justice et les homes éclairés*, an IV, p. 48.

[50] Hales, *La Statistique des végétaux et l'analyse de l'air. Expériences nouvelle slues à la Sociéré royale de Londres*, ouvrage traduit de l'anglais par M. de Buffon, Paris, 1735, p. 221.

[51] E. Pingeron, <<Letter sur les agrémens de la vie champêtre>> traduite de l'anglois et tirée du Sentimental Magazine du mois de juin de l'an 1773 in *Recueil de différens projects tendons au bonheur des citoyens*, Paris, 1789, p. 146-147.

[52] J. H. Pott, *Des éléments ou essai sur la nature, les propriétés, les effets et l'utilité de l'Air, de l'Eau, du Feu et de la Terre*, Paris, 1782, vol. 1, p. 43.

[53] J. B. T. Baumes, *Essai d'un système chimique de la science de l'homme*, Nîmes, 1798, p. 92.

[54] <<Rapport des mémoires et projets pour éloigner les tueries de l'intérieur de Paris>> par MM. Daubenton, Tillet, Lavoisier, Laplace, Coulomb, d'Arcet, Bailly, rapporteur, *Mémoires de l'Académie des Sciences*, 1787, Lavoisier, Œuvres, t. III, p. 585.

[55] Dr Purs, *Rapport à l'Académie royale de Médecine sur la peste et les quadrantaines fait au nom d'une commission, accompagné de pièces et documents et suivi de la discussion dans le sein de l'Académie*, Paris, 1846, p. 25.

[56] <<Discussion dans le sein de l'Académie de Médecine, séance du 14 juillet 1846, opinion de M. Pariset>>, in Prus, *op. cit.*, p. 935 et suiv.

[57] R. Dubos, *Louis Pasteur, franc-tireur de la science*, traduit de l'anglais par E. Sussauze, Paris, PUF, 1955, p. 300 (Ire édition anglaise: 1950).

[58] Dr Prus, *op. cit.*, p. 941-942.

[59] *Idem*, p. 693.

[60] 一八四六年七月十四日在醫學學院（l'Académie de Médecine）中的討論，M.Pariset 的意見，in Prus，出處同前，p.948。

[61] F. Laurent, *Copies de mémoires présentés à S.M.I. Napoléon III, empereur des Francais*, Montmédy, 1858, p. 25.

[62] *Idem*, p. 16.

[63] M. Rouffiandis, <<Théories chinoises sur la peste>>, in *Annales d'hygiène et de médecine colonials*, Paris, 1903, p. 342.

[64] C. Bernand, <<Idées de contagions dans les représentations et les pratiques andines>>, in *Bulletin d'ethnomédecine*, Paris, mars 1983, n° 20, p. 12.

[65] *Idem*, p. 12.

[66] J.Fournier, 出處同前，p.10。在《聖經》與許多上古時代的寫作中視瘟疫為上帝對人類的懲罰。參考 Lévitiaue,26,25-26; Deutéronome,28,21-22; Jérémie,29,17-19; Exode, 9,2-4; Samuel, 24,15-16; Ezechiel,5,12-13; Ovide, 《Les Métamorphoses》出處同前，VII,523 與書中接下去的內容。Sénèque, Oedipus, in 《Seneca's Tragedies》, Londres, Heinemann, 1917, V.55,

V.1057. Sophocle, 《Oedipe roi》, in *Théatre complet*, Paris, Garnier-Flammarion, 1964, p.106-107.

可查看一些文章指出瘟疫是上帝對人類的懲罰：

O. Ferrier, *Remèdes, préservatifs et curatives de la peste*, Lyon, 1548, p. 4: <<Ceux qui ont étudié et mieux examiné les affaires, aucun l'ont appelée Verge de Dieu.>>

十六世紀，諾斯塔達姆斯（Nostradamus，法國知名的預言家）在他著名的四行詩中提到瘟疫與懲罰的關聯，一般認為這種關聯是一七二〇年馬賽發生大瘟疫之後產生的：

海港的大瘟疫

在死亡復仇後才會停歇

無罪的人被懲罰而失去生命

死亡絕不錯過任何機會

Cf. *Les Oracles de Michel de Nostredame dit Nostradamus*, centurye II, 53, texte de Pierre Rigaud (Lyon, 1558), avec les variants de Benoist Rigaud (Lyon, 1568), Paris, éditions Jean de Bonnot, 1976, p. 69.

[67] Lucrèce, *op. cit.*, p. 228.

[68] *Idem*, p. 229.

[69] 這是用以指稱那些撿拾屍體的人。

[70] J. Fournier, *op. cit.*, p. 18.

[71] Cf. J.-P. Papon, *op. cit.*, p. 43-44.

[72] Thucydide, *op. cit.*, p. 39.

[73] M. de Montaigne, *Essais* (1560-1595), Paris, Garnier, 1958, tome 3, p. 293.

[74] Pepys, *Journal*, trad. de R. Villoteau, Paris, Mercure de France, 1985, p. 213.

[75] J. Fournier, *op. cit.*, p. 15-16.

[76] <<Mandement de l'évêque de Marseille du 22 octobre 1720>>, in J.-P. Papon, *Relation de la peste de Marseille en 1720 et de celle de Montpellier en 1629, suivie d'un avis sur les moyens de prévenir la contagion et d'en arrêter les progrès, publié par ordre du gouvernement*, Montpellier, 1820, p. 42.

[77] J. Fournier, *op. cit.*, p. 14.

[78] Saint Jean Chrysostome, *Homélies ou sermons*, Paris, 1665, p. 360-361.

[79] Cité par A. Corbin, *op. cit.*, p. 276.

第四章

1 C.Galien, *Ad pisonem de theriaca*, 出處同前， p.281 。

此一療法的名稱由來是採用對付被凶惡或野生的走獸咬傷所產生的反應所命名（thérion 在希臘，從荷馬之後指的就是所有凶惡或野生的走獸）。這可能是 Mithridate 所發明，而自 Néron 的醫生 Andromaque 開始普及。蓋倫在經過一連串修正後提出一種處方，但是這種處方一直都有毒蛇的蛇肉與六十幾種軟糖製劑的草藥。在文藝復興時代，他的處方準備完全是一種公開儀式。直到十九世紀，含鴉片的複方軟糖劑（la thériaque）被認為是一種萬靈藥。

[2] Rufus d'Éphèse, *Œuvres*, op. cit., p. 439.

[3] 參考 J.Michot, 《L'Epître d'Avicenne sur le parfum》, in *Bulletin de philosophie médiévale*, Louvain, 1978, vol.20, N.20, p.56.來自伊朗的阿維森納也是名香水製造商。他發明了蒸餾器得以粹取花朵揮發性的油。他無疑是第一位製造玫瑰水的人。他重大的影響力一直持續到十八世紀。

[4] *Consultation sur l'épidémie*，出處同前， p.131 。

[5] Olivier de La Haye, *op. cit.*, p. 82.

[6] *Idem*, p. 80.

[7] *Idem*, p. 79.

[8] *Idem*, p. 146.

[9] *Consultation sur l'épidémie*，出處同前，p.137-139。

一盎司大約 30 克，八分之一盎司（gros）約 4 克，二十四分之一盎司（scrupule）約 1,25 克。

[10] Cf. A. Paré, *Traicté de la peste, de la petite verolle & rougeolle*, Paris, 1568, p. 44.

[11] *Consultation sur l'épidémie, op. cit.*, p. 119.

[12] M. Ficin, *op. cit.*, p. 76.

[13] *Idem*, p. 74.

[14] *Idem*, p. 80.

[15] *Idem*, p. 55.

[16] *Idem*, p. 80.

[17] J. Fracastor, *op. cit.*, p. 245.

[18] A. Paré, *Discours à scavoir de la mumie, des venins, de la licorne et de la peste*, Paris, 1582, p. 36.

[19] A. Paré, *Réplique D'Ambroise Paré, premier chirurgien du Roy, à la response faite contre son Discours de la licorne* (1582), in *Œuvres complètes*, présentées par J. F. Malgaigne, Paris, 1841, p. 518.

[20] O. Ferrier, *Remèdes, préservatifs et curatifs de peste*, Lyon, 1548, p. 52.

[21] H. de La Cointe, *Rapport des médecins d'Amiens sur les ayriements qui se doivent faire des maisons et meubles infectés en la dite ville*, Amiens, 1634, p. 44-45.

[22] M.E.Alvarus, *Sommaire des remèdes tant préservatifs que curatifs*, Toulouse, 1628, p.27. 這種習俗是藉由公山羊皮來達到保護瘟疫的效果，而這樣做並不缺乏理論基礎：其味道，以及其他動物（公牛、馬、山羊與駱駝）的味道能夠驅退那些傳染腺鼠疫病原的跳蚤與虱子。同樣地，一些橄欖油、核桃油以及花生油也能達到這種驅蟲的效果。參考 J.-N.Biraben, *Les Hommes et la Peste en France et dans les pays européens et méditerranéens*, Paris-La Haye, Mouton, 1975-1976, vol.1, p.15.

[23] H. de La Cointe, *op.* cit., p. 43 et suiv.

[24] A. Sala, *Traité de la peste*, Leyde, 1617, p. 21 et suiv.

[25] Du François, *Traite de la peste, de ses remèdes et préservatifs*, Paris, 1631, p. 69.

[26] J. de Lampérière, *Traité de la peste, de des causes et de cure*, Rouen, 1620, p. 135 et suiv.

[27] D. Jouysse, *Examen du livre de Lampérière sur le sujet de la peste*, Rouen, 1622, p. 205.

[28] *Idem*, p. 168.

[29] *Idem*, p. 267.

[30] *Idem*, p. 268.

[31] J. de Lampérière, *op. cit.*, p. 412.

[32] *Idem*, p. 413.

[33] D. Jouysse, *op. cit.*, p. 289 et suiv.

[34] 一五七七年所創立的衛生顧問為了管理流行病，而制定了許多法規；衛生隊長即為此一系列規定的執法人員。他的手下有分隊長以及士兵，同時管理警察局與十戶管理人（dizainier），以關閉受感染的屋子，並將病患隔離。每個十戶管理人監督十間屋子，每天早上他們讓屋裡的所有住民出來點名，以確定沒有人失蹤，這些人成為天災的受害者。

[35] A. Baric, *Les Rares Secrets ou remèdes incomparables, préservatifs et curatifs, contre la peste des homes et des animaux, dans l'ordre admirable intérieur et extérieur du désinfectement des personnes, des animaux et des estables*, Toulouse, 1646, p. 65 et suiv.

[36] *Idem*, p. 46.

[37] F. Ranchin, *Traité de la peste*, in *Opuscules ou traités divers et curieux en médecine*, Montpellier, 1640, p. 273 et suiv.

[38] *Idem*, p. 262.

[39] J.-B. Bertrand, *op. cit.*, p. 372 et suiv.

[40] M.D. Samoïlowitz, *Mémoire sur l'inoculation de la peste avec la description des trios poudres antipestilentielles*, Strasbourg, 1782, p. 34-35.

[41] J.Fournier, 出處同前, p.203 。這種服裝是由法醫 Charles Delorme 想像出來的衣服所引發的靈感。在 1619 年發生流行病時,這位醫生創造了一種罩住全身以避免瘟疫傳染的皮衣。不久後,又在衣服上加了一個皮製面具,眼睛部分是水晶,然後接了一個長鼻子,裡面都是芳香物以過濾呼吸的空氣。根據 J.Bazin ,這種獨特的服裝僅僅引發了許多寫作描述,但卻從沒有人穿過這種衣服。參考 J.Bazin, *L'Evolution du costume du médecin de peste en Europe, de 1348 à1720*, Paris, EMU, 1971, p.159.

[42] Janin de Combe-Blanche, *L'Antiméphitique ou Moyens de détruire les exhalaisons pernicieuses et mortelles des fosses d'aisances, l'odeur infecte des égouts, celle des hôpitaux, des prisons, des vaisseaux de guerre, etc.*, Paris, 1782, p. XXIV-XXV.

[43] *Idem*, p. 24.

[44] F. Dagognet, *La Raison et les Remèdes. Essai sur l'imaginaire et le réel dans la thérapeutique traditionnelle*, Paris, PUF, 1952, p. 25. Voir aussi: W. R. Dawson, <<Mummy as a drug>>, in Proceedings of the Royal Society of Medicine, 1928, 21, p. 35.

[45] L. de Serre, *Les Œuvres pharmaceutiques du Sr Jean de Renou, conseiller et médecin du Roy à Paris; augmentées d'un tiers en cette seconde édition par l'Auteur, puis traduites, embellies de plusieurs figures nécessaires à la connaissance de la médecine et pharmacie et mises en lumière*, Lyon, 1626, p. 433.

[46] L. Guyon, *Les Diverses Leçons divisées en cinq livres contenant plusieurs histoires, discourse et faits mémorables, recueillis des autheurs grecs, latins, français, italiens, espagnols*, Lyon, 1625, p. 22 et 23.

[47] L. Reutter de Rosemont, *Histoire de la pharmacie à travers les âges*, Paris, 1931, t. I. p. 543. Voire aussi: W. R. Dawson, <<Mummy as a drug>>, in Proceedings of the Royal Society of Medicine, 1928, 21, p. 35.

[48] P. Belon, *Les Observations de plusieurs singularitez et choses mémorables trouvées en Grèce, Asie, Judée, Égypte, Arabie et autres pays estranges, rédigées en trios livres*, Paris, 1553, p. 118.

[49] J. Cardan, *De la subtilité, et subtiles inventions, ensemble les causes occultes et raisons d'icelles, traduit du latin en françois par Richard le Blanc*, Paris, 1556, p. 359 (1ᵉ édition: 1550), p. 359.

[50] A. Paré, *Discours de la mumie*, in *Œuvres complètes, op. cit.*, vol. 3, p. 479 et suiv.

[51] J. Cardan, *op. cit.*, p. 359.

[52] A. Paré, *op. cit.*, p. 482.

[53] *Idem*, p. 482

[54] *Idem*

[55] A. Paré, *Discours de la mumie, op. cit.*, p. 482.

[56] L. Reutter de Rosemont, op. cit., t. 1, p. 575. Voir également: B. Caesius, *Mineralogia*, Leyde, 1636, p. 369. 110, *Idem*, p. 434.

[57] J. de Renou, *op. cit.*, p. 433.

[58] *Idem*, p. 434.

[59] P. Pomet, *Histoire générale des drogues traitant des plantes et des animaux et des minéraux*. Paris, 1694, liv. I, p. 7. Cf. aussi N. Lémery, *Traité universel des drogues...*, Paris, 1698, p. 509.

[60] P.A.T.B. Paracelse, *Les XIV livres où sont contenus en Épitome ses secrets admirables... traduits du latin au françois par C. de Sarcilly*, Paris, 1631, p. 15.

[61] P.A.T.B. Paracelse, *La Grande Chirurgie (1536) traduite en françois de la version latine de Josquin d'Alhem...*, Lyon, 1593, p. 147 et suiv.

[62] L. Pénicher, *Traité des embaumements selon les Anciens et les Modernes avec une description de quelques compositions balsamiques et odorantes*, Paris, 1699, p. 250.

[63] *Idem*, p. 252-253.

[64] *Idem*, p. 263/

[65] *Idem*, p. 270-271.

[66] *Dictionnaire raisonné universel de mative médicale*, Paris, 1773, p. 161. Voir aussi: M. de Sevelinges, <<Observation sur les effets de la Momie d'Égypte, par M. de Sevelinges, docteur en médecine à S. Étienne en Foretz>>, in *Journal de médecine, chirurgie, pharmacie*, Paris, sept. 1759, p. 224-227; M. Mareschal de Rougères, <<Lettre de M. Mareschal de Rougères, maître en chirurgie à Plancoët en Bretagne, contenant quelques observations sur les effets de la momie>>, in *Journal de médecine, chirurgie, pharmacie*, Paris, mai 1767, p. 466-469.

[67] Articles 614 et 615 du règlement précité in Dr. Purs, *op. cit.*, p. 221.

[68] <<Réponse de M. le docteur Clot-Bey aux questions posées par le Ministère anglais en 1839>>, in Dr Prus, *op. cit.*, p. 388.

[69] L. Aubert-Roche, *De la peste ou typhus d'Orient*, Paris, 1843, p. 37.

[70] H. Vincenot, *La Vie quotidienne des paysans bourguignons au temps de Lamartine*, Paris, Hachette, 1976, p. 149.

[71] F. V. Raspail, *Histoire naturelle de la santé et de la maladie chez les végétaux et chez les animaux en général, et en particulier chez l'homme, suivie du formulaire d'une nouvelle méthode de traitement hygiénique et curative*, Paris, 1843, t. 2, p. 520.

[72] *Idem* (édition de 1860), t. 3, p. 65.

[73] *Idem* (édition de 1846), t. 2, p. 182.

[74] *Idem* (édition de 1843), t. 2, p. 523.

[75] *Idem*, p. 526.

[76] *Idem*, p. 452.

[77] J. Virey, *Histoire naturelle des médicamens, des alimens et des poisons, tirés des trios règnes de la nature*, Paris, 1820, p. 61.

[78] Cf. T. de Bordeu, *Recherches sur les maladies chroniques* (1775), in *Œuvres complètes, précédées d'une notice sur sa vie et sur ses ouvrages par M. le chevalier Richerand*, Paris, 1818, p. 979; Brieude, <<Mémoire sur les odeurs que nous exhalons, considérées comme signes de la santé et de la maladie>>, in *Histoire de la Société de Médecine et de Physique médicale pour la même année*, Paris, 1789, t. X; H. Cloquet, *Osphrésiologie ou traité des odeurs, du sens et des organs de l'olfaction, avec l'histoire détaillée des maladies du nez et des fosses nasales et des opérations qui leur conviennent*, Paris, 1821, p. 35.

[79] E. Monin, *Les Odeurs du corps humain* (1885), Paris, 1903, p. 10.

[80] *Idem*, p. 16.

[81] *Idem*, p. 5.

[82] *Idem*, p. 8.

[83] A. Artaud, 《Le théâtre et la peste》, in *La Nouvelle Revue*, Paris, octobre 1934, N.253, p.490. 亞陶在這裡混雜了一些不協調的原素：Lampérière 特別提倡的打了臘的布製衣服，以及 Delorme 所發明的尖嘴面具。事實上，這個面具讓一種保護用的皮衣更加完整。

[84] 關於這個主題詳見 J. Bazin 的作品，出處同前 p. 159.

[85] Cf. Monique lucenet, *Les Grandes Pestes en France*, Paris, Aubier, 1985, p. 124.

[86] Cf. A. F. de Fourcroy, *L'Art de connaître et d'employer les médicaments dans les maladies qui attaquent le corps humain*, Paris, 1785, p. 261.

[87] Ho. Boerhaave, *Elemens de chimie* (1732), Paris, 1754, t. 1, p. 156.

[88] P. J. Macquer, *Dictionnaire de chimie contenant la théorie et la pratique de cette science, son qpplication à la physique, à l'histoire naturelle, à la médecine et à l'économie animale*, Paris, 1766, t. I. p. 592.

[89] J. J. Virey, *op. cit.*, p. 49-50.

Voir aussi: F. Dagognet, *La Raison et les Remèdes. Essai sur l'imaginaire et le réel dans la thérapeutique contemporaine*, Paris, PUF, 1952, p. 86.

A. F. Fourcroy, *L'Art de connaître et d'employer les médicaments dans les maladies qui attaquent le corps humain*, Paris, 1785.

第三部

[1] A. Paré, *Discours de la licorne, op. cit.*, p. 509.

[2] P. Hecquet, *La Médecine, la chirurgie et la pharmacie des pauvres*, Paris, 1740, p, 98-99.

[3] Hérodote, *Histoires*, texte établi et traduit par Ph.-E. Legrand, Paris, Les Belles Lettres, 1936, t. III. p. 107.

[4] A. Erman et H. Ranke, *La Civilisation égyptienne* (1952), Paris, Payot, 1976, p. 679.

[5] Cf. M. Detienne, *Les Jardins d'Adonis, op. cit.* p. 62.

[6] A. Dechambre, *Dictionnaire encyclopédique des sciences mécicales*, Paris, 1878, p. 146.

[7] M. Ficin, *op. cit.*, p. 41 et suiv.

[8] A. Paré, *Traicté de la peste, de la petite vérolle et de la rougeolle, op. cit.*, p. 124.

[9] *Correspondance de Madame, Duchesse d'Orléans* (1843), Paris, 1890, t. 2, p. 94. Voir aussi Saint-Simon, *Mémoires*, Paris, Hachette, 1884, t. 4, p. 352.

[10] Cf. Albert le Grand, *Secrets merveilleux de la Magie naturelle et cabalistique du Petit Albert, traduit exactement sur l'Original latin, intitulé: Alberti Parvi Lucii, Libellus de mirabilisbus Naturae Arcanis. Enrichi de figures mystérieuses et la manière de les faire, nouvelle èdition corrigée et augmentée*, Lyon, 1729, p. 87-90.

[11] Cf. P. V. Piobb, *Formulaire de haute magie*, Paris, 1937, p. 243.

[12] H. C. Agrippa, *La Philosophie occulte* (1531), La Haye, 1727, vol. I, p. 115.

[13] W. Atallah, <<Un ritual de serment chez les Arabes Al-Yamin Al-Gamus>>, in Arabica, vol. 20, n° 1, p. 70.

第五章

[1] Cf. S. Mayassis, *Architecture, religion, symbolisme*, vol. 1, Athènes, BAOA, 1964, p. 115.

[2] Larousse, *Grand Dictionnaire du XIX*, Genève, 1982, article <<Parfum>>.

[3] Cf. L. Reutter de Rosemont, *Histoire de la pharmacie à travers les âges, op. cit.*, ti. I, p. 23.

[4] Cf. J.-C. Goyon, *Rituels funéraires de l'ancienne Égypte. Le ritual de l'embaumement. Le ritual de l'ouverture de la bouche. Les Livres des respirations*, Paris, éditions du Cerf, 1972, p. 43.

[5] 《生死書》（*Livre des morts*）根據希臘的景像來描繪死者的世界。這個世界由一條長河一分為二。而杜阿（Douat，原本是瑞神晚間的居所）被分成十二區以符合夜晚的十二小時。死者會出現在陽光小船上，跟在天一亮就起身的瑞神一樣發光閃耀。參考 L.Dérobert, H.Reichlen, J.-P.Campana, *Le monde étrange des momies*, Paris, Pygmalion, 1975, p.23.

[6] 這是用以表明埃及土地的大範圍分區的用語。

[7] Cf. J.-C. Goyon, *op. cit.*, p. 45 et suiv.

[8] *Idem*, p. 165.

[9] Exode, 30, 34-36.

[10] Exode, 30, 1-11.

[11] Exode, 30, 23-25.

[12] Nombres, 16, 40-41.

[13] Exode, 24, 5-8.

[14] Marc, 14, 22-25.

[15] Genèse, 17, 9-15. Cf. aussi Exode, 4, 25-26.

[16] Lévitique, 16, 14-15.

[17] Exode, 19, 15-22. Cf. aussi Lévitique, 8, 1-7.

[18] Fray Bernardino de Sahagun, *Histoire générale des chose de la Nouvelle-Espagne* (1547-1590), traduit de l'espagnol par D. Jourdanet et R. Siméon, Paris, F. Maspero, 1981, p. 106-107.

[19] C. Duverger, *La Fleur létale. Economie du sacrifice aztèque*, Paris, Seuil, 1979, p. 134.

[20] F. Bernardino de Sahagun, *op. cit.*, p. 103.

[21] Cf. G. Dumas, <<L'odeur de saintedé>>, in *La Revue de Paris*, novembre 1907, p. 534.

[22] J. Collin de Plancy, *Dictionnaire critique des reliques et des images*, Paris, 1821, vol. 2, p. 358-359.

[23] Plutarque, *Œuvres morales*, Paris, Les Belles Lettres, 1974, t. VII. p. 167.

[24] Cf. M. Aubrun, <<Caractères et portée religiouse des "Visiones" en Occident du VI^c au XIe siècle>>, in *Cahiers de civilization médiévale*, Poitiers, 1980, p. 117.

[25] Cf. J. Goubert et L. Christiani, *Les Plus Beaux Textes de l'au-delà*, Paris, La Colombe, 1950, p. 316.

[26] Cf. H. Larcher, *Le sang peut-il vaincre la mort ?* Paris, Gallimard, 1957, p. 196.

[27] Bollandistes, *Acta Sanctorum*, 1643, n° 1047. Voir aussi H. Larcher, op. cit., p. 27.

[28] M. Charbonnier, *Maladies et facultés des mystiques*, 1874, p. 43-44.

[29] G. Dumas, *op. cit.*, p. 544.

[30] *Idem*, p. 205.

[31] *Idem*, p. 221-222.

[32] H. Larcher, *op. cit.*, p. 222.

第六章

[1] Lévitique, 17,11.

[2] S.Mayassis, 古老的埃及生死書是本想像的作品，Athènes, BAOA, 1995, p.325.

[3] Empédocle, in *Les Présocratiques*, op. cit., p. 416.

[4] Deutéronome, 12, 23.

[5] J. G. Frazer, *Le Rameau d'or* (1890-1915), Paris, Robert Laffont, 1981, p. 625.

[6] J. Chelhold, *Le Sacrifice chez les Arabes*, Paris, PUF, 1955, p. 103.

[7] Cf. L. E. de Païni, *La Magie et le Mystère de la femme*, Paris, 1928, p. 271.

[8] 關於參照神話這部分，杜美茲（Georges Dumézil）、李維史托（Claud Lévi-Strauss）、維納（Jean-Pierre Vernant）或是戴天（Marcel Detienne）的研究都已放棄全面比較、重新解釋等古典方法，而利用一種將各神話重新放入其文化範疇中作不同的解讀。然而在此是不可能透過尋找別處類似的英雄或是神祇，以解釋某某神話。這只是純粹在神話故事中發現一些並置的元素，而這些元素透過血液與乳香的連結，讓許多相關儀式的舉行已成為放諸四海的標準。

[9] L. Catelan, *Rare et curieux discourse de la plante appelée Mandragore*, op. cit., p. 6.

[10] Codex Fejervary Mayer, pl. 4, in C. Duverger, *op. cit.*, p. 225.

[11] M. Meurger, <<Stella Nocens, essai sur L'Assemblée des sorcières de Frans Francken au Kunsthistorisches Museum de Vienne>>, in *Anagram*, Paris, Maisonneuve et Larose, 1981, n°9, p. 90.

[12] J. G. Frazer, *op. cit.*, p. 275.

[13] *La Quête du Grall*, Paris, Seuil, 1965, p. 256.

[14] Cf. G. Raynaud, *Le Popol-Vuh, les dieux, les héros et les homes de l'ancien Guatemala d'après le Livre du Conseil*, Paris, Maisonneuve et Larose, 1980, p. VIII et IX.

[15] Cf. W. Robertson Smith, *The Religion of the Semites*, Londres, 1927, p. 427.

[16] N. de Locques, *Les Vertus magnétiques du sang. De son usage interne et externe pour la guérison des maladies*, Paris, 1664, p. 45.

[17] H. C. Agrippa, *op. cit.*, t. I, p. 115.

[18] Voire supra, p. 117-118 et infra, p. 183 et 201.

[19] P. Camporesi, *op. cit.*, p. 7.

第四部

[1] A. Holley et P. Mac Leod, <<Transduction et codage des informations olfactives>>, *Journal de physiologie*, Paris, 1977, p. 729.

[2] E. Cassirer, La *Philosophie des formes symboliques* (1923), Paris, Minuit, 1972, p. 150.

[3] P. Camporesi, *op. cit.*, p. 197.

[4] G. Bachelard, *La Terre et les rêveries du repos. Essai sur les images de l;intimité*, Paris, Corti, 1948, p. 128.

第七章

[1] Plton, *Timée*, in *Œuvres complètes*, trad. L. Robin et M.-J Moreau, Paris, Gallimard, 1950, p. 491.

[2] Lucrèce, *De la nature des choses*, trad. H. Clouart, Paris, Garnier-Flammarion, 1964, p. 136.

[3] Platon, *Timée*, trad. E. Chambry, Paris, Garnier-Flammarion, 1969, p. 444.

[4] Aristote, *De sensu*, in Pauva Naturalia, trad. J. ricot, Paris, Vrin, 1951, p. 32.

[5] Platon, *La République*, in *Œuvres complè tes*, op. cit., p. 1193.

[6] Arisote, *De sensu*, op. cit., p. 34. Cf. aussi Aristote, Éthique à Nicomaque, trad. J. Tricot, Paris, Vrin, 1979, p. 162.

[7] Aristote, *De sensu*, op. cit., p. 34.

[8] Aristote, *Éthique à Nicomaque*, op. cit., p. 161-162.

[9] Lucrèce, *op. cit.*, p. 135.

[10] Cf. M. Conche, *Épicure, lettres et maxims*, Villers-sur-Mer, Mégare, 1977, p.30.

第八章

[1] Jean, Évangile, 12, 1-8.

[2] Paul, Épître aux Galates, 5, 16-19.

[3] Pierre, Première épître, 3, 3-5.

[4] Clément Romain, *Les Deux Épîtres aux vierges* (vers 96), Paris, 1853, p. 141.

[5] *Idem*, p. 143.

[6] Tertullien (160-235?), La Toilette des femmes, traduction de M. Turcan, Paris, Cerf, 1971, p. 101-103.

[7] *Idem*, p. 167.

[8] *Idem*, p. 143.

[9] *Idem*, p. 101.

[10] *Idem*, p. 117.

[11] Jean Chrysostome (344-407), *Homélies ou sermons*, Paris, 1665, p. 361. Ce theme se trouve déjà chez Paul (cf. 2 Co, 2, 1517).

[12] *Idem*, p. 362.

[13] Bernard de Clairvaux (saint), (1091-1153), *Lettres, présentées par Ch. Melot*, Dijon, 1847, p. 102.

[14] Thomas d'Aquin (saint), *Somme théologique* (1266-1274). *L'âme humaine*, trad. J. Webert, Paris, Tournai, Rome, La Revue des jeunes, 1928, p. 180.

[15] Thomas d'Aquin, *Somme théologique. La Résurrection*, trad. par J.-D. Folghera, notes et appendice par J. Webert, Paris, Tournai,

Rome, La Revue des jeunes, 1938, p. 181-182.

[16] Thomas d'Aquin, *Somme théologique. L'Eucharistie*, trad. A.-M. Roguet, Paris, Tournai, Rome, La Revue des jeunes, 1967, p. 260-261.

第九章

[1] J.-N. Biraben, *Les Hommes et la Peste en France et dans les pays européens et méditerranéens, op. cit.*, vol. I, p. 48.

[2] L. Febvre, *Le Problème de l'incroyance au XVI siècle, Paris*, Albin Michel, 1962, p. 461-462.

[3] M. de Montaigne, *Essais* (1580-1595), Paris, PUF, 1965, notes de P. Villey, liv. II, chap. XII, p. 587-588.

[4] *Idem*, liv. I., chap. LV, p. 315.

[5] *Idem*, p. 314.

[6] P. Moreau, *Montaigne*, Paris, Hatier, 1996, p. 52.

[7] F. Dagognet, *La Maîtrise du vivant*, Paris, Hachette, 1988, p. 29.

第十章

[1] R. Descartes, *Traité de l'homme* (1664), in *Œuvres et Lettres*, pr ésentées, par A. ridoux, Paris, Gallimard, 1953, p. 827.

[2] R. Descartes, *Sixièmes réponses* (1641), in *Œuvres et Lettres, op. cit.*, p. 542.

[3] E. Bréhier, *Histoire de la philosophie moderne*, Paris, PUF, 1960, p. 72.

[4] R. Descartes, *Deuxième meditation* (1641), in Œuvres et Lettres, op. cit., p. 280-281.

[5] N. Malebranche, *De la recherche de la vérité où l'on traite de la nature de l'esprit et de l'homme et de l'usage qu'il en doit faire pour éviter l'erreur dans les sciences* (1678), édité par G. Rodis-Lewis, Paris, Vrin, 1962, t. I, liv. I, X, p. 129.

[6] N. Malebranche, *Entretiens sur la métaphysique et sur la religion. Entretiens sur la mort* (1696), édité par A. Robinet, Paris, Vrin, 1965, t. XII, liv. IV, XV, p. 100.

[7] O. Arnold, *Le Corps et l'âme*, Paris, Seuil, 1984, p. 139.

[8] J. B. Bossuet, *Traité de la concupiscence* (1693-1694), Paris, 1879, p. 8.

[9] *Idem*, p. 13-14.

[10] A.M.de Liguori (saint), *Le Corps et l'âme*, Paris, Seuil, 1984, p.139.

這位拿波里傳教士兼神學家，生於一六九六年，卒於一七八七年；建構出一套著名的倫理神學系統，名為「可能平等論」（l'éauiprobabilisme）。

[11] A. M. de Liguori, *La Véritable Épouse de J.-C.*, Paris, 1877, p. 235.

第十一章

[1] J. Offroy de La Mettrie, *Histoire naturelle de l'âme* (1745), Oxford, 1747, p. 349.

[2] C. A. Helvétius, *De l'homme, de ses facultés intellectuelles et de son education* (1772), Liège, 1774, p. 135.

[3] E. Bonnot de Condillac, *Traité des sensations* (1754), in Œuvres philosophiques, Paris, PUF, 1947, p. 222.

[4] *Idem*, p. 239.

[5] *Idem*, p. 224.

[6] F. Dagognet, preface au *Traité des animaux de Condillac*, Paris, Vrin, 1987, p. 10.

[7] D. Diderot, *Lettres sur les sourds et muets* (1751), in *Premières Œuvres*, vol. 2, Paris, Éditions socials, 1972, p. 99.

[8] D. Diderot, *Lettres sur les sourds et muets* (1751), in *Correspondance* (1713-1757), edition établie, annotée et préfacée par G. Roth, Paris, Éditions de Minuit, 1955, p. 118-119.

[9] J.-J. Rousseau, *Émile ou De l'éducation* (1762), in *Œuvres completes*, Paris, Gallimard, 1969, t. IV, p. 370.

[10] *Idem*, p. 370.

[11] G. L. Leclerc (comte de Buffon), *Histoire naturelle des animaux* (1753), in *Œuvres philosophiques*, présentées par J. Piveteau, Paris, PUF, 1954, p. 331.

[12] *Idem*, p. 415.

[13] *Idem*, p. 325.

[14] *Idem*, p. 326.

[15] J.-J. Rousseau, *Discours sur l'origine et les fondements de l'inégalité parmi les homes* (1754), in *Œuvres completes, op cit.*, t. III, p. 140.

[16] J.-J. Rousseau, *Émile ou De l'éducation, op. cit.*, p. 416-417.

[17] J.-J. Rousseau, *Discours sur l'origine et les fondements de l'inégalité parmi les homes, op. cit.*, p. 142.

[18] J.-J. Rousseau, *Émile ou De l'éducation, op. cit.*, p. 416.

[19] J.-J. Rousseau, *Discours sur l'origine et les fondements de l'inégalité parmi les homes, op. cit.*, p. 144.

[20] J.-J. Rousseau, *Émile ou De l'éducation, op. cit.*, p. 415.

[21] J.-J. Rousseau, *Discours sur l'origine et les fondements de l'inégalité parmi les hommes, op. cit.*, p. 158.

[22] J.-J. Rousseau, *Émile ou De l'éducation, op. cit.*, p. 416.

[23] 同上。見 Yves Vargas 對這一點中肯的分析， *Introduction à l'Emile de Rousseau*, Paris, PUF, 1995, p.64 。

[24] T. Hobbes, *Éléments du droit naturel et politique* (1649-1658), trad. L. Roux Lvon, éd Hermès, 1977, p. 141.

[25] J.-J Rousseau, *Lettre du 15 déembre 1763 qu prince de Wurtemberg*, in *Lettres philosophiques*, Paris, Vrin, 1974, p. 123.

[26] J.-J. Rousseau, *Émile ou De l'éducation, op. cit.*, p. 416.

[27] *Idem*, p. 418.

[28] P. J. G. Cabanis, *Rapports du physique et du moral* (1802), in *Œuvres complètes*, Paris, PUF, 1956, p. 226.

[29] *Idem*, p. 228.

[30] J. Cazeneuve, introduction, *Œuvres completes de Cabanis*, p. XXVIII.

[31] P. J. G. Cabanis, *op. cit.*, p. 555.

[32] *Idem*, p. 570-571.

[33] G. Berkeley, *Siris ou Réflexions et recherches philosophiques concernant les vertus de l'eau de goudron et divers autres sujets connexes ertre eux et naissant l'un de l'autre* (1744), introduction, traduction et notes, de P. Dubois, Paris, 1971, p. 32.

[34] *Idem*, p. 139.

第十二章

[1] E. Kant, *Anthropologie du point de vue pragmatique* (1798), trad. M. Foucault, Paris, Vrin, 1979, p. 40.

[2] *Idem*, p. 39.

[3] *Idem*, p. 37,

[4] *Idem*, p. 40.

[5] E. Kant, *Critique de la faculté de juger* (1790), trad. A Tremesaygues et B. Pacaud, Paris, Vrin, 1979, p. 157.

[6] E. Kant, *Anthropologie du point de vue pragmatique, op. cit.*, p. 40.

[7] E. Kant, *Critique de la faculté de juger, op. cit.*, p. 157.

[8] I. E. Borowski, R. B. Jachmann, E. A. Wasianki, Kant intime, traduction de l'allemand par J. Mistler, Paris, Grasset, 1985.

[9] J. C. de La Metherie, *De l'homme considéré moralement, de ses moeurs et de celles des animaux*, Paris, an XI (1802), vol. 2, p. 294.

[10] G. W. F. Hegel, *Esthétique* (1832), trad. S. Jankélévitch, Paris, Flammarion, 1979, t. III, p. 140.

[11] *Idem*, p. 139.

[12] *Idem*, p. 137-138.

[13] *Idem*, p. 136.

[14] *Idem*, p. 140.

[15] *Idem*, p. 138.

[16] *Idem*, p. 139.

[17] *Idem*, t. I, p. 192.

第十三章

[1] L. Feuerbach, <<Leçons sur l'essence de la religion dans son rapport à L'Unique et sa propriété>>, in *La Nouvelle Critique*, avril 1955, p. 29.

[2] L. Feuerbach, <<L'essence du christianisme dans son rapport à L'Unique et sa propriété>> (1841), in *Manifestes philosophiques*, trad. L. Althusser, Paris, PUF, 1960, p. 207.

[3] F. Engels, *Ludwig Feuerbach et la fin de la philosophie classique allemande* (1888), Paris, Éditions sociales, 1979, p. 41.

[4] L. Feuerbach, <<Contribution à la critique de la philosophie d'Hegel>> (1839), in *Manifestes philosophiques, op. cit.*, p. 15.

[5] L. Feuerbach, <<Principes de la philosophie de l'avenir>> (1843), in *Manifestes philosophiques, op. cit.*, p. 159.

[6] *Idem*, p. 194.

[7] L. Feuerbach, <<L'essence du christianisme>>, *loc. cit.*, p. 208.

[8] L. Feuerbach, <<Principes de la philosophie de l'avenir>>, *loc. cit.*, p. 196 et suiv.

[9] F. Nietzsche, *L'Antéchrist* (1888), in *Œuvres philosophiques complètes*, textes établis par G. Colli et M. Montinari, traduction de C. Heim, I. Hidenbrand et J. Gratien, Paris, Gallimard, 1971, p. 239.

[10] F. Nietzsche, *La Généalogie de la morale*, in *Œuvres philosophiques completes, op. cit.*, p. 276.

[11] F. Nietzsche, *Le Crépuscule des idoles* (1888), traduction de J.-C. Hémery, in *Œuvres philosophiques completes, op. cit.*, p. 142.

[12] F. Nietzsche, *L'Antéchrist, op. cit.*, p. 215-216.

[13] F. Nietzsche, *Le Crépuscule des idoles, op. cit.*, p. 75-76.

[14] A. Schopenhauer, Le *Monde comme volonté et comme representation* (1819), trad. A. Burdeau, Paris, PUF, 1966, p. 143: <<La volonté de vivre, c'est le corps.>>

[15] *Idem*, p. 704.

[16] *Idem*, p. 699-700.

[17] F. Nietzsche, La *Généalogie de la morale, op. cit.*, p. 297.

[18] F. Nietzsche, *Ecce homo* (1888), trad. J.-C. Hémery, in *Œuvres philosophiques completes, op. cit.*, p. 286.

[19] F. Nietzsche, *La Volonté de puissance, op. cit.*, p. 114.

[20] F. Nietzsche, *Le Crépuscule des idoles, op. cit.*, p. 76.

[21] J. Bollack et H. Wismann, *Héraclite ou la separation*, Paris, éd. De Minuit, 1972, fragment 7, p. 77.

[22] F. Nietzsche, *Le Crépuscule des idoles*, trad. H. Albert, Paris, Denoël, 1970, p. 29.

[23] F. Nietzsche, *Par-delà le bien et le mal* (1886), in *Œuvres philosophiques completes, op. cit.*, p. 194.

[24] F. Nietzsche, *Ecce homo, op. cit.*, p. 333.

[25] F. Nietzsche, *Le Crépuscule des idoles, op. cit.*, p. 72.

[26] F. Nietzsche, *Ecce homo, op. cit.*, p. 255-256.

[27] F. Nietzsche, *La Généalogie de la morale*, trad. H. Albert, Paris, Gallimard, 1964, p. 92.

[28] F. Nietzsche, *Ecce homo, op. cit.*, p. 287.

[29] F. Nietzsche, *L'Antéchrist, op. cit.*, p. 230.

[30] F. Nietzsche, *La Généalogie de la morale*, trad. H. Albert, op. cit., p. 62.

[31] *Idem*, p. 63.

[32] F. Nietzsche, *Ecce homo, op. cit.*, p. 302.

第十四章

[1] J. Nogué, *Esquisse d'un système des qualities sensibles*, Paris, PUF, 1943. Voir aussi *infra* p. 248-252.

[2] M. Serres, *Les Cinq Sens*, Paris, Grasset, 1985, p. 23.

[3] M. Pradines, *Traité de psychologie générale* (1943-1950), Paris, PUF, 1958, p. 513.

[4] J. Jaurès, *De la réalité du monde sensible*, Paris, 1891, p. 198.

[5] C. Baudelaire, *L'Art romantique* (1868), Paris, Garnier-Flammarion, p. 173.

[6] C. Baudelaire, <<Parfum exotique>>, in *Les Fleurs du mal* (1840-1857), présenté par J.-P. Sartre, Paris, Gallimard, 1961, p. 37.

[7] J.-K. Huysmans, *À rebours* (1884), Paris, Gallimard, 1977, p. 231.

[8] Cf. G. Gusdorf, *Mémoire et personne*, Paris, PUF, 1950, tome I, p. 117-118.

[9] D. Sperber, *Le Symbolisme en général*, Paris, Hermann, 1974, p. 130.

[10] C. Baudelaire, <<Correspondances>>, in *Les Fleurs du mal*, Paris, 1978, Jean de Bonnot, p. 24.

[11] S. Oleszkiewicz-Debout, *Le Dictionnaire des philosophes*, Paris, PUF, 1984, vol. 1, p. 948.

[12] G. Bachelard, *Fragments d'une poétique du feu*, Paris, PUF, 1988, p. 75.

[13] C. Pellarin, *Vie de Fourier* (1839), Paris, 1871 (5ᵉ édition), p. 32-33.

[14] C. Fourier, *Théorie des quatre mouvements et des destinées générales*, (1808), in *Œuvres completes*, Paris, éd. Anthropos, 1966-1970, t. 1, p. 30.

[15] 參考 C.Fourier, 《Traité de l'Association domestiaue-agricole》, in *Théorie de l'Unité universelle*(1822), *Oeuvres complètes, op.cit.*,t.IV, vol.1, p.31 et suiv. Fourier 提出四種新的科學：工業結合、熱烈引力、芳香機制與通用類比。

[16] C. Fourier, *Théorie de l'Unité universelle, op. cit.*, t. IV, 3, p. 242.

[17] C. Fourier, <<Sommaires et annonce du traité de l'Unité universelle>>, in *Théorie de l'Unité universelle, op. cit.*, t II, vol. 1, p. 192.

[18] Cyrano de Bergerac, *Histoire comique des états et empires de la Lune (1649)*, in *Voyages fantastiques aux états et empires de la Lune et du Soleil*, Paris, editions LCL, 1967, p. 29.

[19] Cf. A. Omont, <<Les molecules aromatiques du milieu interstellaire>>, in *Aux fromtières de la science, La Recherche*, octobre, 1989, p. XXXVI.

[20] G. Bachelard, *La Formation de l'esprit scientifique: contribution à une psychanalyse de la connaissance objective*, Paris, Vrin, 1938, p. 115.

[21] *Idem*, p. 102.

[22] *Idem*, p. 115.

[23] G. Bachelard, *La Formation de l'esprit scientifique, op. cit.*, p. 116. Cf. Macquer, *Éléments de chymie pratique*, Paris, 1751, vol. 2, p. 54.

[24] G. Bachelard, *op. cit.*, p. 117.

[25] *Idem*, p. 118.

[26] G. Bachelard, *Le Matérialisme rationnel*, Paris, PUF, 1952, p. 220.

[27] G. Bachelard, *L'Eau et les Rêves. Essai sur l'imagination de la matière*, Paris, Corti, 1940, p. 10.

[28] 薄荷與鳳凰一樣是受火與香氣影響。參考 G.Bachelard, *La Poétique de la rêverie*, Paris, PUF, 1960, p.121：《le feu dee la menthe》。亦參考 G.Bachelard, *Fragments d'une poétique du feu, op.cit.*, p.75：《Avec le Phénix posé sur son nid d'aromates, brûlant sur son bûcher de plantes odoriférantes, nous tenons un élément du mythe des odeurs.》

[29] F. Dagognet, *Gaston Bachelard, sa vie, son oeuvre, avec un exposé de sa philosophie*, Paris, PUF, 1965, p. 51.

[30] G. Bachelard, *L'Eau et les Rêves. Essai sur l'imagination de la matière, op. cit.*, p. 11.

[31] G. Bachelard, *L'Air et les Songes. Essai sur l'imagination du mouvement*, Paris, Corti, 1943, p. 158.

[32] M. Proust, *Du côté de chez Swann* (1913), in *À la recherche du temps perdu, op. cit.*, vol. 1, p. 72.

[33] M. Proust, *La Prisonnière* (1923), in *À la recherché du temps perdu, op. cit.*, vol. 11, p. 33.

[34] M. Proust, *Jean Santeuil*, Paris, Gallimard, 1952, t. II, p. 306.

[35] M.Proust, *Le Temps retrouvé*, t.II, p.16.

神經心理學家指出由氣味所引起的回憶會造成較強的情緒反應。而這是嗅覺系統與扁桃腺和海馬體間的直接關係，而海馬體在腦中專門處理氣味與記憶間獨特的關係。參考 R.S.Herz et T.Engen, 《Odor memory : Review and analysis》, in *Psychonomic Bulletin & Review*, 1996, 3(3), 300-313.

[36] G. Bachelard, *La Poétique de l'espace*, Paris, PUF, 1957, p. 33.

[37] G. Bachelard, *La Poétique de la reverie, op. cit.*, p. 122.

[38] M. Proust, *Du côté de chez Swann, op. cit.*, vol. 1, p. 68.

[39] G. Bachelard, *La Poétique de la reverie, op. cit.*, p. 119.

[40] *Idem*, p. 118.

[41] *Idem*, p. 121.

[42] G. Bachelard, *La Poétique de l'espace, op. cit.*, p. 31.

[43] G. Bachelard, *La Poétique de la reverie, op. cit.*, p. 118.

[44] G. Bachelard, *Fragments d'une poétique du feu, op. cit.*, p. 64.

[45] G. Bachelard, *La Poétique de la reverie, op. cit.*, p. 123.

[46] P. Quillet, *Le Dictionnaire des philosophes, op. cit.*, vol. 1, p. 187.

[47] F. Dagognet, *op. cit.*, p. 63.

[48] F. Verhesen cite par M.-J. Lefebvre, <<De la science des profondeurs à la poésie des cimes>>, in *Critique*, Paris, janvier 1964, p. 28.

[49] G. B. Bachelard, *La Poétique de la reverie, op. cit.*, p. 120.

[50] A. F. de Fourcroy, *L'Art de connaître et d'employer les medicaments dans les maladies qui attaquent le corps humain*, Paris, 1785, tome I, p. 261-262.

第五部

[ ] 此篇文章第一次刊登是在 *Revue Internationale de Psychopathologie*（一九九六年七月，第廿二號），篇名為〈艾瑪的鼻子：心理分析中嗅覺的歷史〉（Le nez d' Emma à Histoire de l'odorat dans la psychanalys）

[1] S. Freud, *La Naissance de la psychanalyse, Lettres à Wilhelm Filess* (1887-1902), Paris, PUF, 1969, p. 125.

第十五章

[1] W. Fliess, <<La névrose nasale réflexe>>, in *Congrès medical de Wiesbaden*, 1893, p. 384-394.

[2] M. Schur, *La Mort dans la vie de Freud*, Paris, Gallimard, 1975, p. 106.

[3] D. Anzieu, *L'Auto-analyse. Son role dans la découverte de la psycho-analyse parFreud. Sa function en psychanalyse*, Paris, PUF, 1959, p. 210.

[4] J. Geller, <<A glance at the nose: Freud's inscription of jewish difference>>, in *American Imago*, vol. 49, n°4, p. 435. Cf. aussi: S. Gilman, *The Jew's Body*, New York, Routledge, 1991.

[5] M. Schur, *op. cit.*, p. 110-111.

[6] *Idem*, p. 112.

[7] F. Freud, *L'Interprétation des rêves* (1900), Paris, PUF, 1976, p. 99.

[8] *Idem*, p. 99-100.

[9] *Idem*, p. 108.

[10] M. Schur, *op. cit.*, p. 116.

[11] *Idem*, p. 121.

[12] J. Breuer et S. Freud, *Études sur l'hystère* (1895), Paris, PUF, 1956, p. 88-89.

[13] 同上，p.93。佛洛伊德也是個雪茄愛好者，而這種氣味在心理分析的轉移中可能也產生了一些影響。

[14] *Idem*.

[15] *Idem*, p. 92.

[16] W. Fliess, *Les Relations entre le nez et les organs génitaux de la femme* (1897), Paris, Seuil, 1977, p. 24.

[17] *Idem*, p. 244.

[18] S. Freud, *La Naissance de la psychanalyse, Lettres à Wilhelm Fliess* (1887-1902), Paris, PUF, 1969, p. 140.

[19] *The complete Letters of Sigmund Freud to Wilhelm Fliess* (1887-1904), Harvard University Press, England, 1985, p. 192.

[20] S. Freud, *La Naissance de la psychanalyse, op. cit.*, 153.

[21] *Idem*, p. 206.

[22] Cf. I. Bloch, *Das Sexualleben unserer Zeit in seinen Beziehungen zur modernen Kultur*, Berlin, L. Marcus, 1907.

H. Ellis, *Studies in the Psychology of Sex. Sexual Selection in Man* (1906), vol. 4, Philadelphia, Davis Company, 1925.

C. Féré, *L'Instinct sexuel. Evolution et dissolution*, Paris, Alcan, 1899.

A. Hagen, *Die sexuelle Osphresiologie*, Charlottenburg, H. Basdorf, 1901.

R. von Krafft-Ebing, *Psychopathia Sexualis. Eine Klinisch-Forensische Studie* (1886), Paris, Payot, 1931.

A. Moll, *Les Perversions de l'instinct génital. Étude sur l'inversion sexuelle*, Paris, g. Carré, 1893.

A Moll, *Untersuchungen über die Libido Sexualis*, vol. II, Berlin, H. Kornfeld, 1898.

這些作家都受到達爾文的影響。出處同前，*La Descendance de l'Homme et la sélection naturelle* (1871), Bruxelles, Complexe, 1981.

[23] Freud, Letre à Fliess du 14-11-1897, *La Naissance de la psychanalyse, op. cit.*, p. 205.

[24] Cf. E. Dursy, *Zur Entwickelungsgeschichte des Kopfes des Menschen und der höheren Wirbeithiere*, Tübingen, H. Laupp, 1869; A. Kolliker, *Zur Entwicklung des Auges und Geruchorganes menschliger Embryonen*, Würzburg, Sthohel, 1883; G. Schwalbe, *Lehrbuch der Anatomie der Sinnesorgane*, Erlanger, E. Besold, 1887; E. Zuckerkandl, *Normale und pathologishe Anatomie der Nasenhöhle und ihrer pneumatischen Anhänge*, Vienne, Braumüller, 1882-1892.

[25] S. Freud, <<L'Homme aux rats>>, in *Cinq Psychanalyses* (1909), Paris, PUF, 1954, p. 260.

[26] A. Binet, <<Le fétichisme dans l'amour>>, in *Études de psychologie expérimentale*, Paris, O. Doin, 1988, p. 26.

[27] S. Freud et K. Abraham, *Correspondance, 1907-1926*, Paris, Gallimard, 1969, p. 78.

[28] S. Freud, Minutes de la Société psychanalytique de Vienne, n°70, in *Revue internationale d'histoire de la psychanalyse*, 1989, vol. 2, p. 429.

[29] *Idem*, p. 432.

[30] *Idem*, p. 434.

[31] S. Freud, Minutes de la Société psychanalytique de Vienne, n°89, in *Les Premiers Psychanalystes*, t. II, 1908-1910, Paris, Gallimard, 1967, p. 336.

[32] S. Freud et S. Ferenczi, *Correspondance*, t. I, 1908-1914, Paris, Calmann-Lévy, 1992, p. 148.

[33] S. Freud et K. Abraham, *op. cit.*, p. 92.

[34] S. Freud, *Trois Essais sur la théorie sexuelle* (1905), Paris, Gallimard, 1987, p. 65.

[35] S. Freud, <<Sur le plus general des rabaissements de la vie amoureuse>>, in *La Vie sexuelle*, Paris, PUF, 1969, p. 64.

[36] J. Gregory Bourke, *Les Rites scatologiques* (1891), preface de S. Freud, Paris, éd. 1981, p. 34.

[37] 這段序文完成於一九一四年十月，是為 *Trois Essais sur la théorie sexuelle* 第三版（一九一五年出版）所寫，出處同前 p. 29。

[38] J. Gregory Bourke, *op. cit.*, p. 33.

[39] *Idem*, p. 34.

[40] S. Freud, *Malaise dans la eivilisation* (1929), Paris, PUF, 1971, p. 50.

[41] 同上。根據 Warren Gorman（*Flavor, Taste and the Pshychology of Smell*, Springfield, Charles C.Thomas, 1964, p. 80-81），佛洛伊德似乎想藉著「器質性壓抑」來表達「這種心理壓抑，或是無意識的抑制，歸因於身體或器官的現象。」而他強調器質性壓抑「可能被定義為一種器官作用或結構的壓抑，與此一器官的心理作用受壓抑有關。」

[42] C.D. Daly et R. Senior White, <<Psychic reactions t o olfactory stimuli>>, in *The British Journal of Medical Pscychology*, 1930, X, 70-87, p. 85. Voir aussi C. D. Daly, <<Hindu-Mythologie und Kastrationskomplex>>, in Imago, 1927, 10, XIII, p. 145-198.

[43] S. Freud, *Malaise dans la civilisation, op. cit.*, p. 55.

[44] *Idem*, p. 50-51.

[45] *Idem*, p. 58-59.

第十六章

[1] K. Abraham, <<Psychanalyse d'un cas de fétichisme du pied et du corset>> (1912), in *Œuvres completes*, vol. I, *Rêve et mythe. Études cliniques de psychanalyse appliquée*, Paris, Payot, 1956, p. 94.

[2] *Idem*, p. 97.

[3] *Idem*, p. 98.

[4] S. Ferenczi, <<Les gaz intestinaux privileges des adultes>> (1913), in *Psychanalyse II — Œuvres completes* (1913-1919), Paris, Payot, 1974, p. 84.

[5] S. Ferenczi, <<Ontogenèse de l'intérêt pour l'argent>> (1914), in *Œuvres completes, op. cit.*, t. II, p. 146.

[6] *Idem*, p. 145.

[7] S. Ferenczi, <<Pecunia olet>> (1917), in *Œuvres completes, op. cit.*, t. II, p. 285-286.

[8] *Idem*, p. 286.

[9] *Idem*, p. 287.

[10] S. Ferenczi, *Thalassa, Psychanalyse des origines de la vie sexuelle*, trad. de J. Dupont et M. Viliker, Paris, Payot, 1992, p. 126.

[11] S. Ferenczi, <<Paranoïa et odorat>>, in *Journal clinique* (janvier-octobre 1932), Paris, Payot, 1985, p. 141.

[12] S. Ferenczi, <<Odeur spécifique des maladies mentaux>>, in *Journal clinique, op. cit.*, p. 192.

[13] S. Ferenczi, <<Paranoïa et odorat>>, in *Journal clinique, op. cit.*, p. 142.

[14] E. Jones, <<La conception de la vierge par l'oreille>> (1914), in *Essais de psychanalyse appliquée*, II, Paris, Payot, 1973, p. 265.

[15] *Idem*, p. 247.

[16] *Idem*, p. 268.

[17] L. Andreas-Salomé, <<Anal et sexuel>> (1915), in *L'Amour du narcisisme*, Paris, Gallimard, 1980, p. 112.

[18] 佛洛伊德在 1896 年 1 月 1 日給弗里斯的一封信中已提到（參考 *La Naissance de la psychanalyse*, p.131）：「大自然提供給性器官的相連性是無法避免的。在產生性經驗的同時會引起一種厭惡的感受。」在 1912 年，又寫道：「糞便與性－性器官的情況－的關係是親密且不可分的，這種關係一直都是不變的決定性因素。」參考 S.Freud, *Sur le plus général des rabaissements de la vie amoureuse*, 出處同前，p.65。

[19] *Idem*, p. 107.

[20] *Idem*, p. 102.

[21] *Idem*, p. 112.

[22] G. Groddeck, *Le Livre duça* (1923), Paris, Gallimard, 1963, p. 194.

[23] *Idem*, p. 198-199.

[24] *Idem*, p. 204.

[25] *Idem*, p. 205.

[26] *Idem*, p. 200.

[27] *Idem*, p. 213.

[28] *Idem*, p. 214.

[29] C. Le Guen (sous la direction de), *Le Refoulement: les défenses, Quarante-cinquième congrès des psychanalystes de langue française*. Paris, SPP, 1985, p. 19.

[30] S. Freud, <<Le fétichisme>> (1927), in *La Vie sexuelle*, Paris, PUF, 1989, p. 133.

[31] R. Mack Brunswick, <<Supplément à l' "extrait de l'histoire d'une névrose infantile" de Freud>> (1928), in *L'Homme aux loups par ses psychanalystes et par lui-même*, Paris, Gallimard, 1971, p. 269.

[32] *Idem*, p. 270.

[33] *Idem*, p. 291.

[34] A. A. Brill, <<The sense of smell in the neuroses and psychoses>>, in *The Psychoanalytic Quarterly*, 1932, I, p. 18.

[35] *Idem*, p. 25.

[36] *Idem*, p. 36.

[37] O. Fenichel, *La Théorie psychanalytique des névroses* (1945), Paris, PUF, 1979, p. 249.

[38] *Idem*, p. 391.

[39] P. Friedmann, <<Some observations on the sense of smell>>, in *The Psychoanalytic Quarterly*, 1959, 28, p. 317.

[40] M. Kalogerakis, <<The role of olfaction in sexual development>>, in *Psychosomatic Medecine. Journal of the Psychosomatic Society*, 1963, XXV, I, 431.

Voir aussi: I. Bieber, <<Olfaction in sexual development and adult sexual organization>>, in *Psychoanalysis and Human Values*, New York, Ed. Grune, 1960; P. Greenacre, <<Respiratory incorporation and the phallic phase>>, in *The Psychoanalytic Study of the Child*, 1951, 6, 180-205.

[41] J. Rosenbaum, <<The significance of the sense of smell in the transference>>, in *Journal of the American Psychoanalytic Association*, 1961, IX, 2, 317.

[42] *Idem*, p. 323.

[43] Cf. *supra*, p. 19.

[44] Cf. H. Wiener, <<External chemical messengers. Mind and body in schizophrenia>>, in *New York State Journal of Medecine*, 15 mai 1967, 1287-1310.

H. Wiener, <<External chemical messengers. I. Emission and reception in Man>>, in *New York State Journal of Medecine*, 15 décembre 1966, 3153-3170.

H. Wiener, <<External chemical messengers. II. Natural history of schizophrenia>>, in *New York State Journal of Medecine*, 1er mai 1967, 1144-1165.

Voir aussi: B. Bettelheim, *La Forteresse vide*, Paris, Gallimard, 1969, p. 454.

[45] K. Smith et J. Sines, <<Demonstration of a peculiar odor in the sweat of schizophrenic patients>>, in *Archives of General Psychiatry*, 1960, 2, p. 188. Voir aussi: H. Posner, R. Culpan, R. Stewart, <<Cause of the odor of a schizophrenic patient>>, in *Archives of General Psychiatry*, 1962, 7, 108-113; K. Skinner, K. Smith, E. Rich, <<Bacteria and the "schizophrenic odor">>, in *The American Journal of Psychiatry*, 1964, 121, 64-65.

[46] Cf. J. Bullen, <<Olfactory hallucinations in the insane>>, in *The Journal of Mental Science*, 1989, 45, 513-534.

W. Bromberg et P. Schilder, <<Olfactory imagination and olfactory hallucinations>>, in *Archives of Neurology and Psychiatry*, 1934, 32, 3, 465-492.

D. Habeck, <<Beitrag zur Gerurchshalluzinose mit Meziehungswahn>>, in *Archiv für Psychiatre und Nervenkrankheiten*, 1965, 207, 3, 196-205.

N. Kateryniuk, <<Olfactory hallucinations in clinical evaluation>>, in *Journal of Kentucky Medical Association*, 1966, 64, 234-236.

Th. Videbecht, <<Chronic olfactory paranoid syndromes. A contribution to the psychology of the sense of smell>>, in *Acta. Psychiatrica Scandinavica*, 1966, 42, 183-213.

W. Klages et al., <<Über eine Thalamische Trias in der Symptomatik schizophrener Psychosen>>, in *Archiv für Psychiatre und Nervenkrankheiten*, 1967, 209, 161-173.

[47] H. Tellenbach, *Goût et Atmosphère* (1968), Paris, PUF, 1983, p. 52.

[48] *Idem*, p. 105.

[49] *Idem*, p. 106.

[50] *Idem*, p. 117.

[51] *Idem*, p. 121.

[52] *Idem*, p. 125.

[53] *Idem*, p. 130.

[54] *Idem*, p. 133.

[55] Cf. J. Cadilhac, <<Le neurologue et les troubles de l'odorat>>, in *La Revue de médecine*, 1971, 14, p 885-890.

F. H. Connolly et N. L. Gittleson, <<The relationship between delusions of sexualchange and olfactory and gustatory hallucinations in schizophrenia>>, in *The British Journal of Psychiatry*, 1971, 119, 443-444.

E. Peto, <<The olfactory forerunner of the superego: its role in normalcy, neurosis and fetishism>>, in *International Journal of Psycho-Analysis*, 1973, 54, 323-330.

W. Pryse-Philips, <<An olfactory reference syndrome>>, in *Acta psychiatrica Scandinavica*. 1970, 47, 484-509.

W. Pryse-Philips, <<Disturbance in the sense of smell in psychiatric patients>>, in *Proceedings of the Royal Society of Medecine*, 1974, 68, 472-474.

O. Sacks, <<Dans la peau du chien>>, in *L'homme qui prenait sa femme pour un chapeau* (1985), Paris, Seuil, 1988.

[56] J. Lacan, Séminaire. (1961-1962), *L'identification*, Paris, Seuil, 1973, p. 61-62.

[57] F. Dolto, <<Fragrance>>, in *Sorcières*, 1976, 5. p. 14.

[58] *Idem*, p. 12-13.

[59] *Idem*, p. 13.

[60] *Idem*, p. 14.

[61] *Idem*, p. 16-17. Voir aussi: F. Dolto, *La Cause des enfants*, Paris, Robert Laffont, 1985.

[62] *Idem*, p. 14.

[63] F. Dolto, *D'amour et de lait...*, Paris, Stock, cool. Les Cahiers du nouveau-né, n° 3, 1980, p. 343.

[64] F. Dolto, <<Fragrance>>, *loc. cit.*, p. 17.

[65] F. Dolto, *D'amour et de lait...*, *op. cit.*, p. 342.

[66] F. Dolto, <<Fragrance>>, *loc. cit.*, p. 15.

[67] H. Marcuse, *Éros et civilisation. Contribution à Freud* (1955), Paris, Minuit, 1970, 47.

[68] P.-L. Assoun, <<L'inconscient de l'odeur dans l'expérience freudienne>>, *Cahiers de psychologie de l'art et de la culture*, Paris, École nationale supérieure des Beaux-Arts, 1984, n° 10, p. 11.

[69] *Idem*, p. 12.

[70] *Idem*, p. 10.

[71] *Idem*, p. 16. Voire aussi: P.-L. Assoun, <<Les miasmes du refoulé>>, in *L'Âne*, 1983, 10, p. 24.

[72] D. Anzieu, *Le Moi-peau*, Paris, Dunod, 1985, p. 182. Voire aussi: R. Spitz, <<The primal cavity. A contribution to the genesis of perception and its role for psychoanalytic theory>>, in *The Psychoanalytic Study of the Child*, 1955, X, 215-240.

[73] *Idem*, p. 183.

[74] *Idem*, p. 184-185.

[75] *Idem*, p. 186.

[76] *Idem*, p. 190.

[77] *Idem*, p. 184.

[78] G. Harrus-Révidi, *La Vague et la Digue. Du sensoriel au sensual en psychanalyse*, Paris, Payot, 1987, p. 62.

Voir aussi: D. W. Winnicot, *Objets transitionnels et phénomènes transitionnels* (1951), in *Jeu et Réalité* (1971), Paris, Gallimard, 1975.

D. W Winnicot, *L'Enfant et sa famille. Les premières relations* (1957), Paris, Payot, 1971.

[79] *Idem*, p. 57.

[80] *Idem*, p. 51.

[81] Cf. P.-L. Assoun, *Le Fétichisme*, Paris, PUF, 1994.

S. Faure, <<Le role du manque dans la constitution de l'objet>>, in *Revue française de psychanalyse*, 1987, 51, 2, p. 819-822.

P. Lombard, <<Odeurs, amour et fantaisies>>, in *Revue française de psychanalyse*, 1989, 53, 1, p. 429-432.

H. Rey-Flaud, *Comment Freud inventa le fétichisme et réinventa la psychanalyse*, Paris, Payot, 1994.

H. Roussillon, <<Une odeur d'au-dessus>>, in *Revue française de psychanalyse*, 1992, 56, 1, p. 61-67.

[82] Süskind, *Le Parfum* (1985), traduit de l'allemand par B. Lortholary, Paris, Fayard, 1988.

[83] J. Geller, *op. cit.*, p. 436.

[84] *Idem*, p. 437.

[85] B. Cyrulnik, *La Naissance du sens*, Paris, Hachette, 1991, p. 78.

結論

[1] 一九六一年所制定關於抵制空氣與氣味污染的法律中,這種絕裂並沒有達到完全的效果。法條一提出「空氣與氣味的污染將使人民感到不適,且危及公共衛生與安全。」法條二則將腐蝕性瓦斯、有毒物質、輻射性物質以及有味道的物質區隔開來。一九九三年三月一日訂定一切關於否決這所有物質的法令中,其分類與一九九三年三月廿六日的通告一樣,但偶爾提及某些氣味造成「干擾」。一九九六年十二月卅日所訂的法令中第二條指出:「據此一法令,空氣污染即由人們直接或間接地,在大氣中或封閉空間裡,放入本身有害的物質,危害人類健康,危及生物資源與生態系統,對氣候造成影響,對物質有破壞性,造成過度的氣味危害。」

[2] Cf. D. Howes, <<Le sens sans parole: vers une anthropologie de l'odorat>>, *Anthropologie et Sociétés*, Québec, Université Laval, 1986, vol. 10, n°3.

[3] a. Corbin, *op. cit.*, p. 1.

[4] 嗅覺館是於一九八六年由 Mediasens 協會所創。

[5] 氣味館(Osmothèque)於一九九〇年在國際高等香水、化妝品與芳香物質學院(ISIPCA)中開幕。此一學院是一九八四年在凡爾賽創立的,接續了原本於一九七〇年由 Jean-Jaques Gurlain 所創立的國際香水學院的一切活動。

[6] 這也是 Michael Moisseeff 與 Jacqui Ledresseur 的定義。二者是 Asquali 協會的創始人,也是氣味中介此一領域中許多實驗與成就的實踐者。

[7] 由 Michel Roudnitska 創作影像、氣味譜表與製作，Jacques Fabre 編舞。此一演出的結構與普羅旺斯的歷史有著獨特的銜接。透過當地的香水與同時發展出的技術將二者相連；燃燒的香草、固態樹脂、精油以及噴霧劑。在公眾中的氣味環境發散，由於一種新的發散技術而能夠露天進行。此種技術幾乎能夠不間斷地發散出序列的香味。

[8] MonellCenter 在一九六八年於 University of Pennsylvania 中創建，而在一九七八年獨立作業。關於嗅覺這一方面，中心的研究人員特別致力於辨認在氣味轉換中所產生的副訊息（特別參考 J.G.Brand, N.E.Rawson et D.Resrestrepo, op.cit.）。當然也觸及其他的領域，例如難聞的體味（參考 G.Preti et al.,《Non oral and oral aspects of oral malodoror》, in M.Rosenberg(ed), *Bad Breath: Research Perspectives*, Israel, Ramot Publishing, 1995, 149-173），或是關於氣味老化所產生的效果（參考 C.J.Wysocki et M.Pelchat,《The effects of aging on the human senses of smell and its relationship to food-choice》, *Critical Reviews in Food Science and Nutrition*, 1994, 33, 63-82）

[9] 此一協會專門進行味道科學的發展與食物行為的研究，這一切都在國家科學研究院（CNRS）指導的九個主要研究室內進行。不同國籍的專家將會針對腦部機制中愛好或是厭惡一種氣味或一種口味進行研究。

[10] 這些是在羅馬經由生理學家 Giovanni Cristalli、電子學家 Arnoldo D'aMico 與神經元網路專家 Corado di Natale 共同進行的研究。他們確實使用了五種儀器。例如，其中一種是由矽板與一種瓦斯所組成，能夠捕捉氣味並將之轉化成電波，之後由電腦進行分析。參考《Sentir la mort pour sauver la vie》, in *Courrier international, mars* 1997, n° 330.

[11] J. Valnet, *Aromathérapie*, Paris, Maloine, 1984, p. 15.

[12] Cf. R. L. Doty, L. M Bartoshuk, J. B. Snow, <<Causes of olfactory and gustatory disorders>>, in *Smell and Taste in Health and Disease*, New York, Raven Press, 1991, p. 456.

[13] Cf. R. L. Doty, <<Olfactory dysfunction in neurodegenerative disorders>>, in *Smell and Taste in Health and Disease*, New York, Raven Press, 1991, p. 736.

[14] F. Nietzsche, *Ecce homo* (1888), trad. J.-C. Hémery, in *Œuvres philosophiques complètes*, Paris, Gallimard, 1971, p. 333.

Voir aussi: L. Monti-Bloch, B. I. Crosser <<Effect of putative pheromones on the electrical activity of the human vomeronasal organ and olfactory epithelium>>, in *Journal of Steroid Biochemistry and Molecular Biology*, 1991, 39 (4), 573-582; D. T. Moran, L. Monti-Bloch, L. J. Stensaas, D. L Berliner, <<Structure and function of the human vomeronasal organ>>, in R. L. Doty, *Handbook of Olfaction and Gustation*, New York, Marcel Decker, 1995, 793-820; D. T. Moran, B. W. Jafek, J. C. Rowley, <<The vomeronasal (Jacobson's) organ in man: ultrastructure and frequency of occurrence>>, *Journal of Steroid Biochemistry and Moecular Biology*, 1991, 39 (4), 545-552.

LES POUVOIRS DE L'ODEUR by Annick LE GUÉRER

Copyright © Odile Jacob, 1998, 2002

Chinese Translation Copyright © 2005 by Borderland Books, a division of Cite Publishing Group

Published by arrangement with Editions Odile Jacob

Through Bardon-Chinese Media Agency

本書中文譯稿經湖南文藝出版社授權台北邊城出版社獨家出版發行

All RIGHTS RESERVED.

氣味

作　　　者　　阿尼克‧勒蓋萊（Annick Le Guérer）
譯　　　者　　黃忠榮
美術設計　　王廉瑛
圖片編輯　　蕭雅陽
編輯協力　　周明佳
顧　　　問　　蘇拾平
總 編 輯　　李亞南
責任編輯　　張貝雯、蕭雅陽
行銷企劃　　郭其彬、夏瑩芳
發 行 人　　涂玉雲
出　　　版　　邊城出版　城邦文化事業股份有限公司
　　　　　　台北市信義路二段 213 號 11 樓
　　　　　　電話：（02）2356-0933　傳真：（02）2356-0914
發　　　行　　英屬蓋曼群島商家庭傳媒股份有限公司城邦分公司
　　　　　　台北市中山區民生東路二段 141 號 2 樓
　　　　　　讀者服務專線：0800-020-299
　　　　　　24 小時傳真服務：02-2517-0999
　　　　　　讀者服務信箱 E-mail：cs@cite.com.tw
　　　　　　劃撥帳號：19833503
　　　　　　戶名：英屬蓋曼群島商家庭傳媒股份有限公司城邦分公司
　　　　　　香港發行所　城邦（香港）出版集團
　　　　　　香港灣仔軒尼詩道 235 號 3 樓
　　　　　　電話：852-2508-6231　傳真：852-2578-9337
　　　　　　馬新發行所　城邦（馬新）出版集團
　　　　　　Cite（M）Sdn.Bhd.（458372U）
　　　　　　11, Jalan 30D/146, Desa Tasik, Sungai Besi,
　　　　　　57000 Kuala Lumpur, Malaysia
　　　　　　電話：（603）90563833　傳真：（603）90562833

初版一刷‧2005 年 11 月 24 日

版權所有‧翻印必究（Printed in Taiwan）

ISBN 986-81379-6-9

定價：350 元

國家圖書館出版品預行編目資料

氣味/阿尼克‧勒蓋萊 (Annick Le Guérer) 著；
　　黃忠榮譯. -- 初版. -- 臺北市：邊城出版：
家庭傳媒城邦分公司發行, 2005 [民 94]
　　面；　　公分
　　譯自：Les pouvoirs de l'odeur
　　ISBN 986-81379-6-9 (平裝)
　　1. 嗅覺
176.14　　　　　　　　　　　　　94020324